utb 5474

**Eine Arbeitsgemeinschaft der Verlage**

Brill | Schöningh – Fink · Paderborn
Brill | Vandenhoeck & Ruprecht · Göttingen – Böhlau Verlag · Wien · Köln
Verlag Barbara Budrich · Opladen · Toronto
facultas · Wien
Haupt Verlag · Bern
Verlag Julius Klinkhardt · Bad Heilbrunn
Mohr Siebeck · Tübingen
Narr Francke Attempto Verlag – expert verlag · Tübingen
Ernst Reinhardt Verlag · München
transcript Verlag · Bielefeld
Verlag Eugen Ulmer · Stuttgart
UVK Verlag · München
Waxmann · Münster · New York
wbv Publikation · Bielefeld
Wochenschau Verlag · Frankfurt am Main

*Für Karla, Romina, Paul, Daria und Leonard*

*Möge kooperatives Lernen euren Schulalltag bereichern und euch beim Lernen inspirieren*

*Prof. Dr. Silke Traub*, geb. 1964, lehrt Schulpädagogik und allgemeine Didaktik an der PH Karlsruhe (University of education). Sie leitet außerdem ein Erwachsenenbildungsstudium und ein Tutorentraining sowie das Zentrum für Schulpraktische Studien.

Silke Traub

# Schritt für Schritt zum kooperativen Lernen

Verlag Julius Klinkhardt
Bad Heilbrunn • 2021

Online-Angebote oder elektronische Ausgaben zu diesem Buch
sind erhältlich unter utb.de und elibrary.utb.de

Die Deutsche Bibliothek – CIP-Einheitsaufnahme
Die Deutsche Nationalbibliothek verzeichnet diese Publikation in der Deutschen Nationalbibliografie; detaillierte bibliografische Daten sind im Internet über http://dnb.d-nb.de abrufbar.



Satz und Grafik Umschlagseite 1: Kay Fretwurst, Spreeau.
Einbandgestaltung: Atelier Reichert, Stuttgart.

Druck und Bindung: Friedrich Pustet, Regensburg.
Printed in Germany 2021.
Gedruckt auf chlorfrei gebleichtem alterungsbeständigem Papier.

utb-Band-Nr.: 5474
**ISBN 978-3-8385-5474-7 digital**
**ISBN 978-3-8252-5474-2 print**

# Inhalt

# 1 Kooperatives Lernen: Einleitung

„Das war echt cool, wir haben es geschafft“, „am besten fand ich, dass wir so gut zusammengearbeitet haben und dies auch durften“, „mir hat es gefallen, dass wir uns gegenseitig helfen konnten und gemeinsam gelernt haben“. Solche Äußerungen aus dem Munde von Lernenden machen Mut für kooperatives Lernen.

Allerdings stößt man im allgemeinen Lehrbetrieb auch immer wieder auf Äußerungen wie „nicht schon wieder Gruppenarbeit“, „da lernt man doch nichts dabei“ oder „das kann ich alleine viel besser und schneller“.

Auch Lehrpersonen machen teilweise negative Erfahrungen mit kooperativem Lernen und stellen fest, „da arbeitet einer für alle“, „die Gruppenarbeit ist Zeitvergeudung“, „Gruppenarbeit in 45-Minuten im Fachlehrerprinzip ist nicht machbar“, „da kommt zu wenig dabei heraus“, „alles bleibt an der Oberfläche“, „ich verliere die Kontrolle“...

Diese ambivalente Einstellung zum kooperativen Lernen drückt sich vor allem in der Diskrepanz von Theorie und Praxis aus: Kooperative Lernformen- und -methoden werden in der Literatur und in pädagogischen Gesprächen hoch gehandelt. So nimmt in Europa kooperatives Lernen in den offiziellen Curricula einen hohen Stellenwert ein, allerdings ist in der Praxis in Schule, Hochschule und Erwachsenenbildung davon weniger zu sehen. Nach einem Gruppenarbeitsboom in den 70-er Jahren wird derzeit – wenn überhaupt – eher auf Partnerarbeit zurückgegriffen.

Diese Diskrepanz lässt sich vor allem auf einen nicht sachgerechten Umgang mit kooperativem Lernen zurückführen: Die Vorstellung, man müsse Lernende nur zusammensetzen und dann entwickle sich das kooperative Lernen ganz von alleine ist naiv, leider auch weit verbreitet. Nicht von ungefähr entstehen deshalb Enttäuschungen und Vorurteile, wie die vorhin beschriebenen. Die Folge davon ist der Verzicht auf kooperative Lernformen in vielen Bildungsinstitutionen.

Wenn kooperative Methoden effizient und erfolgreich in der Praxis eingesetzt werden sollen, dann muss dieses theoretisch durchdacht und reflektiert, also gezielt vorbereitet werden. Außerdem ist kooperatives Lernen nicht immer gleichermaßen sinnvoll anzuwenden: es gibt Unterrichtsinhalte, die sich durch kooperatives Lernen gut erschließen lassen und Inhalte, die anderer Methoden bedürfen.

In jedem Falle müssen Lehrende und Lernende auf kooperative Lernformen vorbereitet werden. Kooperatives Lernen ist ein Prozess, der langsam aber stetig zu erlernen und schrittweise umzusetzen ist. Bisher werden zwar theoretisch die Vorteile kooperativen Lernens, vor allem die Entwicklung sozialer Fähigkeiten wie Akzeptanz und Toleranz gesehen, die praktische Umsetzung gelingt aber noch zu

wenig oder entsteht rudimentär. Kooperatives Lernen spielt in der Aus-, Fort- und Weiterbildung eine zu geringe Rolle, so dass Lehrerenden die Kompetenzen zur Einführung und Durchführung kooperativer Methoden fehlen.
Kooperatives Lernen ist anspruchsvoll. Lehrende und Lernende sind nachhaltig dafür zu qualifizieren. Hierbei möchte das Buch einen Beitrag leisten.
Es soll dazu verhelfen, den Unterrichtsalltag durch kooperatives Lernen zu bereichern und kooperative Lernmethoden sinnvoll, ansprechend und situationsangemessen einzusetzen. Dazu gehört sowohl der eigenständige Einsatz kooperativer Methoden im Unterricht als auch die Beherrschung bestimmter kooperativer Formen im Sinn einer Methodenkompetenz zur Durchführung von Unterrichtskonzepten wie Freiarbeit oder Projektunterricht.

Im Buch werden fünfzehn Fragen gestellt, auf die in den einzelnen Kapiteln ausführlich eingegangen und Antworten gesucht werden. Im Schlusskapitel werden die Fragen nochmals aufgegriffen und zusammenfassend beantwortet.
Fragen:
- Wo liegen die Ursprünge kooperativen Lernens?
- Was wird unter kooperativem Lernen verstanden?
- Wie wird der Einsatz kooperativen Lernens begründet und welche Ziele werden damit verfolgt?
- Was sagen empirische Studien zur Umsetzung und Wirksamkeit kooperativen Lernens?
- Welche Rolle übernimmt die Lehrperson in kooperativen Lernsettings?
- Wie wird die Rolle der Lernenden definiert und welche Voraussetzungen müssen dafür geschaffen werden?
- Wie kann kooperatives Lernen initiiert werden?
- Wie kann Leistung in kooperativen Lernsettings beurteilt und gewürdigt werden?
- Wie kann mit kooperativem Lernen begonnen werden?
- Welche Übungen aus dem Bereich der Kommunikation und Interaktion bieten sich zur Vorbereitung kooperativer Lernformen an?
- Welche Methoden können helfen für kooperatives Lernen benötigte Strategien aufzubauen?
- Welche einfachen kooperativen Formen können als Einstiegsmethoden genutzt werden?
- Welche kooperativen Methoden kann man unterscheiden?
- Wie funktionieren die einzelnen Methoden?
- Wann können diese Methoden jeweils eingesetzt werden?
- Welche Funktion wird dem kooperativen Lernen im Sandwich-Prinzip zuteil?
- Welche Bedeutung nimmt kooperatives Lernen in offenen Lernsettings wie Stationenarbeit, Wochenplanarbeit, Freiarbeit und Projektunterricht ein?

Jedes Kapitel beginnt mit einem ‚Advance organizer'. Ein ‚Advance organizer' ist eine der eigentlichen Stoffvermittlung vorausgehende (advance) Lernhilfe, im Grunde also ein ‚organizer in advance'. In der deutschsprachigen Psychologie wird der ‚Advance organizer' auch als ‚vorbereitete Organisationshilfe' bezeichnet. Dank dieser Vorausplanung kann ein Blick auf jedes Kapitel geworfen werden. Entsprechend der Luftaufnahme aus einem Flugzeug, die eine Landschaft oberflächlich und nicht im Detail zeigt, stellt die Grafik einen Überblick über das entsprechende Kapitel dar, ohne bereits Erklärungen zu enthalten. Ein ‚advance organizer' erleichtert die Verknüpfung oder Verbindung des neuen Fachwissens mit dem schon vorhandenen (Vor-)wissen, indem eine allgemeine gedankliche Struktur (organizer) angeboten wird.
Die Inhalte, die im Kapitel bearbeitet sind, werden hier im Zusammenhang dargestellt. So kann der Leser/die Leserin prüfen, ob das Kapitel dem momentanen Lesebedürfnis entspricht. Damit sei angedeutet, dass die Kapitel nicht in der gedruckten Reihenfolge gelesen werden müssen. Der Aufbau des Buches erscheint allerdings sinnvoll: erst die Theorie, dann die Möglichkeit der schrittweisen Umsetzung kooperativen Lernens in die Praxis und der Ausblick über den schulischen Unterricht hinaus.

Die einzelnen Kapitel gliedern sich wie folgt:
Im *zweiten Kapitel* wird ein Überblick über kooperatives Lernen gegeben. Dazu gehört die historische Entwicklung von der herkömmlichen Gruppenarbeit hin zum kooperativen Lernen. Danach wird der Begriff des kooperativen Lernens in all seinen Facetten dargestellt, ehe dann Chancen und Grenzen auf empirische Studien gestützt vorgestellt und diskutiert werden. Nur so kann eine umfassende Vorstellung kooperativen Lernens entstehen, die als Hintergrund für vielfältiges individuelles kooperatives Lernarrangement dient.
Im *dritten Kapitel* geht es um die Frage, welcher Voraussetzungen es bedarf, um kooperatives Lernen umsetzen zu können und wie diese geschaffen sind. Hierzu gehören institutionelle Rahmenbedingungen, ebenso wie die Rolle der Lehrperson und der Lernenden sowie deren Interaktion untereinander, insbesondere die Bedeutsamkeit gruppendynamischer Prozesse. Nur wenn alle auf kooperatives Lernen eingestellt und eingespielt sind, kann dies auch erfolgreich sein. Auch die Frage der Leistungsbeurteilung in kooperativen Lernsettings wird hier gestellt und nach Antworten gesucht.
Das *vierte Kapitel* widmet sich dem Weg hin zum erfolgreichen kooperativen Lernen. Einfache Spiele und Übungen unterstützen den Prozess. Diese werden vorgestellt, diskutiert und in den Rahmen des kooperativen Lernens eingebettet. Außerdem werden einfache kooperative Lernformen erläutert und an Beispielen veranschaulicht, da für kooperatives Lernen der Leitspruch: vom einfachen zum komplexen sehr passend ist.

Das *fünfte Kapitel* befasst sich dann mit kooperativem Lernen in verschiedenen Lehr-Lern-Settings. Es werden unterschiedliche kooperative Lernmethoden in Partner- und Gruppenform zunächst theoretisch beschrieben und dann durch Unterrichtsbeispiele plastisch dargestellt. Anhand dieser Beispiele soll es den Leserinnen und Lesern gelingen, solche kooperative Lernformen direkt im eigenen Unterricht umsetzen zu können. Deshalb wird für jede Methode ein Beispiel aus der Grundschule, der Sekundarstufe und der Erwachsenenbildung exemplarisch vorgestellt.
Kooperatives Lernen spielt aber auch in vielen selbstgesteuerten Lernsettings eine Rolle, sind hier Weg und Ziel und auch das soll erläutert und praktisch vorgestellt werden. So kann kooperatives Lernen im Sandwich-Prinzip in kleinen Lernsequenzen geübt werden. Kooperatives Lernen spielt in der Stationenarbeit und der Wochenplanarbeit eine wichtige Rolle und ist spätestens in der Freiarbeit und dem Projektunterricht ein zentraler Bestandteil des Lerngefüges. Damit befasst sich das *6. Kapitel.*
Im *Schlusskapitel* ist zu belegen, dass kooperatives Lernen möglich ist. Hierzu möchte ich meine im Eingangskapitel aufgestellten Fragen im Telegrammstil beantworten.
Jedes Kapitel schließt mit einem „Blick zurück“, Anregungen für die Weiterarbeit in Einzel- oder kooperativen Lernsettings sowie Literaturtipps ab.
Das Buch stellt eine Neuauflage des 2004 erstmal entstandenen Bandes „Unterricht kooperativ gestalten“ dar.
Dieses wendet sich an alle, die sich zum ersten Mal auf kooperatives Lernen einlassen, die mitten in der Organisation kooperativer Lernprozesse stehen oder die sich mit kooperativem Lernen intensiv auseinandersetzen möchten. Kooperatives Lernen bezieht sich dabei schwerpunktmäßig auf Lernprozesse in der Schule, aber auch auf jene in der ersten und zweiten Phase der Lehrerausbildung und auf Prozesse in der Lehrerfortbildung. Deshalb ist – wenn hier von Unterricht gesprochen wird – immer Unterricht mit Lernenden aller Altersgruppen gemeint (Schule, Hochschule, Erwachsenenbildung). Diese werden in der Regel als Lernende bezeichnet, manchmal auch als Teilnehmer oder Gruppenmitglieder. Wenn es speziell um den schulischen Kontext geht, dann wird von Schülerinnen und Schülern gesprochen. Das Buch richtet sich demnach an Lehramtsstudierende aller Studiengänge und Fachrichtungen, an Lehramtsanwärterinnen und -anwärter, an alle Lehrerinnen und Lehrer und an alle, die in der Erwachsenenbildung pädagogisch tätig sind.

**Anregungen zur Weiterarbeit:**

1. Lassen Sie Ihre Unterrichtspraxis der vergangenen oder der laufenden Wochen Revue passieren und überlegen Sie sich, wann Sie welche kooperativen Lernformen in letzter oder nächster Zeit eingesetzt haben oder einsetzen wollen. Tragen Sie diese Methoden in das dafür abgedruckte Stundenplanraster ein.

**Stundenplanraster**
Woche vom:

| Stunde | Montag | Dienstag | Mittwoch | Donnerstag | Freiatag |
|---|---|---|---|---|---|
| 1 | Klasse:<br>Fach | Klasse:<br>Fach: | Klasse:<br>Fach | Klasse:<br>Fach: | Klasse:<br>Fach: |
| 2 | Klasse:<br>Fach: | Klasse:<br>Fach: | Klasse:<br>Fach: | Klasse:<br>Fach: | Klasse:<br>Fach: |
| 3 | Klasse:<br>Fach: | Klasse:<br>Fach: | Klasse:<br>Fach: | Klasse:<br>Fach: | Klasse:<br>Fach: |
| 4 | Klasse:<br>Fach: | Klasse:<br>Fach: | Klasse:<br>Fach: | Klasse:<br>Fach: | Klasse:<br>Fach: |
| 5 | Klasse:<br>Fach | Klasse:<br>Fach:: | Klasse:<br>Fach: | Klasse:<br>Fach | Klasse:<br>Fach: |

2. Überlegen Sie, in welchen Fächern/Themen und Klassen/Kursen Sie gerne mehr kooperative Methoden einführen wollen und wählen Sie sich ein Fach/Thema und eine Klasse/Kurs für die weiteren Anregungen aus.
3. Wie definieren Sie kooperatives Lernen zum jetzigen Zeitpunkt und welche Chancen und Grenzen weisen Sie dieser Methode zu?
   Diskutieren Sie mit Kolleginnen und Kollegen über den Einsatz kooperativen Lernens im Unterricht, Seminar, Kurs …! ◀

# 2 Kooperatives Lernen: ein Überblick

In diesem Kapitel wird der Fokus auf die Ursprünge kooperativen Lernens gelegt, kooperatives Lernen definiert und gegenüber traditionellen Gruppenarbeitsformen abgegrenzt. Außerdem werden die Chancen und Grenzen kooperativen Lernens unter Einbezug empirischer Befunde diskutiert.

Mit den folgenden vier Fragen beschäftigt sich dieses Kapitel:

- Wo liegen die Ursprünge kooperativen Lernens?
- Was wird unter kooperativem Lernen verstanden?
- Wie wird der Einsatz kooperativen Lernens begründet und welche Ziele werden damit verfolgt?
- Was sagen empirische Studien zur Umsetzung und Wirksamkeit kooperativen Lernens?

**Advance Organizer**

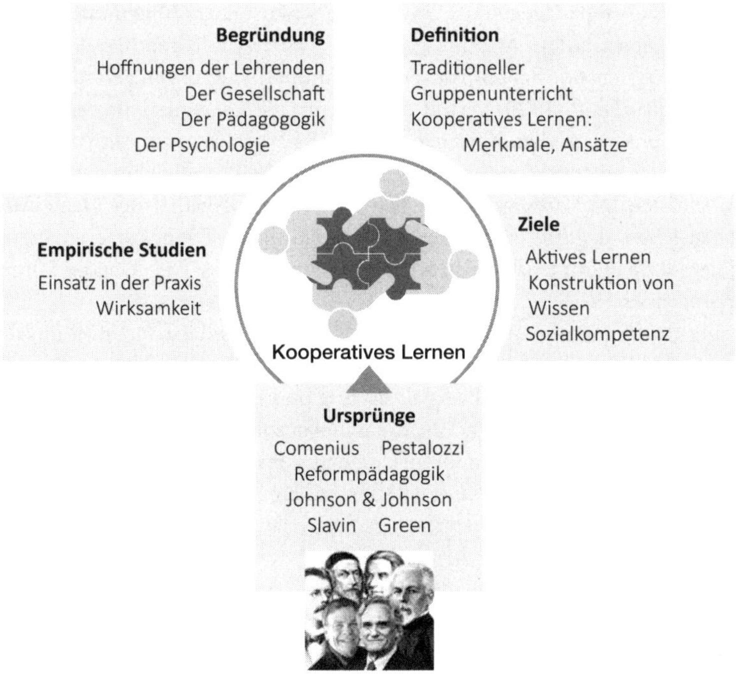

**Begründung**
Hoffnungen der Lehrenden
Der Gesellschaft
Der Pädagogik
Der Psychologie

**Definition**
Traditioneller Gruppenunterricht
Kooperatives Lernen: Merkmale, Ansätze

**Empirische Studien**
Einsatz in der Praxis
Wirksamkeit

Kooperatives Lernen

**Ziele**
Aktives Lernen
Konstruktion von Wissen
Sozialkompetenz

**Ursprünge**
Comenius Pestalozzi
Reformpädagogik
Johnson & Johnson
Slavin Green

## 2.1 Ein Streifzug durch die Geschichte

Kooperatives Lernen lässt sich bis zu Comenius (1592–1670) und seine Didactica Magna zurückverfolgen. Er fordert eine Didaktik, bei der die Lehrenden weniger lehren und die Lernenden mehr lernen. Für Comenius ist es wichtig, dass Lehren und Lernen nicht getrennt voneinander betrachtet werden, sondern in ihrer Ergänzung. Er verlangt die Arbeit in Gruppen und verwahrt sich gegen einen individuellen Unterricht. Am meisten lernt der, der anderen sein Wissen lehren kann. Wechselseitiges Lehren durch die Lernenden selbst ist ihm ein wichtiges Anliegen. Kooperation erkennt er damals schon als wichtiges Mittel zur Effizienzsteigerung (vgl. Comenius & Altemöller 1905/2015).
Später folgten weitere Entwicklungen, in denen kooperative Methoden eingesetzt wurden. Auch bei Pestalozzi existiert der Gedanke, dass sich Schülerinnen und Schüler wechselseitig beim Lernen unterstützen, was Unterricht und Erziehung eine neue Richtung verlieh. Vor allem das Helfersystem wurde teils aus organisatorischen, teils auch aus erzieherischen Gründen gepflegt. So wurden jüngere Kinder von älteren in vielen verschiedenen Bereichen des Lernens, aber auch des Lebens unterstützt. Dadurch intensivierte sich die individuelle Verantwortung des Einzelnen für die Gruppe und es entwickelte sich ein bedeutsamer und für das Zusammenleben notwendiger Zusammenhalt unter den Kindern und Jugendlichen (vgl. Pestalozzi & Vogel 2016).
Auftrieb für die Gruppenarbeit als Teil des kooperativen Lernens lösten die Diskussionen der Reformpädagogik aus. Sowohl Kerschensteiners Ablehnung der ‚Buchschule', als auch Gaudigs Aversion gegen die ‚Lehrerschule' machen deutlich, dass die damals herrschende Schulform veraltet war und Neuerungen gefordert wurden. Hugo Gaudig (1860–1923) vertrat das Prinzip, die Gemeinschaft der Schüler in den Mittelpunkt zu stellen. Kerschensteiner (1854–1932) setzte Aktivität und Verantwortung als zentrale Ziele ein. Allerdings stand bei Gaudig eher die soziale Verantwortlichkeit im Vordergrund, er betonte Wert und Moral der Gemeinschaft, Kerschensteiner dagegen akzentuierte die persönliche Verantwortung, indem er Routinen der Zusammenarbeit in Kleingruppen einführte (vgl. Gaudig 1963; vgl. Kerschensteiner 1912).
In Deutschland gewann am Ende des 19. Jahrhunderts der Landerziehungsheimansatz große Bedeutung. Hermann Lietz (1868–1919) ist ein Vertreter dieser Bewegung, der kooperative Erziehung als wichtig und notwendig erachtete. Nicht die Lehrer sollten dominieren, sondern die Schüler sollten aktiv einbezogen werden und sich in kleinen Gruppen in ihrem Lernen unterstützen (vgl. Lietz 1917/2019).
John Dewey (1859–1952) forderte 1916 in seinem Buch „Democracy and Education" (1935 ins Deutsche übersetzt), dass Schulklassen zu authentischen Gemeinschaften werden. Dies gelingt dann am besten, wenn soziale Interaktionen, Kooperation und Kommunikation gefördert werden. 1938 definiert Dewey in seinem

Buch „Erfahrung und Erziehung" Kriterien zur Beurteilung von Lernerfahrungen. Lernerfahrungen müssen dem individuellen Entwicklungsstand angemessen sein, damit sich Lernende Bedeutungszusammenhänge erschließen können. Dewey war ein Verfechter des problemorientierten Unterrichts. Seine Forderungen nach Selbstbestimmung, sozialem und kognitivem Lernen versuchte er in der Laboratory School in Chicago umzusetzen (vgl. Dewey & Oelkers 2011).

Auf diesen Gedanken stützte sich auch der Dalton Plan von Helen Parkhurst (1886–1973) und der Jena-Plan von Peter Petersen (1884–1952). Parkhurst wollte allen Kindern die gleiche Möglichkeit der Förderung verschaffen. Dies versuchte sie zu erreichen, indem sie den üblichen Stundenplan abschaffte und Facharbeitsräume (Laboratorien) einrichtete, die didaktisches Material für die Hand der Lernenden enthielten. Den gebundenen Unterricht ersetzte Parkhurst durch ein individualisiertes Lernen innerhalb eines bestimmten Freiraums. Ihre Schülerinnen und Schüler sollten das Leben bewältigen lernen. Für die Lösung dieser Aufgabe müssen die Lernenden Gelegenheiten erhalten, selbsttätig und eigenverantwortlich Erfahrungen zu sammeln. Da dies aber nicht plan- bzw. ziellos geschehen kann, erhalten die Lernenden Arbeitsanweisungen (assignements), in denen sich die stofflichen Vorgaben ausdrücken. Die Lehrenden sind für das Stellen der Arbeitsanweisungen verantwortlich. Um in der Schule erfolgreich lernen zu können, benötigen die Lernenden Qualifikationen. Dabei wichtig ist vor allem, dass eine Aufgabe selbständig und eigenverantwortlich lösbar ist. In der Schule handelt es sich um die Aneignung von Bildungsinhalten. Sie enthalten das Wissen zur Lebensbewältigung. An einen Bildungsinhalt geht jedes Kind zunächst gemäß seinen Voraussetzungen heran und bearbeitet die Aufgabe individuell. Erst danach mag ein Austausch über das angeeignete Wissen erfolgen. Soziales und kooperatives Lernen steht dabei im Vordergrund des Lernens, so die Überlegungen Parkhursts (vgl. Dalton-Plan) (vgl. Parkhurst 1859; vgl. Popp 1999).

Petersen gründete die Jena-Plan-Schule, die er als Lebensgemeinschaftsschule verstand, in der Lernende, Lehrende und Eltern ein vielfältiges Schulleben entfalten können. Um dieses Schulleben gestalten zu können, definiert Petersen sogenannte Vor-Ordnungen, die als generelle schulische Regeln gelten. Dazu gehört, dass die Lehrenden bestimmen, welche Tätigkeiten in welchen Räumen durchgeführt werden und welche Arbeitsmittel in den einzelnen Räumen zur Verfügung stehen. Die Erziehung zu Umgangsformen wird als ebenso wichtig angesehen wie die Arbeitshaltung des Einzelnen in der Gruppe. Nur dank der Vor-Ordnungen kann es Petersen zufolge Freiheiten geben, die es dem Einzelnen ermöglichen, seine individuellen Fähigkeiten und Neigungen zu entwickeln. Dabei spielt für Petersen die Gemeinschaft eine besondere Rolle. Die ‚freien Arbeiten' gehören zum Kernunterricht, nämlich zur Gruppenarbeit. Die Gruppenarbeit ist ein zentrales Moment in den Jena-Plan-Schulen. In den Stammgruppen wird gemeinsam an bestimmten Oberthemen gearbeitet. Innerhalb dieser Themen wählen die einzelnen Gruppen ein Unterthema aus und bearbeiten es auf ihre Weise. Anschließend werden die Ergebnisse zusammengetragen. Petersen sieht drei Altersstufen vor (6–9, 10–12 und von 12–14 Jahre alte Kinder). Innerhalb dieser Gruppierungen plant er häufig wechselnde Teams, die mit unterschiedlichen Schwerpunkten gebildet werden. Petersen ging es dabei nicht allein um bessere Leistungen, sondern vor allem darum, soziale Lernziele durch Gruppenunterricht zu erreichen, da soziale Spannungen eher abgebaut und Konflikte mit Mitlernenden so lösbar würden (vgl. Petersen 1927/2011).

Die Reformpädagogik verlangte „eine Schule als Stätte des Lebens", die erziehen und bilden sollte. Dabei konnte die Gruppenarbeit einen wichtigen Beitrag leisten. Gruppenarbeit sollte aber weder damals noch soll sie heute die Einzelarbeit oder das Unterrichtsgespräch ersetzen, sondern eine zusätzliche Bereicherung des Unterrichtsalltags darstellen. Mitgedacht wird, dass infolge der Gruppenarbeit neben der Gemeinschaftsbildung die Individualbildung nicht zu kurz kommt. In einer Gemeinschaft kann sich das Kind einbringen, es wird an einem Lösungsprozess beteiligt und kann dabei seine Fähigkeiten und Kenntnisse entwickeln und erweitern.

Der Nationalsozialismus stellte die Tradition der kooperativen und sozialen Lernorganisation unter die Zeichen einer Kollektiverziehung und brach sie damit ab.

Eine Aufarbeitung des Gruppenunterrichts nach dem 2. Weltkrieg erfolgte vor allem in zwei Theorieschüben:

In den 50er und 60er Jahren wurde die ältere nordamerikanische Diskussion über Gruppendynamik in der BRD popularisiert. Der vor den Nationalsozialisten in die USA geflohene Sozialpsychologe Kurt Lewin hat wichtige Impulse für die Neubewertung der Gruppe als Erziehungsinstanz geliefert. Er wertete die Gruppe als Erziehungsinstanz auf (vgl. Bogner 2017).

In der Folge hoben Tausch & Tausch die Relevanz der Kleingruppenarbeit für das Erlernen sozialer Beziehungen besonders hervor. Sowohl der Erwerb kognitiver Kompetenzen als auch sozialer Kompetenzen erachten sie bis heute als zentral (vgl. Tausch & Tausch 1998).

Gegen Ende der 60er Jahre geriet im Gefolge von Studentenrevolte und Bildungsreform ein neuer Akzent in die Diskussion über den Gruppenunterricht. Es wurde angenommen, dass die Zielvorstellungen von individueller und gesellschaftlicher Emanzipation im konventionellen Schulbetrieb mit seiner Vorherrschaft von Frontalunterricht und weisungsgebundenem Lernen kaum verwirklicht sein dürften. Ich-Stärke und Identität waren zu fördern. Dazu benötigen die Lernenden Kommunikations-, Handlungs- und Interaktionskompetenz, die zum Teil durch Gruppenarbeit erreichbar sind. Schülerinnen und Schüler sollten durch die Einrichtung von Konzepten sozialen Lernens erfahren, wie eigene Interessen artikuliert und vertreten, aber auch wie solidarisch gehandelt werden kann. Neben Gruppenunterricht wurden auch andere Formen sozialen Lernens eingesetzt.

In den achtziger Jahren ist es um die Gruppenarbeit eher ruhig geworden. Allerdings ist sie heute auch in einem anderen Kontext situierbar. Gruppenarbeit erhält einmal

als Kooperationsform innerhalb offener Unterrichtsmethoden eine größere Bedeutung und wird auch lernpsychologisch im Bereich des selbstgesteuerten Lernens zunehmend als bedeutsam und wichtig erachtet (vgl. Konrad & Traub 2017).
Über die traditionellen Formen des Gruppenunterrichts hinaus erörtert man gegenwärtig intensiver die aus der amerikanisch-kanadischen Tradition stammenden kooperativen Lernformen.
David Johnson und Roger Johnson waren es, die den Begriff des kooperativen Lernens geprägt haben und sie gelten wohl auch heute noch als die vielleicht bekanntesten Vertreter dieser Richtung. In ihren Studien und Berichten beriefen sie sich auf unterschiedliche Wurzeln kooperativen Lernens, entwickelten daraus dann aber ein offenes Konzept (vgl. Johnson & Johnson 1994).
Kagan, Sharan und Slavin knüpften an die Arbeit der Johnsons an und machten kooperatives Lernen populärer (vgl. Sharan & Slavin 1995). Slavin gibt dabei auch einen Überblick über den Forschungsstand. Er berücksichtigt dabei vor allem Studien mit Kontrollgruppendesign und er schaut sich das strukturierte Lernen im Team und die informellen Methoden für das Lernen in Gruppen an.
Eine wichtige theoretische Grundlage dieser Überlegungen bildet die Annahme, Denken sei prinzipiell erlernbar. Lernen wird in diesem Zusammenhang als Prozess der aktiven Auseinandersetzung des Lernenden mit dem Lernstoff verstanden. Bereits Gelerntes kann auf neue Situationen übertragen werden, wodurch Vorhandenes besser behalten und Neues sinnvoll vernetzt werden kann.

## 2.2 Ein Begriff mit vielen Facetten

Seit den neunziger Jahren ist wieder ein ansteigendes Interesse an kooperativen Lern- und Arbeitsformen zu beobachten. Unterschieden wird dabei zwischen ‚traditionellem Gruppenunterricht', wie er in der Unterrichtspraxis deutscher Schulen noch immer überwiegend vorkommt und neuen Formen und Methoden kooperativen Lernens. Diese wurden in den siebziger Jahren in den USA und in Kanada entwickelt und vor allem durch die Arbeiten von Günter L. Huber (1990) im deutschsprachigen Raum bekannt. Kooperatives Lernen ist der weiter gefasste Begriff, schließt Gruppenarbeit ein und wird vom individuellen Lernen und dem lehrerzentrierten Unterricht abgegrenzt.
Die Kooperation bezieht sich dabei vor allem auf das gemeinsame Arbeiten in der Gruppe, das gegenseitige Unterstützen und damit das nachhaltige Lernen bei allen Gruppenmitgliedern (Kliebisch & Meloefski 2013, S. 119).
Gemeinsames Lernen zu zweit oder in der Gruppe ist im Unterricht beliebt, wenn es darum geht, Lernende zu aktivieren. Oft ist dieses aber zu wenig didaktisch durchdacht und es wird davon ausgegangen, dass Lernende, die sich zusammen an einen Tisch setzen, auch gleich aktiv miteinander arbeiten können. Es wird nicht bedacht,

dass klare Arbeitsanweisungen gegeben werden müssen, so zum Beispiel, wer mit wem in eine Arbeitsgruppe geht, welche Materialien benötigt werden, welche Zeit zur Verfügung steht und welche Aufgaben es zu erledigen gilt. Dadurch kann es zu Zeit- und Reibungsverlusten beim gemeinsamen Lernen kommen. Weitere Probleme liegen darin, dass das Lerntempo sehr unterschiedlich sein kann, also die einen sehr viel schneller fertig sind als andere und dann auf diese warten müssen und damit die Lernzeit nicht effektiv genutzt werden kann. Schwierig ist es auch, wenn das gemeinsame Lernen so gestaltet wird, dass gar nicht gemeinsam agiert wird, sondern einzelne Lernende die Arbeit erledigen, alle aber davon profitieren. Diese Stolpersteine verringern die Motivation für jegliches gemeinsame Lernen erheblich.

Gemeinsames Lernen in traditionellen Gruppenarbeitsformen oder in kooperativen Lernsettings können Einzelarbeit oder erarbeitende Unterrichtsgespräche ersetzen bzw. ergänzen, nicht aber das Unterrichten der Lehrperson. Die Wissensvermittlung (vor allem neuer wichtiger Sachverhalte) bleibt dieser überlassen, da sie als Expertin eigens dafür ausgebildet und deshalb besonders geeignet ist. Sie kann die Inhalte didaktisch so aufbereiten, dass diese von möglichst vielen Lernenden verstanden werden. Eine Vertiefung, Erweiterung und das Einüben der Inhalte kann dann gut in Form gemeinsamen Lernens (traditionelle Gruppenarbeit, kooperatives Lernsetting) stattfinden.

### 2.2.1 Traditioneller Gruppenunterricht

Beim traditionellen Gruppenunterricht wird der Klassenverband zeitlich begrenzt aufgelöst und in Kleingruppen aufgeteilt, in denen dann selbstständig mehr oder weniger festgelegte Themen bearbeitet und die Arbeitsergebnisse in weiteren Unterrichtsphasen genutzt bzw. eingebracht werden (ähnliche Definitionen findet man bei Meyer, H. 2013, S. 242).

Der Gruppenunterricht ist also in den Arbeitsauftrag, die eigentliche Gruppenarbeit und die Auswertung der Ergebnisse gegliedert, wobei alle drei Bereiche gleichwertig sind. Im Mittelpunkt stehen dabei das Gruppenprodukt, also das Ergebnis der Gruppenarbeit und die Entwicklung sozialer Kompetenzen.

Es lassen sich verschiedene Typen traditioneller Gruppenarbeit unterscheiden: So gibt es etwa die ständige Kleingruppenarbeit, die der inneren Differenzierung dient. Sie ist als feste Arbeitsgruppe installiert.

Daneben kennen wir die kurzzeitig eingeführte themengleiche Gruppenarbeit, die quer durch alle Fächer und Schularten praktizierbar ist. Sie dient der Vermittlung von Informationen zur Vertiefung, Bearbeitung oder zum Gewinn weiterer Kenntnisse oder auch zur Übung.

Bei der arbeitsteiligen Kleingruppenarbeit wählen die Lernenden innerhalb einer größeren Unterrichtseinheit ein Thema aus, mit dem sie sich dann intensiver beschäftigen und bringen ihre Ergebnisse am Ende der Gruppenarbeit ins Plenum ein.

Diese Formen sind Varianten zum Frontalunterricht und ist wohl die gängigste Form des traditionellen Gruppenunterrichts.

Bei diesen Gruppenkonstellationen kann die Gruppenbildung unterschiedlich gestaltet werden: nach dem Zufallsprinzip, nach persönlichen Freundschaften, gemäß Neigung und Interesse an einer Aufgabe, nach Leistungsvermögen der Lernenden usw. Die Aufgaben sollten dabei so gestellt werden, dass sie von einer Kleingruppe besser lösbar sind als von einzelnen Lernenden. Am Handlungsprozess sind immer alle Lernenden gleichermaßen beteiligt. Wichtig ist allerdings, dass die Gruppengröße so überschaubar ist, dass alle Gruppenmitglieder sinnvoll am Arbeitsprozess teilnehmen können und sie in einer annähernd symmetrischen Beziehung zueinanderstehen, also sowohl vom Kenntnisstand als auch von ihrer sozialen Beziehung her in etwa gleich weit sind. Dabei tritt die Lehrkraft in ihrer Leitungsfunktion zunächst in den Hintergrund, allerdings bleibt sie auch hier für die Lernsituation verantwortlich.

Gruppenarbeit ist aber auch eine wichtige Form im Offenen Unterricht, vor allem während der Freiarbeit oder im Projektunterricht. Im Rahmen von offenem Unterricht organisieren die Lernenden ihre Gruppenarbeit selbst. Gruppenarbeit findet als eine Kooperationsform innerhalb des offenen Unterrichts statt. Die Lernenden bestimmen dabei selbst, ob sie alleine, zu zweit oder in der Gruppe arbeiten wollen. Diese Wahl setzt aber voraus, dass sie fähig sind, in verschiedenen Kooperationsformen zu arbeiten.

### 2.2.2 Definition und Merkmale kooperativen Lernens

Kooperatives Lernen bezeichnet eine Interaktionsform, bei der die beteiligten Personen gemeinsam und in wechselseitigem Austausch Kompetenzen erwerben. Alle Gruppenmitglieder nehmen gleichberechtigt am Lernprozess teil und tragen für diesen auch gemeinsam Verantwortung. Eine Kooperation besteht aus mindestens zwei, höchstens fünf Personen, die miteinander arbeiten möchten mit dem Ziel, dabei etwas zu lernen. Die Lehrperson übernimmt die Rolle des Lernberaters und fungiert eher im Hintergrund (vgl. Borsch 2019: vgl. Konrad & Traub 2019; vgl. Traub 2021).

Kooperatives Lernen fasst Lernen als einen aktiven und konstruktiven Prozess auf. Lernende können durch den aktiven Austausch neue Informationen leichter aufnehmen und verarbeiten und somit neues Wissen konstruieren, das nachhaltig gespeichert werden kann. Kooperatives Lernen ist eine interaktive und strukturierte Lernform, bei der gemeinsam besser und mehr gelernt wird als es alleine möglich wäre. Die Lernenden bringen sich dabei als Person mit ihren individuellen Stärken, aber auch Schwächen ein und bearbeiten gleichberechtigt und eigenverantwortlich eine Aufgabe. Dabei wird Wissen erarbeitet, Probleme gelöst, Produkte entwickelt und die Kommunikation und Interaktion gefördert.

Lernende unterscheiden sich in vielerlei Hinsicht und bringen damit unterschiedliche Erfahrungen und Perspektiven ein. Durch den beständigen Austausch, die Interaktion und Kommunikation wird das Verstehen und die Reflexion des Lerngegenstandes optimiert und Lernen in ein soziales Geschehen eingebettet. Kooperatives Lernen schließt dabei immer auch affektive Dimensionen und subjektive Befindlichkeiten ein und stellt demzufolge auch soziale und emotionale Herausforderungen dar.

Beim kooperativen Lernen ist allen das Ziel bewusst und alle wollen es erreichen. Dabei ist dieses Ziel aber nur erreicht, wenn jedes Gruppenmitglied das Ziel erreicht hat. Jedes Gruppenmitglied übernimmt für die Zielerreichung eine Aufgabe und Rolle und so wachsen die Einzelnen zu einer Gruppe zusammen (vgl. Borsch 2019).

Soziale, persönliche und inhaltliche Lernziele müssen zusammen betrachtet werden, alles andere käme einer einseitigen Darstellung gleich. Auch beim kooperativen Lernen steht der persönliche Lernzuwachs im Vordergrund, allerdings persönliches Lernen auf zwei Ebenen: auf der inhaltlichen (Erwerb neuen Wissens bzw. Vertiefung bereits vorhandenen Wissens) und auf der sozialen (Erwerb von Handlungskompetenzen wie Teamfähigkeit und Kommunikationsfähigkeit). Beim kooperativen Lernen sind Gruppenziele und individuelle Verantwortlichkeit wichtig, weil tatsächlich kooperativ und miteinander gearbeitet werden soll. Ist dies nicht gegeben, dann arbeiten die Lernenden eher für sich allein, leistungsstarke Gruppenmitglieder sind geneigt, die Antworten vorzugeben, wenig leistungsbereite Lernende neigen zum Trittbrett fahren. Bei Belohnungen für die Leistung der Gruppe und der je individuellen Verantwortung für den Erfolg treten solche Probleme eher selten auf.

Trotz unterschiedlicher theoretischer Akzentuierungen und praktischer Schwerpunktsetzungen besteht Einigkeit hinsichtlich der zentralen Merkmale kooperativen Lernens.

- Kooperatives Lernen zeichnet sich durch *positive Wechselbeziehungen* aus. Alle Gruppenmitglieder müssen zusammenarbeiten, um gesetzte Ziele zu erreichen, schert ein Mitglied aus und bearbeitet seine Teilaufgabe unzureichend, müssen die anderen Gruppenmitglieder die Konsequenzen mittragen. Deshalb werden alle Mitglieder der Gruppe versuchen, sich gegenseitig zu unterstützen.
- Durch das *Interagieren und Diskutieren* lernen die Mitglieder Situationen aus der Perspektive anderer zu sehen und zu verstehen. Dadurch wird die Verantwortlichkeit füreinander und für die Sache gestärkt. Erfolgreich zusammen gearbeitet wird vor allem dann, wenn danach gestrebt wird, dass die gemeinsam gesetzten Ziele auch erreicht werden.
- Kooperatives Lernen zeichnet sich auch durch *individuelle Verantwortlichkeit* aus. Die Mitglieder einer Gruppe sind verantwortlich, dass alle ihre Teilaufgabe erledigen und sich zu Experten qualifizieren. Dabei ist eine gegenseitige Unterstützung unabdingbar.
- Kooperatives Lernen beinhaltet eine *intensive face-to-face Interaktion.* Zunächst werden zwar einzelne Aufgabenbereiche individuell bearbeitet, danach wird sich

dann darüber intensiv ausgetauscht und dabei arbeiten die Gruppenmitglieder zusammen. Hierzu gehört dann auch, dass sich die Gruppenmitglieder gegenseitig Feedback geben. Nur so kann metakognitives Wissen entstehen und sich effektive Lerntechniken bzw.-strategien entwickeln.

- Lernende werden in der *Entwicklung kooperativer Kompetenzen* unterstützt. Dazu gehören ein angemessenes Führungsverhalten, Vertrauensbildung, Strategien der Entscheidungsfindung und Fertigkeiten des Konfliktmanagements.
- Kooperatives Lernen beinhaltet immer auch die *Reflexion des Gruppenprozesses.* Dazu gehören die Überprüfung der gemeinsamen Ziele, der Gruppenaktivitäten und der Weiterentwicklung von Strategien, um zukünftig noch besser zusammenarbeiten zu können (vgl. Borsch 2019; vgl. Konrad & Traub 2019; vgl. Helmke 2017).

Diese Merkmale trennen kooperatives Lernen auch vom traditionellen Gruppenunterricht ab. Während beim traditionellen Gruppenunterricht vor allem das Gruppenprodukt im Mittelpunkt steht und nicht so sehr der Lernprozess einzelner Gruppenmitglieder, wird hierauf beim kooperativen Lernen vor allem Wert gelegt und deshalb spielen dort die genannten Merkmale eine deutlich bedeutsamere Rolle.

### 2.2.3 Ansätze kooperativen Lernens

Neueren Formen kooperativen Lernens werden meist motivationale und soziale Überlegungen zugrunde gelegt. In der pädagogisch-psychologischen Lernforschung wird Kooperation unter dem Aspekt diskutiert, inwieweit gegenüber individuellem Lernen eine höhere bzw. bessere Leistung zu erzielen sei. Zur Erklärung unterscheidet man mehrere theoretische Perspektiven, aus denen sich Leistungseffekte kooperativen Lernens erschließen lassen:

**Der motivationale Ansatz (Slavin 1993, 1996):**

Die motivationalen Perspektiven konzentrieren sich primär auf die Belohnungs- oder die Zielstrukturen. Nur wenn die Gruppe erfolgreich ist, können die einzelnen Gruppenmitglieder ihre persönlichen Ziele erreichen. Dies ist die Anreizstruktur, um den anderen in der Gruppe zu helfen und alle zu motivieren, sich entsprechend ihrem Leistungsvermögen einzubringen. „Anders gesagt schafft die Belohnung von Gruppen auf der Basis von Gruppenleistungen (oder der Summe individueller Leistungen) eine interpersonale Belohnungsstruktur, bei der die Gruppenmitglieder soziale Verstärker (Lob, Ermutigung) als Reaktion auf die aufgabenbezogenen Anstrengungen der anderen Gruppenmitglieder geben oder zurückhalten.“ (Slavin 1993, S. 153). Gruppenbelohnungen gibt es also in Abhängigkeit von den Verhaltensweisen der Gruppenmitglieder. Dieser Anreiz reicht dazu aus, motiviert in Gruppen zusammen zu arbeiten. Er besteht aus Gruppenbelohnungen wie Auszeichnungen, eventuell aber auch Noten, die eine Gruppe bekommt.

Empirische Studien bestätigen diesen Ansatz: Die Verwendung von Gruppenzielen oder Gruppenbelohnungen fördert die Leistungsergebnisse bei kooperativem Lernen dann und nur dann, wenn diese auf individuellen Lernerfolgen aller Gruppenmitglieder beruhen (Slavin 1993, S. 154).

Slavin stellt die Belohnungs- und Zielstrukturen der Arbeit von Gruppen in den Mittelpunkt. Die Gruppenleistung wird dabei als die Summe der Einzelleistungen eingestuft. Damit ist sichergestellt, dass die Gruppe nur erfolgreich ist, wenn jedes Gruppenmitglied etwas lernt. Jeder Einzelne ist für den Lernerfolg der Gruppe individuell verantwortlich. Nur wenn auch die schwächeren Lernenden in den abschließenden Tests erfolgreich sind, ist die Gruppe erfolgreich und kann eine Belohnung erhalten. Jedes Mitglied, das sich anstrengt, trägt also zum Erfolg bei und deshalb werden auch alle untereinander angespornt. Diese Form scheint deutlich wirksamer als wenn nur das Gruppenprodukt in die Bewertung einfließt. Die Gruppenbelohnung dient dazu, diese Verantwortung nachhaltig zu stärken. Gruppenbelohnungen stärken im Übrigen den sozialen Aspekt kooperativen Lernens und motivieren die Gruppe zu höherer Leistungsfähigkeit. Beispiele hierfür sind die unter Kapitel 5 beschriebene Gruppenrallye und das Gruppenturnier.

Die Lernenden sollen sich durch Gruppenbelohnungen, basierend auf individuellen Lernleistungen mehr anstrengen und sich gegenseitig zu mehr Anstrengung motivieren. Eine direkte Zusammenarbeit ist dafür nicht unbedingt notwendig. Das macht diesen Ansatz einseitig. Die Zusammenarbeit muss ebenfalls in den Fokus gestellt werden und die Lernenden benötigen dafür entsprechende Kompetenzen (vgl. Huber A. 1999; vgl. Seibert 2000).

Slavin ergänzt seinen Ansatz deshalb um die drei folgenden Aspekte:

1. *Individuelle Verantwortlichkeit stärken:* der Erfolg des Teams hängt vom Ergebnis jedes einzelnen Gruppenmitglieds ab. Das Interesse der Gruppe muss deshalb darauf liegen, dass alle Gruppenmitglieder den Sachverhalt verstanden haben.
2. *Gleicher Beitrag eines jeden Mitglieds zum Erfolg der Gruppe:* Jedes Gruppenmitglied kann zum Erfolg der Gruppe dadurch beitragen, dass es sich gegenüber seinem früheren Leistungsstand verbessert. Dadurch sollen alle Lernenden entsprechend motiviert werden, sich in die Gruppenarbeit einzubringen und zusammen zu arbeiten (Wellenreuther 2015, S. 466).
3. *Kognitive orientierte Entwicklungstheorien:* Hierbei müssen die Anforderungen und Aufgaben an die kognitiven Möglichkeiten und Fähigkeiten der Lernenden angepasst werden. Lernende dürfen nicht unter- oder überfordert werden, sondern müssen gerade so gefordert werden, dass sie einen entsprechenden Lernfortschritt erzielen können. Die Zusammenarbeit ist deswegen förderlich, weil die Lernenden untereinander sich innerhalb „ihrer Zone der nächsten Entwicklung" unterstützen können (Wellenreuther 2015, S. 483).

   Kognitive Elaborationstheorien sind notwendig, damit die Lernenden die neu zu erwerbenden Inhalte bereits mit vorhandenen Inhalten im Gedächtnis verknüpfen und so nachhaltig speichern können. Dadurch, dass die Lernenden für ihre Gruppenmitglieder die Inhalte darlegen, wiederholen, neu strukturieren, elaborieren sie diese und können sie dann nachhaltiger speichern. Hilfreich sind hierbei dann auch die Nutzung geeigneter Elaborationsstrategien, wie die Erstellung von Mindmaps oder dergleichen mehr.

**Der Ansatz der sozialen Kohäsion (S. Sharan 1990; Cohen 1993 u. a.):**
Leistungseffekte werden aufgrund der Kohäsion von Gruppen begründet. Lernende arbeiten miteinander, helfen sich gegenseitig und unterstützen sich, weil ihnen etwas an der Gruppe liegt. Der kollektive Lernprozess wird so organisiert, dass die Lernenden unterschiedliche individuelle Gruppenrollen übernehmen. Slavin (1993) stellte in Sekundärauswertungen von Untersuchungen fest, dass die Group Investigation-Methode, mit der Kohäsionstheoretiker arbeiten, nach sorgfältiger Einführung, die Leistung steigert, falls neben der Betonung von Gruppenbildung und Gruppenprozessen auch die Gruppenbelohnung auf der Grundlage des Lernens aller Mitglieder entsprechend berücksichtigt ist.
Ein Beispiel hierfür ist das Gruppenpuzzle (siehe Kapitel 5). Der Hauptzweck der Aufgabenspezialisierung liegt darin, Interdependenz zwischen den Gruppenmitgliedern zu schaffen. Lernende können dabei auch bestimmte Aufgaben in der Gruppe wahrnehmen, wie Protokollant oder Diskussionsleiter usw. Dahinter steht die Idee, dass sich alle wertschätzen, sich ermutigen und sich damit gegenseitig zum Erfolg verhelfen.
Die Forschungsergebnisse für diesen Ansatz fallen noch eher unklar aus. Lernende identifizieren sich weniger mit den Materialien, die sie nicht selbst gelesen haben, so dass die Lerngewinne nicht so groß sind. Allerdings gibt es Befunde, die positive Ergebnisse belegen. Eine Verbindung mit dem Motivationsansatz verstärkt die positiven Befunde (vgl. Huber G. L. 1983; vgl. Seibert 2000).
Hierzu passt auch die Kontakthypothese von Allport (1954). Danach müssen mehrere Bedingungen gegeben sein, um die Beziehungen zwischen Gruppen und Gruppenmitgliedern zu verbessern und Vorurteile zu reduzieren:
Der Kontakt zur Gruppe muss auf gleicher Statusebene stattfinden, es müssen gemeinsame Ziele verfolgt werden. Der Effekt kann deutlich erhöht werden, wenn institutioneller Support gegeben ist, z. B. über die Befürwortung des Kontakts seitens der Lehrenden oder wenn die Beteiligten gemeinsame Interessen erkennen.
Cohen (1993) weist jedoch darauf hin, dass auch beim kooperativen Lernen nicht immer automatisch von einer Gleichheit des Status der Gruppenmitglieder auszugehen sei. Nicht alle Mitglieder tragen unbedingt gleichermaßen zum Gruppenprozess bei. Solche Aspekte müssen bei der Planung kooperativen Lernens berücksichtigt werden (vgl. Huber, Konrad & Wahl 2001).
Es werden bei diesem Ansatz allerdings keine Aussagen darüber gemacht, wie man die soziale Kohäsion der Lernenden dahingehend fördern kann, dass sie sich beim Lernen zunehmend unterstützen.

**Der kognitive Konfliktansatz (Entwicklungsperspektiven) (Piaget; Johnson & Johnson 1987):**
Hier wird die mentale Verarbeitung von Informationen betont. Die Interaktionen der Lernenden, als Ursache für die Effektivität kooperativer Lernmethoden interpretiert, stehen im Mittelpunkt der Überlegungen.
Aufgrund der Interaktion bei der Bearbeitung von Aufgaben beherrschen die Lernenden kritische Begriffe besser. Die Interaktion in heterogenen Gruppen erzeugt bei den Beteiligten kognitive Konflikte, die durch Lernen aufgelöst werden. Es müssen den Lernenden Möglichkeiten zur Diskussion, Argumentation und Präsentation ihrer Gesichtspunkte geboten werden. Dabei schafft die Gruppe etwas, wozu der Einzelne nicht in der Lage wäre. Dem Einzelnen wird dabei ein Weg für seine Entwicklung gewiesen, was ihn einen Schritt weiterbringt. Die Gruppenmitglieder lernen voneinander und miteinander. Die Gruppe verbindet als wichtiges Glied Individuum und Gesellschaft. Damit stellt kooperatives Lernen auch ein Konzept gesellschaftlicher Integration dar (vgl. Huber G. L. 1983; vgl. Huber A. 1999, vgl. Seibert 2000).
Leider reicht es nicht immer aus Lernende miteinander interagieren zu lassen, um Leistungsverbesserungen zu erzielen. Meinungen werden häufig nicht ausgetauscht, kognitive Konflikte kommen erst gar nicht zustande.
Kooperatives Lernen ist so anzulegen, dass solche Konflikte entstehen. Deren Bearbeitung erfordert geeignete Lernaktivitäten, wie sie etwa die Methode der Konstruktiven Kontroverse (Kapitel 5) darstellt.

**Der kognitive Elaborationsansatz (Froman & Cazden 1985):**
Lernende, die Informationen im Gedächtnis behalten und mit bereits verfügbaren Informationen verknüpfen wollen, müssen eine Art kognitiver Umstrukturierung oder Elaboration des Materials vornehmen. Eine Möglichkeit besteht darin, dieses Material jemandem anderen zu erklären. Helfersysteme oder Tutorien sind hierfür Beispiele.
Elaborationsmöglichkeiten entstehen dadurch, dass Lernende sich gegenseitig Materialien erklären. Experte und Anfänger profitieren dabei voneinander. Das Gruppenpuzzle (Kapitel 5) ist ein Beispiel dafür.
Eine interessante Entwicklung der letzten Jahre, die mit der kognitiven Elaborationsperspektive in Beziehung steht, stellt die Methode des Wechselseitigen Lehrens dar.
Dieser Ansatz geht davon aus, dass die Lernenden einen Lernstoff aktiv verarbeiten müssen, um Informationen zu behalten und zu verknüpfen (vgl. Slavin 1993, 1996). Unter Aktivität wird hier das Vergleichen, Beurteilen, und Kombinieren unterschiedlicher Sichtweisen, Meinungen und Lösungsideen verstanden. Um einen Lernstoff gut zu behalten und zu verarbeiten, ist es sinnvoll, ihn einer anderen Person zu erklären, da man dadurch gezwungen ist, seine Gedanken zu äußern

und damit zu strukturieren. Lernen ist dann effektiv, wenn für den Lerngegenstand effektive Lernstrategien eingesetzt werden. Zugleich sind aber auch wichtige Selbstregulationsfertigkeiten (z. B. das Lernen selbst planen und überwachen) zu fördern (vgl. Huber, Konrad & Wahl 2001).
Hier wird die Rolle der Gruppe für das Lernen vernachlässigt. Zwar wird die aktive Auseinandersetzung mit dem Lernstoff propagiert, dies muss aber nicht in der Gruppe, sondern könnte auch in Einzelarbeit geschehen.

**Der Selbstorganisationsansatz (L. Corna 1989):**
Beim kooperativen Lernen übernehmen die Lernenden selbst die Organisation des Lernprozesses. Dadurch wird die Lehrperson frei für andere Aufgaben. Die Fähigkeiten des Lernenden rücken dabei in den Mittelpunkt (vgl. Allespach 1999; vgl. Slavin 1993; vgl. Huber 1983; vgl. Seibert 2000).
Bei einer Aufgabenspezialisierung ist jedes Gruppenmitglied für einen Teil des Lernstoffs verantwortlich. Ihm obliegt es, sein Expertenwissen an andere Gruppenmitglieder weiterzugeben. Damit erlebt sich jedes Mitglied als wichtig, was die Motivation erhöht, sich intensiver mit dem Lernstoff auseinander zu setzen. Damit steigt auch die Selbstüberzeugung. Wichtig ist es tatsächlich, dass die Lernenden die inhaltliche Beschäftigung mit der Aufgabe als attraktiver einschätzen, als beispielsweise Seitengespräche zu führen oder Unsinn zu machen.

**Lernen durch Lehren (Renkl 1997):**
Viele kooperative Lernarrangements beinhalten das Lernen durch Lehren. Die Lernenden übernehmen vorübergehend und abwechselnd die Lehr-Rolle. Sie machen sich zum Experten auf einem bestimmten Gebiet und vermitteln die Inhalte dann den anderen Gruppenmitgliedern oder die Lernenden übernehmen abwechselnd die Aufgabe des Diskussionsleiters. Beim Lernen durch Lehren sind Renkl (1997) zufolge vor allem drei Phasen identifizierbar.
Die Vorbereitungsphase: Lernende sollen die Inhalte, die sie sich selbst aneignen oder bereits angeeignet haben, anderen weitergeben. Dadurch sollte der Lernstoff besser verstanden und damit die Lernleistung erhöht werden.
Phase des Erklärens: Lernende müssen ihr Wissen, um es weiterzugeben, organisieren: Sie müssen eigene Wissenslücken schließen und bei Verständnisfragen nachhaken.
Phase des Rückfragens: Über ihr Expertenwissen erhalten die Lernenden Rückfragen von den Mitlernenden. Dadurch können sie ihre Sachverhalte nochmals überdenken, neue Zusammenhänge herstellen und eventuelle Widersprüche auflösen.

**Cooperative Group Learning (Norm & Kathy Green):**
Entwickelt wurde dieser Ansatz von wenigen Lehrkräften seit 1980 im Schulbezirk Durham (Canada) unter Norm und Kathy Green, zunächst um die schlechten Abschlussergebnisse der Lernenden zu verbessern. Mittlerweile ist das Konzept auch

in Deutschland verbreitet und der Name Green steht für eine Philosophie kooperativen Lernens. Kooperatives Lernen bezieht sich hier nicht nur auf Methoden des Unterrichts, sondern auf eine Schulgemeinschaft, in der in Kooperation zusammengearbeitet und gelebt wird. Beim kooperativen Lernen stehen die systematische Kompetenzanbahnung und deren Weiterentwicklung im Vordergrund. Gleichzeitig werden fachlich-methodische Kompetenzen, Sozialkompetenz und Selbstkompetenz zum Gegenstand eines aktivierenden Unterrichts gemacht. Somit kommt das kooperative Lernen den Forderungen nach produktivem Umgang mit Heterogenität sowie individueller Förderung nach. Zentrale Aspekte sind die wechselseitige Abhängigkeit, die individuelle Verantwortung, das Feedback in der Gruppe, das soziale Lernen und die face-to-face Interaktion. Das kooperative Lernen beruht auf der Think-Pair-Share Methode, wodurch sich Einzelarbeit, Partnerarbeit und Gruppenarbeit gegenseitig ergänzen. Ziel ist es in der Gruppe erfolgreich zu lernen und es so jedem Lernenden zu ermöglichen, sich ein Lernergebnis anzueignen. Dabei spielt die soziale Komponente und das Miteinander Agieren eine besondere Rolle. Kooperatives Lernen soll nicht nur Einzug in den Unterricht einzelner Klassen und von einzelnen Lehrenden erhalten, sondern die gesamte Schule soll kooperatives Lernen als Grundprinzip umsetzen und leben (vgl. Green & Green, 2012).

## 2.3 Begründungszusammenhang

Kooperative Lernformen finden in den letzten Jahren in theoretischen und methodisch-didaktischen Ansätzen immer größere Beachtung. Dank kooperativer Lernformen soll Lernen im sozialen Kontext und in methodischer Variation erfolgen. Dabei kann kooperatives Lernen Weg und Ziel des Unterrichts sein. Es bereichert den Unterricht, macht ihn vielseitig und dadurch interessant, außerdem kann in vielen Bereichen Unterricht effektiver gestaltet werden. Gleichzeitig führt die Anwendung unterschiedlicher Methoden zu einer umfassenden Methodenkompetenz. Somit sorgt kooperatives Lernen dafür, dass im Unterricht neben kognitiven auch emotionale und motivationale Lernziele erreicht werden können. Aber auch im kognitiven Bereich kann die Qualität des Wissens erhöht und der Transfer leichter angebahnt werden und somit Wissen nachhaltig vernetzt und strukturiert werden. Auch soziale Kompetenzen können leichter und besser gefördert werden (Hasselhorn und Gold 2013, S. 308).

Lernende sind in der Schule häufig zur Passivität verurteilt. Vermittelte Inhalte können kaum mit bereits vorhandenem Wissen und Können verknüpft und entsprechend genutzt werden. Diese Passivität wird durch darbietende Lehrverfahren verstärkt. Um oberflächliches Wissen zu vermeiden und den Lernenden die Chance der Vernetzung und Verarbeitung von Inhalten zu geben, müssen aktive Lerngelegenheiten geschaffen werden. Neben anderen Lehr-Lern-Modellen wie das situierte oder das selbstgesteuerte Lernen sind es auch kooperative Konzepte, die hier unterstützen können. Durch die Erarbeitung von Wissen und das gegenseitige Vermitteln der Ergebnisse, kann das Gelernte besser behalten werden (Kliebisch & Meloefski, 2013, S. 119).

### 2.3.1 Hoffnungen und Befürchtungen von Lehrenden

Lehrende, die bereits kooperative Lernformen einsetzen, versprechen sich eine höhere Motivierung der Lernenden. Mit anderen zusammen arbeiten macht mehr Spaß, fördert den Ideenreichtum und erleichtert den Problemlöseprozess. Lernende stacheln sich gegenseitig zum Weitermachen an.

Aber auch fachspezifische Lernerfolge werden erwartet, vor allem im Bereich des Übens und im Erwerb von Handlungsroutinen.

Als besonders bedeutsam werden soziale Lerneffekte eingestuft. Kooperative Lernformen üben soziale Verhaltensweisen ein, die anschließend anwendbar sind. Dadurch wird das Lernklima in einer Klasse gefördert und diese wächst zu einer Gemeinschaft zusammen. Außerdem lernen sich einzelne Lernende in gemeinsamen Lernprozessen besser kennen und verstehen und sich mit ihren Stärken und Schwächen auch anzunehmen.

Eng damit verbunden ist die Förderung der persönlichen Entwicklung. Kooperative Lernprozesse leisten auch einen Beitrag dazu, dass Lernende ihre eigene Individualität entwickeln und damit zu ihrer Identität finden. Sie lernen sich selbst besser mit ihren Stärken und Schwächen einschätzen.

Lehrende befürchten aber im Zusammenhang mit kooperativen Lernformen auch negative Effekte, ein Faktum, das den geringen Einsatz kooperativen Lernens in der Schule erklären mag. Lernende verhalten sich in kooperativen Lernformen weniger diszipliniert, sind lauter und unberechenbarer. Darauf hat die Lehrkraft wenig Einfluss. Vor allem die Lautstärke in einer Schulklasse wird als Indiz der mangelnden Disziplin angeführt. Dabei wird häufig vergessen, dass Gespräche, die in Gruppen geführt werden, auch wenn es gelegentlich etwas lauter wird, durchaus zu einem Lernerfolg führen können.

Lehrende, die selbst noch wenig Erfahrungen mit kooperativem Lernen haben, sehen es als problematisch an, ihre Verantwortung für das Lernen an die Lernenden selbst abzugeben, das Zutrauen in sie ist noch zu gering und der Wunsch, alle Fäden in der Hand zu behalten hoch. Diese Einstellung behindert kooperatives Lernen, da die Lehrkraft sich zu sehr präsent zeigt und damit eigenständiges Lernen verhindert.

Kooperativem Lernen wird durchaus zugestanden, dass im sozialen Bereich viel gelernt werde, problematischer ist dies schon im Bereich des Erwerbs von Kenntnissen und Fertigkeiten. Viele Lehrkräfte befürchten, Lernende eigneten sich ohne Vermittlung durch die Lehrperson kein Wissen an oder ein Gruppenmitglied er-

arbeitet sich alles, die anderen dagegen sind in dieser Zeit passiv und kommen zu keinem Lernzuwachs.
Lehrende befürchten, sich mit der Materialbeschaffung zu überfordern und scheuen deshalb den Arbeitsaufwand. Außerdem bemerken sie bei den Lernenden fehlende soziale und methodische Kompetenzen. Im Übrigen scheinen ihnen die immer größeren Gruppen in kleinen Räumen keine gute Ausgangsbedingung für kooperatives Lernen zu sein.
Befürchtungen, selbst zu wenig von kooperativem Lernen zu verstehen und damit eine Bruchlandung zu erleben, lassen davor zurückschrecken, kooperatives Lernen auszuprobieren. Zu diesen Befürchtungen tragen selbst verursachte Misserfolgserlebnisse bei.
Um Lehrende von der Bedeutsamkeit kooperativen Lernens zu überzeugen und sie bei der Umsetzung zu unterstützen bedarf es guter Argumente. Diese werden aus verschiedenen Richtungen gegeben. Auch dieses Buch möchte dazu beitragen, die Hoffnungen in kooperatives Lernen zu verstärken und die Befürchtungen zu entkräften, indem Wege und Vorgehensweisen für gelingende kooperative Lernsettings aufgezeigt werden und so Mut für die Umsetzung kooperativen Lernens zu machen.

### 2.3.2 Gesellschaftliche Begründung

Alle Menschen gehören Gruppen an und müssen sich darin zurechtfinden, sei es im beruflichen Leben oder im privaten Sektor. Dabei muss eine Person anderen Mitgliedern Hilfen anbieten und von diesen Hilfen annehmen. Dieses Wechselspiel kennzeichnet die Gruppe und die menschliche Gemeinschaft. Auch in kooperativen Lernsettings wird dieses Wechselspiel ermöglicht und dadurch gelernt.

> „Auf der einen Seite darf das Kind bei der Gruppenarbeit an einer Aufgabe mitverantwortlich sein und helfen; auf der anderen Seite aber wird es zum Helfer bei seinen Gruppenkameraden, die der Hilfe bedürfen…" (Muth in: Meyer & Winkel, 1991, S. 14)

Klippert erachtet die Teamfähigkeit als Schlüsselqualifikation – immer mehr gefordert von der Wirtschaft – ebenso von Vertretern der Bildungspolitik und auch der Schulverwaltung. In einer Zeit, in der das Fachwissen immer schneller veraltet, in der Problemlösefähigkeit immer notwendiger wird, ist es wichtig, dass unterschiedlich ausgebildete Arbeitskräfte in einem Team zusammenarbeiten.
Die Gesellschaft erwartet und benötigt Menschen mit sozialen und kommunikativen Fähigkeiten und Fertigkeiten. Dies ist für das Bestehen einer demokratischen Gesellschaft, aber auch für das Funktionieren der Wirtschaft sehr bedeutsam (Ebbens & Ettekoven 2011, S. 13)
Auch deshalb wird kooperatives Lernen in den Bildungsplänen verankert. In den Schulen sollen Kompetenzen wie Kooperationsfähigkeit und Verantwortungsbewusstsein gefördert werden und hierzu wird das kooperative Lernen als sinnvolle und effektive Arbeitsweise genannt. Auch in der Erwachsenenbildung spielt die Ko-

operationsfähigkeit eine immer größere Rolle, da auch hier auf Kompetenzen wie Teamfähigkeit, Problemlösefähigkeit Wert gelegt wird und das gemeinsame Lernen und Arbeiten zunehmend an Bedeutung gewinnen.

### 2.3.3 Pädagogische Bedeutung

Neben der Bedeutung der Teamarbeit für die Belange der Gesellschaft und Wirtschaft hat kooperatives Lernen aber auch eine tiefe pädagogische Relevanz. Nur im Team wird ganzheitlich gelernt.

> „Wer die vielfältigen Begabungen der Schülerinnen und Schüler wirksam fördern und ihrem eigenverantwortlichen Arbeiten und Lernen im Unterricht verstärkt Raum geben möchte, der kommt eigentlich nicht umhin, den Gruppenunterricht gezielt zu forcieren. Denn nur auf diese Weise lässt sich die nötige Kommunikation und Kooperation zwischen den Schülerinnen und Schülern sicherstellen, die gewährleistet, dass sich diese wechselseitig inspirieren und ermutigen, fragen und kontrollieren, unterstützen und vergewissern können.“ (Lohre & Klippert 1999, S. 100 f.)

In seinem Buch über Unterrichtsmethoden nennt Meyer Funktionen und Ziele des Gruppenunterrichts und grenzt ihn damit vom Frontalunterricht ab. Nach seiner Auffassung können sich die Lernenden im Gruppenunterricht aktiver am Lerngeschehen beteiligen als im Frontalunterricht. Im Gespräch untereinander ist die Hemmschwelle geringer, es kann auch mal etwas ins Unreine gesprochen werden, so dass sich Lernende eher trauen, sich zu einem Sachverhalt zu äußern. Durch die Arbeit innerhalb der Gruppe kann sich ein gutes Zusammengehörigkeitsgefühl entwickeln und die Selbständigkeit der Lernenden gezielt gefördert werden. Lernende können auch einmal Lernumwege gehen und Seitenpfade betreten, um auf Lösungen zu kommen, da der Weg nicht immer genau vorgegeben und keine extreme Lenkung in dieser Richtung erfolgt. Dadurch können die Lernenden ihre Neugierde ausleben, ihre eigenen Interessen und Überlegungen stärker in den Lernprozess einbeziehen.
Auch auf Seite der Lehrenden gibt es positive Aspekte. Sie können während der Gruppenarbeit die Lernenden im Lernprozess beobachten und besser beraten.
Allerdings muss für die Gruppenarbeit auch Zeit gelassen werden, damit die Lernenden einen Sach-, Sinn- und Problemzusammenhang in eigener Regie erarbeiten können. Langfristig zahlt sich dieser Mehraufwand jedoch durch wachsende Methodenkompetenz aus. (vgl. Meyer, H. 1990)
Meyer bilanziert, dass Gruppenunterricht die Selbständigkeit und Solidarität der Lernenden fördern kann, wenn er zielstrebig durchgeführt wird. Klippert und Klafki nennen ähnliche Vorzüge kooperativen Lernens (vgl. Lohre & Klippert 1999; vgl. Klafki in Gudjons 1993, S. 54–71) und auch Terhart sieht solche Ziele mit dem Gruppenunterricht verbunden. Er geht allerdings davon aus, zunächst sei zu überprüfen, ob solche Zielsetzungen überhaupt aufgrund von Gruppenarbeit erreichbar seien. Er zitiert eine Untersuchung von Meyer (in Terhart 1989, S. 153), die empirisch belegt, welche Vorteile Gruppenunterricht mit sich bringt:

- Erworbenes Wissen wird nachhaltiger behalten, wenn es in Kleingruppen erarbeitet wurde
- das soziale Verhalten der Lernenden verbessert sich nachhaltig
- die Persönlichkeit der Lernenden wird gestärkt
- das Selbstvertrauen steigt
- die Leistungsfähigkeit wird größer

Terhart schränkt diese Forschungsergebnisse selbst in so weit ein, als er verdeutlicht, dass es immer auf die Art der Studien und auf die Qualität der dabei untersuchten Methode ankomme.
Insgesamt stellt er aber fest: „Sicherlich bietet der Gruppenunterricht gute Chancen zur Erreichung kooperativen und sachbezogenen Lernens. Insofern ist diese Form der methodischen Organisation des Lehr-Lern-Prozesses geeignet, dem unausweichlich ablaufenden sozialen Lernen in der Schule eine pädagogisch verantwortbare Richtung zu geben." (Terhart 1989, S. 155)
Ähnlich äußert sich Nuhn bezüglich der Partnerarbeit. Er führt aus, große Klassen und Lerngruppen bedürften der Auflösung und dafür böten sich besonders Partnerarbeit und Gruppenarbeit an. Die Lernenden erhalten in diesen Formen mehr Sprechzeit und der Lehrende hat mehr Zeit zur Beobachtung und zur individuellen Betreuung. Partnerarbeit ermöglicht eine adäquate Binnendifferenzierung, kann als Helfersystem fungieren und die Lernenden zur Arbeit motivieren (vgl. Nuhn 1995).
Neben diesen Vorzügen der Kooperation, die vor allem die Entwicklung der Persönlichkeit und der Selbstständigkeit der Lernenden sowie ihre Kommunikations- und Kooperationskompetenz und das soziale Lernen betreffen, nennt Anne Huber einige Einflüsse, die eine Rolle für die Effektivität des Lernens in Kleingruppen spielen.

- *Produktion von Ideen:* Jede Gruppe kann zu einer den Kenntnishorizont der Mitglieder nicht wesentlich überschreitenden Fragestellung bedeutend mehr Ideen produzieren als ihr erfolgreichstes Mitglied. Insbesondere diese enorme Überlegenheit von Gruppen im divergenten Denken gegenüber dem Individuum befähigt Schülergruppen dazu, ansehnliche Produkte hervorzubringen.
- *Nutzung von Ressourcen:* Andere Menschen verfügen über andere Ressourcen und Informationen. Beim gemeinsamen Arbeiten erhöht sich die Wahrscheinlichkeit, auf Personen zu treffen, die für das eigene Lernen hilfreiche Informationen geben können. Außerdem können so Fehler besser entdeckt und über Problemlösungen aus vielfältiger Perspektive diskutiert werden. Allerdings darf eine Gruppe auch nicht zu groß werden, da sonst die Perspektivenvielfalt nicht mehr zu nutzen wäre.
- *Einfälle sammeln:* z. B. Gewinnung von Ideen zur Zielbestimmung, Produktgestaltung, Arbeitsorganisation durch Brainstorming, in Diskussionen usw.
- *Kritik, Beurteilung, Verbesserung von Arbeitsergebnissen:* Es kommt hier nicht nur auf logische Konsequenz, sondern in hohem Maß auch auf passende Einfälle an,

die sich aus den unterschiedlichen Perspektiven mehrerer Gruppenmitglieder viel wahrscheinlicher ergeben als aus der Sicht eines einzelnen.

- *Problemlösen:* z. B. im Zusammenhang mit der Planung von Arbeitsschritten, der Organisation arbeitsteiligen Vorgehens, der Bewältigung von unerwarteten Schwierigkeiten oder der Behandlung eines Problems als zentraler Arbeitsaufgabe.
- *Kontroversen austragen:* Behandlung einer innerhalb der Arbeitsgruppe oder zwischen Gruppen umstrittenen Frage mit dem Ziel, den Dingen so weit wie möglich auf den Grund zu gehen.
- *Entscheidungsbildung:* z. B. hinsichtlich Arbeitsziel, Arbeitsaufteilung auf Gruppenmitgliedern, Wahl zwischen verschiedenen Vorgehensmöglichkeiten usw.
- *Das Gruppenverhalten reflektieren:* Diese Gruppenfunktion kann sowohl in speziellen, von der übrigen Gruppentätigkeit deutlich abgesetzten Reflexionsphasen als auch die laufende Gruppenarbeit begleitend und unterstützend erfüllt werden.
- *Beziehungen aufbauen:* Auf der Beziehungsebene geht es darum, das Interaktionsverhalten innerhalb der Gruppe zu betrachten und vor allem beobachtbares und wünschenswertes Verhalten zu würdigen, über anzustrebende Verhaltensänderungen zu beraten und sich auf besonders wichtige Verhaltensnormen und Methoden der Sicherung ihrer Einhaltung zu einigen.
- *Sachlich korrekt arbeiten:* Auf der Sachebene wird das Vorgehen der Gruppe hinsichtlich arbeitstechnischer Zweckmäßigkeit und sachlicher Richtigkeit geprüft. Aus festgestellten Mängeln können Konsequenzen für die Gestaltung künftiger Arbeit gezogen werden.
- *Lernende aktivieren:* Im Gruppenunterricht können sich mehr Lernende aktiv am Unterrichtsprozess beteiligen als im Frontalunterricht.
- *Freie Meinungsäußerung:* Die Lernenden können sich, falls sie nicht durch ein ungünstiges soziales Klima daran gehindert werden, ohne Scheu äußern und erst einmal „ins Unreine" reden.
- *Zusammengehörigkeit entwickeln:* Sie können ein Zusammengehörigkeitsgefühl in der Gruppe entwickeln und festigen.
- *Selbstständiges Arbeiten:* Sie können, falls die Arbeitsaufträge entsprechend gestaltet und die Lernvoraussetzungen gegeben sind, relativ selbständig arbeiten.
- *Umwege gehen:* Sie können Lernumwege und Seitenpfade betreten, die im Frontalunterricht aus Zeit- und Kompetenzgründen zumeist blockiert werden.
- *Neugierde ausleben:* Sie können ihre Neugierde ausleben; sie können neue, von der Lehrkraft nicht vorhergesehene Aspekte des Themas einbringen und bearbeiten.
- *Beobachtung:* Gruppenunterricht erlaubt es der Lehrkraft, ihre Schülerinnen und Schüler genauer, mit mehr Muße und in anderen Rollen als im Frontalunterricht zu beobachten.
- *Mehraufwand positiv nutzen:* Die Lernenden brauchen länger, um einen Sach-, Sinn- oder Problemzusammenhang in eigener Regie zu erarbeiten. Langfristig zahlt sich dieser Mehraufwand jedoch durch wachsende Methodenkompetenz aus.

- *Nachhaltiges Wissen:* Erworbenes Wissen wird nachhaltiger behalten, wenn es in Kleingruppen erarbeitet wurde.
- *Erweiterte Wahrnehmung, erweiterte Gedächtniskapazität in Gruppen:* Durch die anderen Gruppenteilnehmer wird die eigene Gedächtnisleistung angesprochen und erweitert. Dank Anstöße kommt man auf Dinge, auf die man alleine nicht kommen würde.
- *Modelllernen und Anstöße von anderen in Gruppen:* Das Vorbild anderer Personen steigert die Lernleistung. Man kann von deren Wissen profitieren, aber auch sein Lernverhalten nachahmen. Somit profitiert man vor allem von kompetenten anderen Personen.
- *Bewertung durch andere Gruppen:* Gruppenmitglieder können zu mehr Leistung anstacheln, da man in der Gruppe sein Bestes geben will.
- *Soziale Kohäsion und positives Gefühlsklima in der Gruppe:* Wenn die Gruppenmitglieder sich gut verstehen, dann nimmt meist auch die Leistungsfähigkeit zu. Deshalb sollte versucht werden, ein positives Klima in der Gruppe zu schaffen.
- *Externalisierung von Wissen innerhalb von Gruppen:* Lernende, die anderen Informationen erklären oder ihre Meinung mitteilen müssen, verarbeiten diese damit besser und haben größere Chancen, sie sinnvoll zu reflektieren. Damit wird das eigene Wissen besser verfügbar.

Neueren Formen kooperativen Lernens werden meist motivationale (z. B. STAD-Programm nach Slavin, 1995) und soziale Überlegungen (z. B. Gruppenpuzzle nach Johnson, 1992) zugrunde gelegt. In der pädagogisch-psychologischen Lernforschung wird Kooperation dann unter dem Aspekt diskutiert, inwieweit gegenüber individuellem Lernen eine höhere bzw. bessere Leistung zu erzielen sei. Zur Erklärung unterscheidet man mehrere theoretische Perspektiven, aus denen sich Leistungseffekte kooperativen Lernens erschließen lassen.

Beim kooperativen Lernen steht der persönliche Lernzuwachs im Vordergrund, und zwar persönliches Lernen auf zwei Ebenen: auf der inhaltlichen (Erwerb neuen Wissens bzw. Vertiefung bereits vorhandenen Wissens) und auf der sozialen (Erwerb von Handlungskompetenzen wie Teamfähigkeit und Kommunikationsfähigkeit). (vgl. Huber A. 1999; vgl. Konrad & Traub 2019)

Diese Äußerungen akzentuieren, dass kooperative Lernprozesse einen wichtigen Beitrag zur Steigerung der Effizienz von kognitivem und emotionalem Lernen leisten.

Gudjons verortet in den bisher genannten Vorteilen Chancen, die aber sicher nicht alle über Gruppenarbeit wahrzunehmen sind. Deshalb formuliert er drei ‚bescheidenere' Ziele auf drei Ebenen für den Gruppenunterricht:

1. Durch stärkere Beteiligung an der Planung von Gruppenarbeitsprozessen öffnet sich für die Lernenden die Möglichkeit eines freieren, offeneren und an den Interessen orientierten inhaltlichen Lernens.

2. Durch Übernahme unterschiedlicher Arbeitsfunktionen, Differenzierungen nach individuellen Fähigkeiten, durch das Erlernen arbeitsmethodischer Kompetenzen, Planungs- und Realisierungsstrategien wird die Zusammenarbeit mit anderen gelernt.
3. In der eigenen Gruppendynamik einer Kleingruppe müssen die Beziehungen untereinander entwickelt, metakommunikative Techniken gelernt, funktionale Rollen übernommen und Interaktionsstörungen ausgeräumt werden (Gudjons 1993, S. 44).

Auf diesem Niveau kann Gruppenarbeit tatsächlich umgesetzt werden, ohne dass der Rahmen institutioneller Gegebenheiten gesprengt würde.
Auch die kritisch-konstruktive Didaktik Wolfgang Klafkis (1996) lässt sich zur Begründung kooperativen Lernens heranziehen. Klafki begreift Bildung als Interaktionsprozess, in dem Lernende sich mit Unterstützung von anderen Lernenden und Lehrenden zunehmend selbstständig Erkenntnisse und Erkenntnisformen; Urteils-, Wertungs- und Handlungsmöglichkeiten aneignen. Klafki verlangt, dass methodische Entscheidungen weitgehend dem Prinzip entdeckenden Lernens sowie dem schülerorientierten Unterricht entsprechen sollen. Er bestimmt Individualbildung als Zusammenhang der drei Grundfähigkeiten Selbst-, Mitbestimmungs- und Solidaritätsfähigkeit. Bildung erweist sich damit als Fähigkeit, in kritischer Distanz gegenüber allen Anpassungsforderungen und Sinndeutungen zum Selbstsein zu gelangen, also selbst die Regie über die Entfaltung der eigenen Person und die Gestaltung des eigenen Lebens zu führen – ohne jedoch Ansprüche zu verletzen, die im Interesse aller liegen. Die Bereitschaft und Fähigkeit der Lernenden zur Mitbestimmung zu fördern, bedeutet, Handlungserfahrungen in Bezug auf Fragen zu ermöglichen, die aus der Wir-Perspektive insbesondere des gesellschaftlichen Zusammenhangs gestellt und beantwortet werden müssen. Dadurch kann Verantwortung für die Mitgestaltung der gemeinsamen Lebensbedingungen übernommen werden. Solidaritätsfähigkeit bedeutet, dass die Lernenden durch die handlungsbezogene Auseinandersetzung mit gesellschaftlich produzierter Ungleichheit und mit entsolidarisierten Zuständen und Vorgängen zu solidarischem Handeln befähigt werden. Dabei werden keine Inhalte vorgegeben, da Bildung immer selbstintentional ist, jeder Mensch sich also selbst bildet. Dies gelingt vor allem im erfahrungsbezogenen Unterricht. So ist es beispielsweise nicht dasselbe, ob die Lernenden die subjektiven Folgen von Arbeitslosigkeit ausschließlich im Rahmen der Möglichkeiten traditionellen Unterrichtens thematisiert erhalten, oder ob sie mit Betroffenen in Kontakt kommen und in dieser Begegnung echte Erfahrungen sammeln. Selbstbestimmungs-, Mitbestimmungs- und Solidaritätsfähigkeit kann also in einem erfahrungsorientierten Unterricht und durch kooperatives Lernen optimal gefördert werden.
Neben der Individualbildung ist für Klafki vor allem die Allgemeinbildung wichtig. Sie ist gekennzeichnet als Bildung für alle, als allseitige Bildung und als Bildung

durch das Allgemeine. Gerade zum letztgenannten Bereich dürfte kooperatives Lernen beitragen. Klafkis ‚Schlüsselprobleme' benennen grundlegende Probleme der Menschen und der Gesellschaft in einer bestimmten Epoche als konkreten, für den Unterricht verbindlichen Rahmen. Innerhalb dieses Rahmens werden die Entscheidungen über die Themen, Gegenstände und Verfahren in die Hände der Lehrenden und Lernenden gelegt.

Die Auseinandersetzung mit solchen Schlüsselproblemen in der Schule soll helfen, dass die Lernenden sich selbst ein Bild von der Problematik machen können und damit eigene Urteile bilden, die es ihnen ermöglichen, nach Lösungen zu suchen. Der Einzelne erfährt sich als Betroffener, der angeregt wird, auch zu handeln. Die Auseinandersetzung mit Schlüsselproblemen ist also notwendig, um die von Klafki genannten Grundfähigkeiten zu erlangen. Damit spielen sie auch eine Rolle, wenn es um die Selbständigkeit junger Menschen geht. Um sich mit solchen Schlüsselproblemen auseinandersetzen zu können, müssen vielerlei Einstellungen erworben und Fertigkeiten erlernt werden. Klafki nennt:

- Kritikbereitschaft und -fähigkeit, um Standpunkte aufnehmen und problematisieren zu können
- Argumentationsbereitschaft und -fähigkeit, um eigene Auffassungen darstellen zu können
- Empathiefähigkeit, um andere verstehen und sich in sie hineinversetzen zu können
- Fähigkeit zum vernetzenden Denken, um Zusammenhänge zu erkennen

Wichtig für unseren Zusammenhang ist die Frage, wie Klafki glaubt, ‚Schlüsselprobleme' im Unterricht zu thematisieren und zu behandeln.

Er nennt vier Prinzipien:

- Exemplarisches Lehren und Lernen, also ausgewählte Sachverhalte, an denen dann Zusammenhänge erklärt und Prinzipien verständlich werden
- Methodenorientiertes Lernen, um sich Verfahrensweisen anzueignen, die es ermöglichen, sich mit Sachverhalten auf unterschiedliche Weise auseinander zu setzen
- Handlungsorientierter Unterricht, wo auch praktisch gelernt wird
- Verbindung von sachbezogenem und sozialem Lernen
- Konzentrationsfähigkeit, Anstrengungsbereitschaft, Rücksichtnahme usw. gehören ebenfalls zu diesem auf kooperativem Lernen bauenden Allgemeinbildungskonzept
  (vgl. Klafki 1996)

Diese Prinzipien legen kooperative Lernprozesse nahe.

### 2.3.4 Psychologische Überlegungen

Zur Begründung kooperativen Lernens lassen sich auch die Überlegungen aus der Psychologie von Mandl und Reinmann-Rothmeier (1995) heranziehen, die sich

besonders mit der Gestaltung von Lernumgebungen beschäftigen. Ausgangspunkt der Suche nach erfolgsversprechenden Lernumgebungen ist die allgemein geteilte Einsicht: In Schule und Unterricht wird gegenwärtig durchaus erfolgreich gelernt. Doch was gelernt wurde, bleibt oft träge, d. h. erworbenes Wissen wird zwar gespeichert, ist auch reduzierbar, steht aber den Lernenden nicht so flexibel zur Verfügung, um eigenständig handeln zu können. Dazu benötigen die Lernenden produktives Wissen. Die Ursache für träges Wissen wird in den Lernumgebungen gesehen. Bisher ist die Lernumgebung systemvermittelnder Art, d. h. die didaktischen Überlegungen richten sich vor allem darauf, wie Unterricht geplant und organisiert wird. Vermittlungsmerkmal ist meist die Instruktion. Nun aber wird stärker eine situierte Lernumgebung gefordert, wo Lernen als aktiver, konstruktiver Prozess in einem bestimmten Handlungskontext zu beschreiben wäre.
Fünf Prozessmerkmale sind beachtenswert:

1. Lernen ist nur über die aktive Beteiligung des Lernenden möglich. Dazu gehört, dass der Lernende zum Lernen motiviert ist und dass er an dem, was er tut, Interesse hat oder entwickelt.
2. Bei jedem Lernen übernimmt der Lernende Steuerungs- und Kontrollprozesse. Wenn auch das Ausmaß eigener Steuerung und Kontrolle je nach Lernsituation variiert, so ist doch kein Lernen ohne jede Selbststeuerung denkbar.
3. Lernen ist in jedem Fall konstruktiv: Keine kognitiven Prozesse finden ohne den individuellen Erfahrungs- und Wissenshintergrund und eigene Interpretationen statt.
4. Lernen erfolgt in spezifischen Kontexten, so dass jeder Lernprozess auch als situativ gelten kann.
5. Lernen ist schließlich immer auch ein sozialer Prozess: Zum einen ist der Lernende stets soziokulturellen Einflüssen ausgesetzt, zum anderen ist jedes Lernen interaktives Geschehen.

Kooperative Unterrichtssituationen stellen situierte Lernumgebungen dar (vgl. Mandl & Reinmann-Rothmeier 1995)
Nach dem aktuellen Kenntnisstand gelingt kooperatives Lernen vor allem dann, wenn nicht nur die Lernergebnisse, sondern auch Lernprozesse und Lernverhalten Beachtung finden. Erfolgreiche Arbeitsgruppen vergegenwärtigen sich, welche Verhaltensweisen hilfreich und störend sind und welche Aktivitäten beizubehalten oder zu verändern sind. Solche Aktivitäten

– sichern den Fortbestand der Gruppe
– unterstützen soziales Lernen
– sorgen für Rückmeldungen zum eigenen Verhalten
– fördern die Entwicklung sozialer Fertigkeiten.

(vgl. Konrad &Traub 2019, ähnliche Überlegungen auch bei Straub 2000)

### 2.3.5 Zusammenfassung

Gruppenunterricht und Kooperatives Lernen sind nicht neue Konzeptionen, sondern werden für Schule und Unterricht schon lange und immer wieder diskutiert und mittlerweile auch empirisch untersucht. Die Argumentationsstränge des kooperativen Lernens können über den Austausch von Meinungen, Überzeugungen und Interessen dazu beitragen, sich neues Wissen anzueignen und Problemlösestrategien zu entwickeln oder zu üben. Außerdem stärkt kooperatives Lernen das Zusammengehörigkeitsgefühl und lässt Lernende erkennen, dass sie voneinander profitieren können und dadurch auch voneinander abhängig sind. Kooperatives Lernen bringt Kinder zunehmend zum selbstständigen Lernen, sie benötigen immer weniger die Anleitung der Lehrpersonen und werden damit von ihnen unabhängiger.

Kooperatives Lernen wird zum Erfolgsmodell, wenn damit angenehme Lernerfahrungen einhergehen, die Lerngruppen gut strukturiert sind und ein hohes Aktivitätsniveau der Lernenden, schülerorientierte Lernprozesse, nachhaltige Lerneffekte im kognitiven, emotionalen und sozialen Bereich sowie Problemlöse- und Handlungskompetenzen aufgebaut und entwickelt werden. Kooperatives Lernen will auf der einen Seite kognitive Lernziele erreichen und den Wissenserwerb der Lernenden erweitern, aber auch soziale Ziele umsetzen, wie die Verbesserung der Beziehungen untereinander, die Förderung der Hilfsbereitschaft und gegenseitiger Unterstützung (Lernklima). Auch die Motivation soll dadurch aufrechterhalten bleiben, dass die Lernenden Freude am Lernen haben, ihr Selbstwertgefühl gesteigert und ihre Lernbereitschaft unterstützt werden kann.

## 2.4 Empirische Studien

Menschen erwerben ihr Wissen und ihre Denkstrukturen nicht als einsame Sololerner, sondern im Rahmen sozialer Interaktionsgefüge und Austauschprozesse. Dies gilt nicht nur für das Lernen in Alltag und Beruf, sondern auch für die Schule, wo kooperatives Lernen eine zentrale Grundform und eine notwendige Ergänzung des Unterrichts im Klassenverband und in der Einzelarbeit darstellt. Wie eine mittlerweile große Zahl von Forschungsarbeiten belegt (vgl. Huber 2005; vgl. Konrad & Traub, 2019), vermag kooperatives Lernen, sofern in geeigneter Form durchgeführt, positive Effekte auf eine ganze Reihe von sozialen, affektiven, motivationalen und kognitiven Verhaltensmerkmalen auszuüben. Diese Forschungen sollen im Folgenden genauer vorgestellt und betrachtet werden. Dies geschieht in der Reihenfolge ihres Erscheinens.

### 2.4.1 Einsatz kooperativer Lernformen

Viele Lernforscher beschäftigen sich mit dem Einsatz kooperativen Lernens im Unterrichtsalltag. Trotz deutlich positiver Bewertung in der Theorie (überwiegend auch in der Praxis) wird im schulischen Alltag kooperatives Lernen noch eher wenig eingesetzt. Hilbert Meyer hat in seiner Untersuchung des Gruppenarbeitsanteils im Vergleich zur Gesamtunterrichtszeit festgestellt, dass nur ca. 5–7 % im Gruppenunterricht erfolgt (Meyer 1987, S. 61ff). Die Studie von Hage u. a. stellt die umfassendste und detaillierteste Untersuchung im Bereich der deskriptiven Unterrichtsmethodenforschung dar. Obwohl sie schon mehr als 25 Jahre zurückliegt, gilt sie immer noch als die aktuellste Untersuchung. Im Bereich der Sozialformen des Unterrichtens spricht Hage wie auch in anderen Bereichen von einer methodischen Monostruktur. Der Klassenunterricht ist mit 76,88 % die dominierende Sozialform. Daneben ist der Einzelunterricht mit 10,24 % als zweithäufigste Sozialform zu sehen. Gruppenarbeit nimmt nur einen Raum von 7,43 % und die Partnerarbeit nur gar einen von 2,88 % ein (vgl. Hage 1985).

Nuhn (1995) befragt in seiner Arbeit Lehrerende und Lernende aller Schularten in einer Zufallsstichprobe in Nordhessen und Süd-Niedersachsen, wie häufig welche Sozialformen eingesetzt werden. Etwa 60 % der Lehrkräfte gehen davon aus, dass Partner- und Gruppenarbeiten ca. 10–20 % des Unterrichts ausmachen und 15 % meinen, Partnerarbeit würde mehr als einen Viertel ihres Unterrichts ausmachen. Dabei beträgt die Dauer der angesetzten Partnerarbeit ca. 10–15 Minuten, die Gruppenarbeit dauert meist doppelt so lang. Im Bewusstsein der Lehrkräfte scheinen Partner- und Gruppenarbeiten einen höheren Stellenwert einzunehmen als die Realität zeigt. Lehrkräfte versprechen sich von kooperativen Lernformen vor allem die Einübung kooperativer Verhaltensweisen, die Erhöhung der Selbständigkeit und der Interaktionschancen, mehr Motivation nebst der Verbesserung der Lerneffektivität (Nuhn 1995, S. 35).

Weitere Probleme lokalisieren die Lehrkräfte im kooperativen Lernen vor allem darin, dass es ‚Trittbrettfahrer' und ‚Faulenzer' geben kann, und dass die stärkeren die schwächeren Lernenden dominieren. Auch Disziplinprobleme und das Fehlen unerlässlicher Arbeitstechniken werden als Problem gesehen. Bei der Durchführung von Partnerarbeit fühlen sich die Lehrkräfte am meisten behindert von zu großen Klassen und verhältnismäßig engen Klassenzimmern, außerdem belastet sie der Mehraufwand und die intensive Materialbeschaffung. Partnerarbeit wird als wichtige Voraussetzung für offenere Unterrichtsformen wie Projektunterricht, Wochenplan und Freiarbeit gesehen.

60 % der befragten Schülerinnen und Schülern gehen davon aus, dass in ihrem erlebten Unterricht Partnerarbeit 10–20 % der Unterrichtszeit ausmache, die meiste Zeit wird dem Frontalunterricht zugewiesen. Lernende bevorzugen gleichstarke Partner, dabei muss der Partner nicht unbedingt der Freund sein. Dies spielt bei jüngeren Lernenden eher eine Rolle. Ein Drittel der Schülerinnen und Schüler stufen ihre Lernerfolge in der Partnerarbeit als hoch ein, allerdings glauben sie im Klassenunterricht mehr zu lernen. An der Partnerarbeit schätzen die Lernenden besonders, dass sie in ihrem eigenen Lerntempo arbeiten dürfen, sich unterhalten und ihren eigenen Arbeitsweg gehen können. Wichtig ist ihnen der Austausch von Gedanken und Ideen. Schülerinnen und Schüler mögen es nicht, wenn sie in der

Partnerarbeit kontrolliert werden, unter Zeitdruck stehen und die Lehrperson die Aufgabe zu eng stellt. Die Angst, zu wenig zu lernen, ist hinsichtlich der Partnerarbeit gegeben. (vgl. Nuhn 1995)
Eine interessante Studie in diesem Kontext verfasste Thorsten Bohl (2000). Er hat das Ausmaß des Einsatzes bestimmter Unterrichtsmethoden an staatlichen Realschulen in Baden-Württemberg empirisch untersucht, um damit den Gebrauch einer Reihe ausgewählter Unterrichtmethoden an baden-württembergischen Realschulen, wie ihn didaktisch und methodisch engagierte Lehrkräfte wahrnehmen, zu erfassen.
Seine Fragestellungen lauteten: In welchem Ausmaß werden Unterrichtsmethoden an staatlichen Realschulen in Baden-Württemberg eingesetzt? Wie häufig werden sie von unterrichtsmethodisch engagierten Lehrkräften angewandt und wie verbreitet sind solche Methoden in den Kollegien? (Bohl 2000, S. 185 f.) Bohl bezieht mit Hilfe einer schriftlichen Befragung 424 von der Schulleitung als methodisch engagiert bezeichnete Lehrkräfte in seine Untersuchung ein.
Bezogen auf Gruppenarbeit erzielte er dabei folgende Ergebnisse:
Nur sehr wenige Lehrkräfte praktizieren Gruppenarbeit zweimal im Halbjahr oder seltener, fast 20 % ein oder zweimal im Monat. 48,6 % der Lehrkräfte führen Gruppenarbeit ein bis drei Stunden pro Woche durch, 28,7 % sogar vier oder mehr Stunden wöchentlich. Gruppenarbeit wird insgesamt von drei Vierteln aller Lehrkräfte eine oder mehr Stunden pro Woche durchgeführt.
Insgesamt kommt Bohl zum Schluss, Gruppenarbeit im wöchentlichen Unterrichtsgeschehen weise einen relativ stabilen Anteil auf und er begründet dies damit, dass sie als wertvolle Unterrichtsmethode angesehen, im Zusammenhang mit offenem Unterricht praktiziert und vor allem im Rahmen der gegenwärtigen Diskussion zum Methodentraining aufgewertet wird.
Verglichen mit den anderen Methoden wird Gruppenarbeit nach Frontalunterricht und vor der Freiarbeit/Lernzirkel als zweithäufigste Methode von der untersuchten Gruppe relativ regelmäßig angewandt.
Auch im gesamten Kollegium ist die Gruppenarbeit eine Form, die häufiger praktiziert wird. Allerdings sind die befragten Lehrenden kaum in der Lage, die Anwendung von Unterrichtsmethoden ihres Kollegiums einzuschätzen.
Als Probleme bei der Durchführung von Gruppenarbeit werden genannt:
- Rahmenbedingungen (von 26,1 %)
- Disziplinprobleme (19,9 %)
- Stoff des Bildungsplans (16,4 %) usw.

Demgegenüber stehen die Begründungen für die Durchführung von Gruppenarbeit:
- Entlastet mich während des Unterrichts (19,1 %)
- Bewirkt eine angenehme Unterrichtsatmosphäre (17.9 %)
- Bewirkt gute langfristige Lerneffekte (16 %) usw.
  (Bohl 2000, S. 206 ff)

Schnebel (2002) führt in ihrer Dissertation eine Fragebogenaktion und eine Unterrichtsbeobachtung in zwanzig nach dem Zufallsprinzip ausgewählten Realschulen im Oberschulamt Tübingen durch, um so einen Eindruck zu erhalten, wie die Unterrichtsrealität im Hinblick auf kooperative Lernformen gestaltet ist und um Aufschlüsse über Ziele und Erfahrungen der Lehrpersonen bezüglich kooperativen Lernens zu generieren. Außerdem erhofft sie sich Erkenntnisse darüber, welche Schwierigkeiten Lehrkräfte mit kooperativen Arbeitsformen haben nebst Hinweisen auf den Kenntnisstand der Lehrkräfte hinsichtlich kooperativen Lernens (Schnebel 2002, S. 71). Kooperation nimmt in der Einschätzung der befragten Lehrkräfte eine wichtige Stellung im Schulalltag ein. Dabei wird Kooperation sowohl in Hinblick auf sachlich-inhaltliche Lern- und Arbeitsprozesse als auch unter dem Aspekt sozialen Lernens definiert. Die Lehrkräfte schätzen ihren Unterricht so ein, dass gegen zehn Minuten in jeder Stunde kooperativ gearbeitet wird. Dabei scheint die Partnerarbeit jene kooperative Lernform zu sein, die am häufigsten eingesetzt wird. Aber auch Gruppenarbeit kommt wöchentlich vor. Allerdings wird dabei meist die herkömmliche Form der Gruppenarbeit angesprochen, weniger Formen des kooperativen Lernens wie Gruppenpuzzle, Arbeit mit Lernskripten, Kleinprojekte oder Ähnliches. Vor allem wird mit den kooperativen Lernformen die Hoffnung verknüpft, dass Lernende ihre Sozial- und Selbstkompetenz erhöhen und ihre Motivation und damit auch ihre Leistung steigen. Allerdings beschreiben die Lehrkräfte den Arbeitsaufwand als enorm hoch und manche kooperative Lernatmosphäre als unbefriedigend. Als Probleme des kooperativen Lernens werden institutionelle und organisatorische Bedingungen gesehen. Als Belastung empfinden die Lehrkräfte auch die intensive Vorbereitung und das Beschaffen geeigneter Materialien. Außerdem scheinen sich die Lehrkräfte schwer zu tun, Ergebnisse der Gruppenarbeit sinnvoll zu sichern und herauszufinden, wie effektiv das Lernen in der Gruppe war. Auch hier wird das Problem des Trittbrettfahrens angesprochen. Es entzieht sich der Kontrolle der Lehrpersonen, welche Beiträge von welchen Lernenden in die Gruppe eingebracht wurden. Außerdem werden auch immer wieder die mangelnden Voraussetzungen der Lernenden für kooperative Lernformen moniert. Fast die Hälfte der Lehrkräfte beklagt sich über Disziplinprobleme während der kooperativen Arbeitsphase. Trotzdem möchten 63 % der Lehrkräfte kooperatives Lernen mit ihren Schülerinnen und Schülern einführen und einüben. Lehrkräfte wünschen sich auch für sich selbst mehr Kooperation im Kollegium. Die Unterrichtsbeobachtung hat erbracht, dass in 41 % der Unterrichtsstunden keine Kooperation stattfand. Insgesamt wurden 8,7 % der Unterrichtszeit mit kooperativem Lernen verbracht. Nimmt man verwandte Formen hinzu, dann kommt kooperatives Arbeiten auf 22 % der Unterrichtszeit. Dabei wird am häufigsten in Wiederholungs- und Anwendungsphasen kooperativ gearbeitet. Seltener ist kooperatives Lernen eingesetzt, um neue Lerninhalte zu erarbeiten oder Probleme lösen zu lassen. Lehrkräfte mischen sich noch gerne in Kooperationen ein, wahrscheinlich auch deswegen, weil die Zusammenarbeit durchaus noch zu verbessern wäre.

Insgesamt lässt sich sagen, dass Kooperation vorwiegend unter sozialen und persönlichkeitsbildenden Perspektiven eingesetzt wird, bessere Lernergebnisse oder Leistungen werden eher weniger erwartet.
Schnebel kommt zu folgendem Fazit:

> „Die Ergebnisse legen insgesamt nahe, dass kooperatives Lernen in der Unterrichtspraxis durchaus präsent ist. Es wird aber meist in Form von Partner- oder Gruppenarbeit realisiert und in kurzen Phasen als Abwechslung zum Frontalunterricht eingesetzt. Die Qualität und damit die Lerneffektivität des Unterrichts wird subjektiv von den Lehrkräften als unsicher erlebt, zeigt sich aber auch objektiv eher als mittelmäßig." (Schnebel 2002, S. 118)

Völlinger, Supanc & Brunstein (2018) forschen über die Häufigkeit, Qualität und Bedingungen des Einsatzes kooperativer Methoden. Sie haben hierzu 76 Lehrkräfte der Sekundarstufe 1 mit Hilfe eines Fragebogens befragt. 96 % aller befragten Lehrkräfte gaben an, kooperative Methoden im Unterricht einzusetzen, die Häufigkeit unterschied sich allerdings massiv. Nur 26 % setzen wöchentlich kooperative Methoden ein, 34 % einmal im Monat und 17 % einmal im Halbjahr. Dabei haben die Lehrkräfte ihr Wissen über kooperatives Lernen zu 71 % aus Kollegienkreisen, zu 57 % aus dem Referendariat, zu 54 % aus Fortbildungen, zu 49 % aus Selbststudium und nur zu 45 % aus universitärer Ausbildung generiert.
Häufige oder sehr häufige Probleme waren fehlende zeitliche (68 %) sowie räumliche Ressourcen (51 %), heterogene Schülerleistung (59 %), mangelnde Disziplin (47 %) u. v. m. (S. 168). Die kooperativen Methoden wurden als flexibel einsetzbar für verschiedene Zwecke und Aufgabenstellungen gesehen. Der Einsatz kooperativer Methoden in heterogenen Lerngruppen (nur 39 % sehen koop. Methoden für Schülerinnen und Schülern mit Lernschwierigkeiten geeignet) wird entgegen der theoretischen Annahme kritisch bewertet (Völlinger, Supanc & Brunstein 2018, S. 167 f.).
Die Realität des Unterrichts zeigt übereinstimmend, dass kooperatives Lernen noch einen relativ geringen Anteil im Schulalltag einnimmt. Eingesetzt werden solche Methoden am ehesten zum Üben oder um Meinungen zu bilden, weniger um kooperativ an Problemlösungen zu arbeiten oder gar neues Wissen zu vermitteln. Bereits hier ist festzuhalten, dass Lehrende deutliche Bedenken gegenüber kooperativen Lernformen hegen, sich durchaus aber auch wichtige Vorteile von diesen Methoden versprechen. Diese zwiespältigen Auffassungen können nur dadurch beeinflusst und verändert werden, wenn sich Lehrkräfte intensiv mit kooperativem Lernen befassen, empirische Untersuchungen analysieren und bei der Umsetzung kooperativer Methoden sorgfältig vorgehen.

### 2.4.2 Effizienz kooperativen Lernens

Dann, Diegritz und Rosenbusch (1991) versuchen in ihrem Forschungsprojekt Gruppenunterricht in seiner Methodik mit der Rolle des Lehrenden in Beziehung zu setzen. Dazu wird die Sichtweise der Lehrenden über Gruppenunterricht in Form von Subjektiven Theorien mit einem Dialogkonsensverfahren rekonstruiert,

zum anderen werden die Gruppenprozesse möglichst differenziert erfasst. Anschließend werden die Innensicht (Lehrendenperspektive) und die Außensicht (Beobachtung) miteinander verglichen.
Lehrpersonen scheinen beim Einstieg in die Gruppenarbeit am wenigsten Probleme zu haben, am schwierigsten gestaltete sich die Ergebnis- und Auswertungsphase, die ja auch in der Literatur zum Gruppenunterricht eher selten dargestellt wird. Häufig treten Probleme bei der Durchführung der Gruppenarbeit auf, da die Lehrenden die Arbeit unterbrechen, in Frontalphasen oder Einzelarbeit übergehen und somit die Methode nicht konsequent durchführen. Die Studie bestätigt, dass Gruppenarbeit eine sehr anspruchsvolle Methode ist, die von Lehrenden und Lernenden erst erlernt werden muss.
Renkl (1997) untersucht in seiner Arbeit vor allem das Lernen durch wechselseitiges Lehren bezüglich der Komponenten Lehr-Erwartung, Erklärung und Rückmeldung. Gegenüber der Lehr-Erwartung kommt er zum folgenden Schluss:

> „Die Annahmen aus der Literatur, die besagen, dass eine Lehr-Erwartung zu günstiger Motivation, zu aktiver Auseinandersetzung mit der Lernvorlage und zu erhöhter Lernleistung führe, können in dieser Form nicht aufrechterhalten bleiben. Vielmehr gibt es offensichtlich moderierende Kontextbedingungen, die darüber entscheiden, ob eine Lehr-Erwartung günstige, neutrale oder gar ungünstige Effekte zeigt." (Renkl 1997, S.113)

Renkl führt dabei vor allem die Vorerfahrungen der Lernenden als einen solchen Effekt an.
Gegenüber der Phase der Erklärung stellt Renkl fest: In der Literatur zum kooperativen Lernen wird das Erklären gemeinhin als in besonderem Maße lernförderlich betrachtet. Bezüglich dieser These zeigen die Befunde der vorliegenden Studien zwar, dass durch eine Erkläranforderung elaborative Aktivitäten ausgelöst werden können, wie sie beim individuellen Lernen nur wenige (erfolgreiche) Lernende zeigen. Dennoch erwies sich Lernen durch Erklären weder hinsichtlich der Motivation noch in Hinblick auf den Lernerfolg als günstig, dies trifft besonders auf den Vergleich zum Lernen durch Zuhören zu. Eine Erkläranforderung führte im vorliegenden Kontext wohl zur Überforderung und Verunsicherung der Lernenden (Renkl 1997, S. 178).
Mit Erkläranforderung meint Renkl, dass Lernende, die sich zum Experten gemacht haben, ihr Expertenwissen an die anderen Mitglieder der Gruppe weitergeben müssen und damit häufig überfordert sind, da ihr Expertenwissen oft noch keinem solchen gleicht.
Beim Aspekt der Rückfragen kommt Renkl zum Schluss:

> „Aus theoretischer Perspektive fördern Rückfragen beim kooperativen Lernen die Lernleistung vor allem deshalb, weil sie lernförderliche elaborierte Erklärungen evozieren. Vor dem Hintergrund der vorliegenden empirischen Befunde kann diese Annahme jedoch nicht als generell gültig betrachtet werden." (Renkl 1997, S. 211)

Rückfragen sind nach Renkl vor allem für die Lernenden günstig, die über ein hohes Vorwissen verfügen.
Als Ergebnis dieser kaum motivierenden Befunde stellt Renkl fest, Lernen müsse durch wechselseitiges Lehren trainiert werden. Je mehr Sicherheit die Lernenden beim Umgang mit diesen Methoden besitzen, desto bessere Ergebnisse seien zu erwarten (Renkl 1997, S. 232 ff.).
Anne Huber (1999) stellt in ihrer Dissertation drei Forschungsrichtungen zum kooperativen Lernen vor:

- Die erste geht der Frage nach, ob kooperatives Lernen effektiver ist als andere Lernmethoden. Vor allem Slavin hat eine Reihe von Studien unternommen, worin kooperative Lernmethoden mit anderen Lernmethoden verglichen werden, um die Bedingungen zu identifizieren, unter denen das Lernen in Kleingruppen effektiv ist (Effektparadigma).
- Im Bedingungsparadigma werden innerhalb existierender kooperativer Lernmethoden Bedingungen systematisch verändert.
- Im Interaktionsparadigma stehen die Interaktionen der Lernenden im Vordergrund. Hier wird untersucht, welche Aktivitäten der Lernenden einen Bezug zur Lernleistung aufweisen und unter welchen Bedingungen solche Lernaktivitäten auftreten.
  (Huber, A. 1999, S. 5)

Huber fasst einige Forschungsergebnisse zusammen: Kooperative Lernmethoden, die Gruppenbelohnungen auf der Basis eines gemeinsamen Gruppenprodukts einsetzen, versprechen nach Slavin (1995) nicht mehr Erfolg als andere Lernformen. Dabei werden die Belohnungen für die Gesamtleistung der Gruppe gegeben, die auch von einer einzelnen Person hätte erarbeitet werden können. Nicht das Lernen in Gruppen rückt hier in den Vordergrund, sondern das Gruppenergebnis.
In den von Slavin untersuchten Studien ergab sich, dass sich bei 56 % der Fälle keine Unterschiede zwischen Experimental- und Kontrollgruppe einstellten. In 22 % der Fälle war die Experimentalgruppe der Kontrollgruppe überlegen und in 22 % der Fälle war sie ihr unterlegen.
Zusammenfassend zeigt sich, dass sich bei Gruppenbelohnungen die Gruppenmitglieder vor allem auf die Herstellung des Gruppenproduktes konzentrieren und nicht so sehr, ob sie und die jeweiligen Gruppenmitglieder etwas dabei lernen.
Anders sieht es aus, wenn die Gruppenbelohnungen auf der Basis individueller Lernleistungen der Gruppenmitglieder vergeben werden (siehe Gruppenrallye, -turnier und -puzzle). So fühlen sich alle Gruppenmitglieder verantwortlich für ihr eigenes Lernen und für das Lernen der anderen. Damit unterstützen sie sich gegenseitig und motivieren sich. In der Arbeit von Slavin gingen 64 Studien ein, die Gruppenbelohnungen auf der Basis individueller Lernleistungen beinhalteten. In 78 % der Fälle war die Experimentalgruppe der Kontrollgruppe signifikant überlegen. In 22 % der Fälle ergaben sich keine signifikanten Unterschiede. Eine Über-

legenheit der Kontrollgruppe wurde in keinem Fall festgestellt. Die Vorgabe von Gruppenbelohnungen auf der Basis individueller Lernleistungen ist der motivationalen Perspektive zum kooperativen Lernen zuzuordnen.

Eine weitere Forschungsrichtung beschäftigte sich mit der Aufgabenspezialisierung innerhalb kooperativer Lernmethoden. Dabei verfügt jedes Gruppenmitglied nur über einen Teil der Ressourcen (Aufgaben, Texte), die zum Lernerfolg führen. Um gut abzuschneiden, müssen die Gruppenmitglieder ihre Ressourcen miteinander teilen. Die Gruppenmitglieder sind also aufeinander angewiesen. Auch hier kann individuelle Verantwortlichkeit hergestellt werden (Beispiel: Gruppenpuzzle, Kleinprojekte in Gruppen). In der Arbeit von Salvin wurden 17 Studien zu kooperativen Lernmethoden aufgenommen, die eine Aufgabenspezialisierung realisieren. In 35 % der Fälle war die Experimentalgruppe der Kontrollgruppe überlegen, in 18 % der Fälle war sie ihr unterlegen und in 47 % der Fälle zeigten sich keine Unterschiede zwischen Experimental- und Kontrollgruppe.

Ein Grund dafür, dass die Gruppenpuzzle-Methode nicht sehr erfolgreich zu sein scheint, könnte darin liegen, dass in den Expertengruppen keine Anreize dafür geschaffen werden, möglichst alle Experten gleich gut auszubilden. Hier gibt es auch keine Aufgabenspezialisierungen. Außerdem sind die Anforderungen an die Selbstständigkeit der Gruppenmitglieder sehr hoch. In der Erweiterung des Gruppenpuzzles versucht man auf diese Probleme zu reagieren. Auch bei den Kleinprojekten ist eine Vorbereitung auf die Arbeitsweise notwendig, wenn die kooperative Lernmethode erfolgreich sein soll.

Theoretisch müsste die Aufgabenspezialisierung der sozialen Kohäsionsperspektive zugerechnet werden.

Weitere Studien von Slavin ergaben, dass kooperative Lernmethoden dann nicht effektiv sind, wenn die Lernenden in Gruppen einfach nur sich selbst überlassen sind oder nicht deutlich erklärt wird, was in der Gruppe wie zu bearbeiten ist. Mit genauen Arbeitsanweisungen und Vorgaben können aber auch kooperative Lernmethoden, die ohne Gruppenbelohnung und Aufgabenspezialisierung arbeiten, erfolgreich sein (vgl. auch Huber G. L. 1985; vgl. Huber A. 1999).

Neben den Untersuchungen, in denen kooperatives Lernen mit nicht-kooperativem Lernen verglichen wird, fasst Anne Huber (1999) auch Studien zusammen, in denen kooperative Lernformen untereinander verglichen werden.

> „Alle Untersuchungen, in denen kooperatives Lernen mit und ohne Gruppenbelohnungen aufgrund individueller Lernleistungen miteinander verglichen wurde, sprechen dafür, dass Gruppenbelohnungen basierend auf individuellen Lernleistungen eine wichtige Rolle für die Effektivität kooperativen Lernens spielen. Auch der Vergleich von Untersuchungen zum kooperativen Lernen mit nicht-kooperativen Lernformen spricht dafür. Es muss jedoch in Frage gestellt werden, ob Gruppenbelohnungen basierend auf individuellen Lernleistungen immer und in jedem Fall ausreichend sind, damit kooperatives Lernen effektiv ist. Dies wird dann bezweifelt, „wenn Lernaufgaben vorgegeben werden, die hohe Anforderungen an die Kompetenzen der Lernenden stellen." (Huber, A. 1999, S. 54)

Es gibt aber auch Hinweise darauf, dass positive Lerneffekte ohne Gruppenbelohnungen erreichbar sind, vor allem, wenn die Gruppen intrinsisch motiviert waren oder die Aufgaben an sich schon stark strukturiert wurden.
Huber fordert dazu weitere empirische Untersuchungen ein (vgl. Huber A. 1999).
Einen weiteren wichtigen Beitrag zur Erforschung kooperativen Lernens leistet Anne Huber selbst (Huber, A. 1999). Huber knüpft dabei an die Arbeiten von Dansereau (1988) an. Er hat amerikanischen College-Studierenden in einem Skript vorgegeben, wie sie beim gemeinsamen Lernen vorgehen sollten. Das Skript enthält dabei genaue Anweisungen über die einzelnen Lerntätigkeiten. Beim sogenannten ‚MURDER-Skript' werden die Lernenden gebeten, einen Text abschnittsweise zu lernen. Beide Partner sollen den Text abschnittsweise lesen und versuchen, die wichtigsten Gedanken zu erfassen. Dann berichten sich die Partner wechselseitig den Inhalt eines Abschnitts. Der zuhörende Partner passt auf Fehler und Lücken auf. Damit soll der neue Lernstoff mit bereits vorhandenem Wissen verknüpft, Bilder und Analogien sollen gefunden bzw. erzeugt werden. Mit dem Lernskript werden also die Interaktionen der Lernenden durch Anweisungen strukturiert. Nach einiger Zeit wird überprüft, was den Lernenden noch zum Thema einfällt. Neben solchen freien Tests werden auch Tests eingesetzt, die stärker strukturiert sind. Wichtig ist auch die Frage, ob sich das Lernen unter den experimentellen Bedingungen auf das Lernen in einer individuellen Lernsituation auswirkt, also ob Lernende die Strategien übertragen können.
Die Resultate einiger Untersuchungen sprechen dafür, dass sich das Lernen mit kooperativen Lernskripten als effektiv erweist, und zwar sowohl unter Experimentierbedingungen als auch bei der Übertragung auf individuelle Lernstrategien. Es scheint also gute Belege dafür zu geben, dass kooperative Lernskripte effektiver sind als individuelles Lernen mit oder ohne Skript. Um Informationen zu behalten und mit bereits vorhandenem Wissen zu verknüpfen, muss das Lernmaterial so strukturiert werden, dass es der Lernende gut aufnehmen kann. Dies soll mit Hilfe der kooperativen Lernskripte geschehen. Dabei scheinen das mündliche Zusammenfassen, metakognitive Aktivitäten und elaborative Aktivitäten sowie das wechselseitige Modellieren und das ständige Wiederholen besonders geeignete Strategien zu sein, die deshalb auch dem Lernskript als Aufgaben unterlegt sind.
Huber variiert in ihrer Arbeit die Bedingungen kooperativen Lernens und beschäftigt sich mit den Wirkmechanismen dieser Lernformen. Sie hat ein empirisches Design gewählt, bei dem die Faktoren Lernorganisation (Gruppenarbeit versus Einzelarbeit) und Lernvorgaben (mit Lernskript und ohne Skript), d.h. je zwei kooperative und nicht-kooperative Lernbedingungen kombiniert und bezüglich ihrer Lernwirksamkeit verglichen wurden. Versuchspersonen waren Studierende, Lerngegenstand zentrale Konzepte der Wahrscheinlichkeitsrechnung. Dazu hat die Verfasserin kooperatives Lernen in Verbindung mit Lernskripten mit drei anderen Lernbedingungen verglichen, und zwar dem kooperativen Lernen ohne Lernskrip-

te, dem individuellen Lernen ohne Lernskripte und dem individuellen Lernen mit Lernskripten. So gelang es ihr Aussagen darüber zu machen, wovon die Lerneffektivität abhängt, nämlich von der Lernorganisation oder den Lernvorgaben oder aber von einer Kombination dieser Bedingungen.

Sie unterstellte, dass das Lernen in Gruppen dem Lernen in Einzelarbeit überlegen sei. Diese Annahme konnte sie bestätigen. Nicht zu bestätigen war die Hypothese, das Lernen mit Skript sei jenem Lernen ohne Skript überlegen. Außerdem mussten die Hypothesen verworfen werden, dass die Zusammenarbeit in Gruppen mit Lernskript besser ist als in Gruppen ohne Lernskript und dass die Lernenden sich gleichmäßiger am Lerngeschehen beteiligen, wenn ein Skript vorhanden ist. Bestätigt hat sich dagegen die Hypothese, dass in den Gruppenlernbedingungen mehr Übungsaufgaben erledigt werden als unter Einzellernbedingungen und dass ein positiver Zusammenhang zwischen der Anzahl der in den Gruppen gelösten Übungsaufgaben und der Lernleistung besteht. Im Übrigen wurde den Gruppenlernbedingungen höhere Effektivitäten zugewiesen, was auch bestätigt werden konnte. Dagegen empfinden Lernende unter Gruppenlernbedingungen nicht mehr Angst als Lernende unter Einzellernbedingungen. Kognitive Konflikte treten unter Gruppenlernbedingungen auch nicht häufiger auf als unter Einzellernbedingungen. Andererseits ist die intrinsische Motivation in Gruppenlernbedingungen höher als in Einzellernbedingungen, egal ob mit oder ohne Skript gearbeitet wurde (vgl. Huber, A. 1999).

Insgesamt lässt sich festhalten, dass kooperatives Lernen in den untersuchten Bereichen dem Lernen in Einzelarbeit überlegen ist. Dabei spielt es nur eine untergeordnete Rolle, ob in der Gruppe mit oder ohne Lernskripte gearbeitet wurde. Dies liegt entweder daran, dass die Lernenden bereits so gut miteinander arbeiten konnten, dass sie auch ohne Skript gut zusammenarbeiten und ein Skript deshalb gar nicht notwendig war oder aber, dass das Lernen mit einem Skript für die Lernenden eher ungewohnt war und deshalb zunächst trainiert werden müsste.

Haag, Fürst, Dann (2000) untersuchen die Lehrervariablen erfolgreichen Gruppenunterrichts. Sie gehen dabei von der traditionellen Form des Gruppenunterrichts aus, also von einer Sozialform, bei der der Klassenverband zeitlich begrenzt aufgehoben und die Lernenden in Kleingruppen eingeteilt werden, um selbständig an vereinbarten Themen zu arbeiten, die anschließend wieder dem Klassenverband zugutekommen. Sie fragen „Welche Lehrervariablen sind für erfolgreichen Gruppenunterricht zentral?“ Dabei soll deutlich werden, dass die Lehrkompetenz während der Gruppenarbeit nicht entbehrlich, sondern in Form anderer Aktionskompetenzen geradezu unentbehrlich ist. Als Kriterien für den Erfolg des Lehrerhandelns werden Prozessvariablen des Gruppenunterrichts verwendet, die als Indikatoren für die Nutzung der Lerngelegenheiten der Lernenden gelten. Die Forscher formulieren eine Hypothese: Für jede der drei Hauptphasen des Gruppenunterrichts, den Arbeitsauftrag, die Gruppenarbeit und die Auswertung, lassen sich

Lehrervariablen identifizieren, die mit positiven Auswirkungen bei den Lernenden zusammenhängen.
Zur Überprüfung dieser Hypothese wurden vierzig Gruppenunterrichtssequenzen von Schüler-Vierergruppen bei zehn Lehrkräften audio-visuell aufgezeichnet. Folgende Indikatoren wurden dabei festgelegt:

- Das geringe bzw. hohe Ausmaß an Desorientierung der Schülerinnen und Schülern nach dem Arbeitsauftrag. Hier ist intendiert, dass präzise Arbeitsaufträge vor der eigentlichen Gruppenarbeit notwendig sind, um gute Gruppenergebnisse zu ermöglichen und die Lehrkraft zu entlasten.
- Die während der Gruppenarbeit ablaufenden Intragruppenprozesse.
- Die Arbeitsergebnisse der Gruppenarbeit. In bisherigen empirischen Untersuchungen wurde immer viel Wert auf die Auswertung gelegt, allerdings wenig dazu ausgesagt, wie eine solche erfolgen könnte.
- Die Aufmerksamkeit der Lernenden in der Auswertungsphase.

Folgende Ergebnisse konnten die Forscher festhalten:
Präzise und verständliche Arbeitsaufträge tragen entscheidend dazu bei, dass die Desorientierung in den Gruppen gering bleibt oder erst gar nicht auftritt, dass Lehrerinterventionen vermeidbar sind und dass gute Arbeitsergebnisse zustande kommen. Bleiben die Unklarheiten des Arbeitsauftrags ungeklärt, kommt es im Extremfall sogar zur Themaverfehlung. Genaue und verständliche Arbeitsaufträge vermeiden schließlich Lehrerinterventionen. Arbeitsaufträge sind schriftlich und mündlich zu geben, weil sie so am besten verständlich sind. Somit gelten als Lehrervariablen erfolgreichen Gruppenunterrichts für den Arbeitsauftrag die beiden Variablen Präzision/Verständlichkeit und Verständnissicherung. Die Phase der Verständnissicherung muss nach Erteilung des Arbeitsauftrages erfolgen, denn die Lehrkraft kann somit überprüfen, ob die Gruppen den Arbeitsauftrag verstanden haben, kann damit Desorientierung vermeiden und so die Gruppenergebnisse positiv beeinflussen.
Für die Gruppenarbeitsphase gilt, dass die beiden Variablen Prozentualer Zeitanteil und, falls Lehrerinterventionen notwendig erscheinen, Situationsbezug/Umgangsqualität als bedeutsam gelten.
Für die Auswertung gilt, dass die Lernenden dann besser aufpassen, wenn eine Integration der Ergebnisse erfolgt und diese auch gesichert werden. Somit gilt als Qualitätskriterium für die Auswertung die zusammengesetzte Lehrervariable Integration/Sicherheit.
Insgesamt bestätigen diese Ergebnisse die Untersuchungshypothese. In der Studie realisierten die Lehrerinnen und Lehrer diese Variablen unterschiedlich. Während Präzision/Verständlichkeit relativ gut zu erbringen waren, war die Variable Verständnissicherung kaum anzutreffen. Diese Variable wird wohl meist unterschätzt. Wenige Lehrende schaffen es, während der Gruppenarbeit wenig zu intervenieren, d.h. sich an den Gruppentischen zurückzunehmen. Es besteht nach wie vor ein

hohes Kontroll- und Lenkungsbedürfnis der Lehrenden, das sich auf die Ergebnisse aber eher negativ auswirkt. Die Art der Intervention erfolgt allerdings sehr unterschiedlich. Die Variablen der Auswertungsphase werden eher wenig berücksichtigt, die Auswertung wird häufig vernachlässigt. Die Nürnberger Projektgruppe kommt zu ähnlichen Ergebnissen. (vgl. Haag, Fürst & Dann 2000; vgl. Fürst 2000; vgl. Dann, Diegritz &Rosenbusch 2002).

Kyndt hat 2013 in einer Metaanalyse 65 Primärstudien, die im Unterricht in verschiedenen Klassenstufen durchgeführt wurden, zusammengefasst. In diesen Studien wurden Lernende der Primar- und Sekundarstufe und Studierende befragt.

Ziele der Untersuchung waren zum einen herauszufinden, welchen Effekt kooperatives Lernen im Vergleich zum traditionellen Unterricht hat und zum anderen inwiefern sich dies unter der Betrachtung u. a. der Faktoren Schulfächer und Altersklassen unterscheidet

Zentrale Ergebnisse der Metaanalyse:

- Kooperatives Lernen hat einen positiven mittleren Effekt auf die Leistung ($g = .54$) und einen kleinen positiven Effekt auf die Einstellung ($g = .15$)
- In den Naturwissenschaften und Mathematik ($n = 23$) hat kooperatives Lernen einen stärkeren positiven Effekt auf die Leistung, als in den Sprachwissenschaften und Sprachfächern ($n = 18$). Der Unterschied in der Effektstärke liegt bei $g_{domain} = .32$.
- In den verschiedenen Bildungsstufen hat kooperatives Lernen signifikanten Einfluss auf die Leistung (bezogen auf die Primarstufe). Der größte Effekt liegt bei Primarstufe ($n = 11$) und Tertiärstufe ($n = 22$) vor, der im Vergleich zur Sekundarstufe ($n = 12$) um ca. $g_{domain} = .20$ signifikant höher ist. (S. 143) (Kyndt 2013)

Borsch (2015) stellt Ergebnisse verschiedener Metaanalysen unter besonderen Aspekten des kooperativen Lernens vor.

Auch er nennt die umfassende Studie Slavins (1995). Slavin fasst 90 Studien in einer Metaanalyse zusammen und vergleicht kooperative Methoden wie die Gruppenrallye, das Gruppenturnier, das Gruppenpuzzle und weitere im Hinblick auf die Lernleistungen der Schülerinnen und Schüler. Die Lernleistungen in den kooperativen Klassen fallen in 2/3 der Studien signifikant besser aus. Bei 31 % gibt es keine Unterschiede und bei 5 % sind die Lernleistungen in den kooperativen Klassen schlechter.

In diesen Studien konnte auch nachgewiesen werden, dass die Beziehungen zwischen den Lernenden sich deutlich verbessert haben. Slavins Untersuchungen stützen ebenso die Annahme, dass kooperative Lernformen sich günstig auf die Entwicklung von Hilfsbereitschaft und Kooperationsfähigkeit auswirken und dass die Motivation und die Anstrengungsbereitschaft sich erhöhen und damit sich auch die Freude am Lernen vergrößert. In den gleichen Untersuchungen konnte Slavin nachweisen, dass sich die Aufmerksamkeit der Lernenden in kooperativen Lernsettings erhöhen und sich die kooperative Zusammenarbeit erweitert (Borsch 2015, S. 126–135).

Johnson, Johnson und Stanne (2000) fassten 164 Studien zusammen und verglichen die Lernleistungen. Auch hier liegen die Effektgrößen alle im positiven Bereich und zeigen, dass kooperatives Lernen eine bessere Leistung hervorbringt als herkömmliche Lehr-Lernsettings (Borsch 2015, S. 118–123).

Auch nach Hattie (2013) sind kooperative Lernformen geeignet, „sowohl das Interesse an Unterrichtsinhalten als auch sachbezogene Argumentationen zu fördern. In seiner Synthese von 800 internationalen Meta-Analysen (Lotz & Lipowsky 2015, S. 99; Zierer 2015, S. 12) wurden insgesamt 50.000 Einzelstudien und 250 Mio. Lernende einbezogen. Kooperatives Lernen weist eine Effektstärke von d = .41 insgesamt auf. Im Vergleich zum kompetitiven Lernen hat kooperatives Lernen eine Effektstärke von d = .54 und im Vergleich zum individuellen Lernen eine Effektstärke von d = .59
Methoden aus dem Bereich des kooperativen Lernens fördern den Wissens- und Kompetenzzuwachs stärker bei älteren als bei jüngeren Kindern und scheinen dann besonders erfolgreich zu sein, wenn sie durch klare Strukturen vorbereitet sind wie etwa beim Reciprocal Teaching (d = 0,74), bei dem Lernende abwechselnd in die Lehrkraft- und die Schülerrolle schlüpfen und dabei, wie Hattie schreibt, insbesondere dann profitieren, wenn die Lehrkräfte den Lernenden zeitnah kognitive Lernstrategien vermitteln wie Fragen zu stellen oder Zusammenfassungen komplexer Gegenstände zu erstellen.“ (Hattie 2013, S. 250 ff. zusammengefasst bei Terhart 2014, S. 33)
Diethelm Wahl (2013) stellt sich in seinem Buch „Lernumgebungen erfolgreich gestalten, die Frage, warum gerade das wechselseitige Lehren und Lernen wirksam und anderen kooperativen Lernformen überlegen ist.
Zunächst benennt er nochmals die folgenden Ergebnisse für wechselseitiges Lehren und Lernen aus verschiedenen Studien:

1. Gegenüber dem lehrerzentrierten Unterricht sind Methoden des wechselseitigen Lehrens und Lernens bezogen auf das Lernergebnis, auf die intrinsische Motivation und das Kompetenzerleben überlegen.
2. Die Vorgabe von Lernstrategien wirkt sich positiv auf intrinsische Motivation, Lernleistung und Kompetenzerleben aus.
3. Die Vorgabe von Lernstrategien ist dann besonders wichtig, wenn sich die Lernenden einen Expertenstatus aneignen sollen (Wahl 2013, S. 179).

Wahl begründet diese Ergebnisse folgendermaßen:
*Motivierte Aneignung:* In der Aneignungsphase müssen sich die Lernenden Expertenwissen aneignen, welches sie nachher anderen Lernenden vermitteln sollen. Dies muss zeitnah geschehen, sie müssen sich also den Lernstoff gut aneignen, um bei der Austauschphase nicht zu patzen, sondern den Lerninhalt gut vermitteln zu können. Die Anstrengungsbereitschaft steigt. Wenn sich die Lernenden nicht anstrengen, dann können sie das Wissen auch nicht weitergeben, und können sich schlimmstenfalls blamieren. Wenn sie es gut machen, dann erhalten sie von den Mitlernenden

Lob. Blamage vermeiden und Lob erhalten sind wichtige Facetten des menschlichen Daseins. Deshalb werden sich die Lernenden beim wechselseitigen Lehren und Lernen anstrengen. Hier muss mit entsprechenden Maßnahmen unterstützt werden, so dass die Lernenden durch Anstrengung auch erfolgreich sind und sich sicher sein können, den anderen entsprechend den Lerninhalt zu vermitteln.
*Kompetenzerleben:* In der Austauschphase übernehmen die Lernenden eine Expertenfunktion. Wenn sie diese ausfüllen, dann erleben sie sich als kompetent, was ihre Anstrengungsbereitschaft ebenfalls steigert. Dadurch steigert sich das Selbstbild. Auch hier muss die Lehrperson entsprechend unterstützen: sie muss dafür sorgen, dass die Lernenden den Expertenstatus erwerben können und entsprechende Hilfen anbieten, sollte dies nicht bei allen gleichermaßen gewährleistet sein. Hierzu helfen Lösungsblätter, Unterstützungsstrategien, Qualitätssicherungsmerkmale usw.
*Lernstrategien:* diese sind besonders hilfreich, um sich auf der einen Seite Wissen anzueignen, es auf der anderen Seite aber auch anderen weiterzugeben. Lernstrategien müssen im Unterricht eingeübt werden, damit sie zielführend eingesetzt und das wechselseitige Lehren und Lernen unterstützen können.
*Subjektive Auseinandersetzung:* durch die Aneignungsphase und die Verarbeitungsphase können sich die Lernenden intensiv subjektiv mit den Lerninhalten auseinandersetzen und diese in eigene Strukturen integrieren und dadurch vernetzen. Somit werden die Lerninhalte nachhaltig behalten (Wahl 2013, S. 178–182).

Empirischen Studien gelingt es durchaus, die Diskrepanz zwischen Theorie und Praxis hinsichtlich der Umsetzung kooperativen Lernens überwinden zu helfen, weil sie den Schluss zulassen, dass Kooperatives Lernen dann erfolgreich ist, wenn es gut strukturiert, organisiert und durchgeführt wird. Die Lernziele des kooperativen Lernens sind erreichbar, zumindest lassen dies die empirischen Forschungen vermuten. Allerdings müssen dafür die notwendigen Voraussetzungen bei Lehrenden und Lernenden geschaffen werden – auch dies ein wichtiges Ergebnis der Forschung zum kooperativen Lernen. Außerdem muss man berücksichtigen, dass kooperatives Lernen nicht in allen Situationen und für alle Zwecke des Unterrichts einsetzbar ist, sondern eben in bestimmten Phasen die ideale Form des Unterrichtens darstellt. Deshalb ist immer wieder bewusst zu machen, dass kooperatives Lernen eine Möglichkeit der Unterrichtsgestaltung ist, die andere Methoden nicht verdrängt, sondern die Unterrichtspraxis bereichert.
Der Einsatz kooperativer Lernmethoden verbessert nach den empirischen Forschungen fast immer die affektiven Ergebnisse. Lernende arbeiten gerne in Gruppen zusammen. Bei der Leistung hängen die Ergebnisse stark davon ab, wie kooperatives Lernen angeleitet und durchgeführt wird. Besonders bedeutsam scheinen die beiden Faktoren „Gruppenziele“ (eine Gruppe muss zusammenarbeiten, um ein Ziel zu erreichen und eine Anerkennung zu erhalten) und „individuelle Verantwortlichkeit“ (der Erfolg der Gruppe hängt vom individuellen Lernerfolg jedes ein-

zelnen Gruppenmitglieds ab) zu sein. So profitieren alle vom kooperativen Lernen, egal, ob leistungsstark oder schwach, ob Junge oder Mädchen, ob mit oder ohne Migrationshintergrund oder anderen Unterschieden und egal, ob in der Schule, der Hochschule oder der Erwachsenenbildung.

**Ein Blick zurück**

Gruppenunterricht und kooperatives Lernen rekurrieren auf eine lange, wenn auch nicht ganz einheitliche Tradition. Den vorgestellten Strömungen gemeinsam ist die Wertschätzung der Zusammenarbeit von Lernenden, wodurch die Effektivität des Lernens verbessert und kognitive, emotionale und soziale Lernziele eher erreicht werden sollen.

Kooperatives Lernen wird meist in Abgrenzung zum Lernen im Plenum gesehen und interpretiert. Allerdings ist zu beachten, dass verschiedene Ansätze kooperativen Lernens zu unterscheiden sind, so wie es auch unterschiedliche Ansätze des Lernens im Plenum gibt. Traditionelle Gruppenarbeitsformen werden durch kooperative Lernsettings ergänzt und erweitert. Kooperatives Lernen wird dabei als eine Konstellation verstanden, in der eine kleine Anzahl an Personen (2–5) gemeinsam an einer Aufgabe arbeiten und zwar so, dass jede Person anschließend über das Ergebnis der Arbeit Bescheid weiß, die Inhalte verstanden und sie gegebenenfalls auch wiedergeben kann.

Außerdem kann nicht einfach kooperatives Lernen dem lernerzentrierten und das Lernen im Klassenverband dem lehrerzentrierten Unterricht zugewiesen werden – so wenig wie kooperative Lernformen nur soziale Lernziele verfolgen und der lehrerzentrierte Unterricht nur formale. Auch innerhalb des kooperativen Lernens variieren Lerner- und Lehrerzentriertheit sowie soziale und formale Lernziele. Gerade kooperatives Lernen benötigt eine genaue Vorbereitung und Planung der Lehrkraft, diese Methoden laufen nicht ‚wie von selbst', sondern müssen organisiert und geplant werden. Allerdings können kooperative Ziele nur über Kooperation erreicht werden.

Kooperatives Lernen ist kein pädagogisches Allheilmittel und die Sozialformen Frontalunterricht und Einzelarbeit haben ebenfalls ihren Stellenwert beim Lernen, doch kann kooperatives Lernen zweckmäßig arrangiert dazu beitragen – und dies besser als die beiden anderen Sozialformen – Ziele wie Selbständigkeit, angemessenes Sozialverhalten, Kreativität und Teamfähigkeit zu fördern.

Empirischen Studien gelingt es durchaus, die Diskrepanz zwischen Theorie und Praxis hinsichtlich der Umsetzung kooperativen Lernens überwinden zu helfen, weil sie den Schluss zulassen, dass kooperatives Lernen dann erfolgreich ist, wenn es gut strukturiert, organisiert und durchgeführt wird. Die Lernziele des kooperativen Lernens sind erreichbar, zumindest lassen dies die empirischen Forschungen vermuten. Allerdings müssen dafür die notwendigen Voraussetzungen bei Lehrenden und Lernenden geschaffen werden – auch das ein wichtiges Ergebnis der Forschung zum kooperativen Lernen. ◀

**Anregungen zur Vertiefung, Vernetzung und Weiterarbeit**
(idealerweise arbeiten Sie mit einem Tandemparter/einer Tandempartnerin oder in eine Gruppe. Natürlich können die Anregungen auch alleine bearbeitet werden):

- Machen Sie sich mit den Klassikern der Pädagogik vertraut und überlegen Sie, welche Aspekte für Ihren Unterricht interessant sein könnten.

  Für die *Tandem- oder die Kleingruppenarbeit*:
  Teilen Sie das Kapitel so auf, dass sich ein Partner mit den Seiten der traditionellen Gruppenarbeit beschäftigt, der andere mit den Überlegungen zum kooperativen Lernen. Die Seiten 15–18 können in der Partnerarbeit gemeinsam besprochen werden, bei einer Kleingruppe könnte dies der Part des dritten Partners sein. Führen Sie ein Partnerpuzzle bzw. Gruppenpuzzle durch (siehe Kapitel 5), indem Sie sich intensiv mit Ihrem Textabschnitt beschäftigen, sich die wichtigsten Sachverhalte erarbeiten und sie anschließend Ihren Partnern weitergeben. Formulieren Sie dann eine gemeinsame Definition Ihres Verständnisses von kooperativem Lernen und was Sie bei einer Umsetzung besonders berücksichtigen wollen. Als Einzelarbeiter sollten Sie sich die Textteile einzeln vornehmen und so zu einer Definition kommen.
- Erstellen Sie sich gemeinsam mit Ihrem Tandempartner/ihrer Partnerin oder individuell eine Mindmap zum Thema „Ziele kooperativen Lernens".
  In Ihre Map sollten Sie sichtbar machen, welche Begründungen Ihnen besonders einleuchten (Hervorhebungen) und welche Sie eher für sekundär halten.
  Übertragen Sie diese Map auf ein größeres Plakat und hängen es gut sichtbar in Ihrem Arbeitszimmer, Lehrerzimmer auf. Es wird Ihnen helfen, sich immer wieder daran zu erinnern, weswegen kooperativ gearbeitet werden soll.
- Legen Sie auf die rechte Seite einer gedanklichen Waage Ihre Befürchtungen, auf die linke Seite Ihre Hoffnungen, die Sie mit kooperativem Lernen verbinden. Beziehen Sie dabei die empirischen Forschungen ein.
  Vergleichen Sie Ihre Waage mit der Ihres Tandempartners/-partnerin.
  Verwenden Sie die Waage in gewissen Abständen nach dem vermehrten Einsatz kooperativen Lernens und überprüfen Sie, ob sich Hoffnungen und Befürchtungen verändert haben.
  Diskutieren Sie Ihre Hoffnungen und Befürchtungen im Kollegium. ◀

**Literaturtipps:**

Borsch, F. (2019³). Kooperatives Lernen: Theorie, Anwendung, Wirksamkeit. Stuttgart: Kohlhammer.

Konrad, K., Traub, S. (2019; 8. Auflage). Kooperatives Lernen in Schule, Hochschule und Erwachsenenbildung. Baltmannsweiler: Schneider

Tenorth, H. E,: Klassiker der Pädagogik. Band 1 und 2, C. H. Beck 2010 und 2011, 2. Auflage

# 3 Kooperatives Lernen: Voraussetzungen schaffen

Kooperatives Lernen gelingt nur, wenn dafür geeignete Lernumgebungen verfügbar sind. Eine langfristige Implementierung kooperativer Lernmethoden benötigt die Unterstützung der jeweiligen Bildungsinstitution. Kooperatives Lernen lässt sich auch mit größeren Lerngruppen durchführen, wenn der Ablauf gut organisiert und in sich stimmig ist. Die Bildungsinstitution kann bei der Umsetzung unterstützen, indem sie die Voraussetzungen für gelingendes gemeinsames Lernen schafft. Dazu gehören zum Beispiel die Einführung längerer Arbeitsphasen (90-Minuten Einheiten anstelle der üblichen 45-Minuten oder 60-Minuten Stunde), die Gestaltung der Arbeitsräume sowie die Ausstattung mit Arbeitsmaterialien.

In erster Linie vollzieht sich kooperatives Lernen aber im Unterricht selbst und dort sind zunächst entsprechende Voraussetzungen zu schaffen. Erstens ist es notwendig, dass die Lehrperson bestimmte Fähigkeiten und Fertigkeiten erwirbt, um kooperatives Lernen situationsangemessen zu initiieren. Zweitens müssen die Lernenden notwendige Kompetenzen erwerben, um sinnvoll mit kooperativen Methoden umzugehen. Drittens muss das Lernarrangement auch tatsächlich kooperativen Anforderungen entsprechen. Hier kann nach Borsch (2019) von einer positiven Interdependenz gesprochen werden. Lernende sind voneinander abhängig, um ein bestimmtes Ziel zu erreichen und alle sind gleichermaßen für diesen Erfolg verantwortlich. Das Lernklima ist von Unterstützung und Verantwortung geprägt. Die Lernenden sind sowohl für ihr eigenes Lernverhalten als auch für den Lernprozess der anderen verantwortlich (Borsch 2019, S. 18). Dadurch kann kooperatives Lernen soziale, motivationale, emotionale, aber eben auch kognitive Lernziele erreichen.

Auf folgende Fragen soll in diesem Kapitel eingegangen werden:

- Welche Rolle übernimmt die Lehrperson in kooperativen Lernsettings?
- Wie wird die Rolle der Lernenden definiert und welche Voraussetzungen müssen dafür geschaffen werden?
- Wie kann kooperatives Lernen initiiert werden?
- Wie kann Leistung in kooperativen Lernsettings beurteilt und gewürdigt werden?

**Advance Organizer**

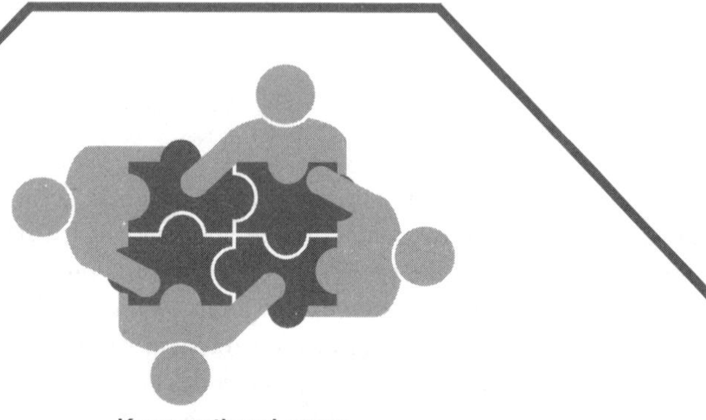

## 3.1 Die Rolle der Lehrperson

Die in Kapitel 2.4 herangezogenen Forschungsergebnisse legen nahe, dass das Gelingen kooperativen Lernens stark von der Lehrkraft und ihrer Kompetenz, solche Lernprozesse zu initiieren, abhängt. Nicht jede Gruppenarbeit ist effektiv und tatsächlich kooperativ.

Die Lehrkraft muss dafür sorgen, dass die Gruppenmitglieder eine positive Interdependenz erfahren und sich in ihrer individuellen Verantwortlichkeit wahrnehmen (Borsch 2019, S. 25). Vor Einsatz einer kooperativen Methode muss zunächst geprüft werden, ob ein Thema überhaupt fü1 Gruppenarbeit geeignet ist oder ob nicht andere Sozialformen bzw. Methoden sinnvoller sind. Außerdem muss geklärt werden, ob die Lerninhalte dem Leistungsstand der Lernenden angemessen sind und ob sie die dafür notwendigen Kompetenzen beherrschen und welche Arbeitsmaterialien zur Bewältigung der Aufgaben notwendig und bereitzustellen sind. Außerdem muss überlegt werden, wann sich kooperative Lernprozesse besonders anbieten. Komplexere Aufgaben bieten sich in der Regel eher an als einfachere Aufgaben, die auch gut in Einzelarbeit gelöst werden können. Mögliche Probleme müssen reflektiert und Lösungsstrategien vorbereitet werden. Auch die Frage zur Bewertung und Beurteilung der Gruppenarbeit muss beantwortet und den Lernenden transparent gemacht werden (vgl. Fürst 2000; vgl. Nürnberger Projektgruppe 2001).

Bei der Organisation kooperativen Lernens spielen auch die drei folgenden Qualitätsmerkmale eine besondere Rolle:

*Kognitive Aktivierung:* Die Lehrperson muss versuchen, durch ihr Handeln und ihre Arbeitsanweisung Lernprozesse bei den Lernenden in Gang zu setzen. Lernende müssen zum Denken angeregt werden, sich aktiv mit dem Lernstoff auseinanderzusetzen, Wissen miteinander zu vernetzen und sich so Lerninhalte nachhaltig anzueignen. Um eine solche kognitive Aktivierung zu erreichen, muss die Lehrperson die Voraussetzung der Lernenden, ihre Vorkenntnisse, ihre Grundfertigkeiten, ihre Interessen und dergleichen mehr einbeziehen. Dabei sollten die Lernenden mit der Aufgabenstellung weder über- noch unterfordert werden. Anspruchsvolle Aufgaben sind notwendig, um die Wirkung kooperativen Lernens entsprechend zu entfalten (Borsch 2019, S. 36–41).

*Konstruktive Unterstützung:* Die Lehrperson muss den Lernenden Empathie, Wertschätzung und Anerkennung entgegenbringen, damit die Lernenden ein Selbstkonzept entwickeln können, welches ihnen das kooperative Arbeiten erleichtert. Die Lehrperson sollte den Lernenden genügend Zeit und Raum für die Lösung der Aufgabe einräumen und entsprechende Hilfestellungen geben. Die Lehrperson begleitet den kooperativen Lernprozess und unterstützt diesen, sobald es zu Problemen kommt. Dabei spielt die Art der Rückmeldung, der Umgang mit Fehlern und das Tempo des unterrichtlichen Vorgehens eine entscheidende Rolle. Die Rückmeldung sollte sich auf den Lernprozess und die Erreichung der Lernziele sowie auf den Bedarf an Unterstützung beziehen. Fehler zu machen muss erlaubt sein, aber es muss auch darüber reflektiert und diese analysiert werden können. Dann kann aus Fehlern tatsächlich gelernt werden. Für Rückmeldungen und Fehleranalysen braucht es Zeit. Auch für das Lernen braucht es Zeit. Lernende sind hochgradig individuell und haben ein eigenes Lerntempo. Dieses muss im Unterricht berücksichtigt werden (Borsch 2019, S. 41–47).

*Klassenführung:* Die Lehrperson muss kooperatives Lernen gut organisieren, dazu gehört die Gruppeneinteilung, die Zeitvorgaben, die Erstellung der Materialien und vieles mehr. Auch die Überlegung, wann analysiert und reflektiert wird, gehört in die Planung des kooperativen Lernens und damit zu einer effizienten Klassenführung. Den Lernenden muss klar sein, was sie zu tun haben, dann werden Störungen vermieden und Nachfragen verringert: kooperatives Lernen kann beginnen (Borsch 2019, S. 47 f.). Dazu gehört auch, dass die Lehrkräfte beim Stellen von Arbeitsaufträgen möglichst klare Formulierungen verwenden und nur bereits bekannte Fachbegriffe einsetzen. Der Arbeitsauftrag ist konkret und anschaulich zu notieren, möglichst in Teilaufgaben gegliedert. Wesentliches kann deutlich hervorgehoben werden. Wichtig ist auch, darauf hinzuweisen, in welcher Quantität und Qualität Handlungen zu vollziehen und in welcher Reihenfolge bestimmte Dinge zu erledigen sind. Außerdem müssen Lehrkräfte die Lernenden auf verwendbare Hilfsmittel hinweisen und bereits im Arbeitsauftrag verdeutlichen, wie die Ergebnisse präsentiert werden sollen und wie viel Zeit für die Gruppenarbeit zur Verfügung steht. Zur Verständnissicherung könnten einzelne Gruppenmitglieder den Arbeitsauftrag in eigenen Worten wiederholen, die Lernenden sollen Fragen stellen können und diese müssen vor Arbeitsbeginn geklärt werden.

Die empirischen Befunde der Nürnberger Projektgruppe (2001, siehe auch Kapitel 2.4.) belegen, dass Lehrerinterventionen während der Gruppenarbeit häufig auftreten und die Gruppenarbeit eher hemmen als fördern. Die Nürnberger unterscheiden dabei zwischen einer Intervention ohne Aufforderung seitens der Lernenden, der sogenannten invasiven Lehrerintervention, und der Intervention nach Aufforderung durch die Lernenden, der sogenannten responsiven Intervention. Im ersten Fall möchten die Lehrkräfte das Gruppengeschehen lenken, leiten und kontrollieren. Sie gestehen den Lernenden das Maß an Selbständigkeit und Eigenverantwortung nicht zu, das für Gruppenprozesse wichtig ist. Im zweiten sind häufig mangelhafte Arbeitsaufträge der Grund, warum Lernende die Hilfe der Lehrperson beanspruchen. Aufgrund der eher negativen Gruppenergebnisse, die nach Lehrerinterventionen entstehen mögen, empfiehlt die Nürnberger Projektgruppe die Lehrkraft solle sich bewusst zurückziehen. Den Gruppen muss bewusst sein, dass sie gerade während der Gruppenarbeit auf die Hilfe der Lehrkraft verzichten sollen, was bei sachgerecht gegebenen Arbeitsaufträgen auch kein Problem darstellt.

Nur so lernen diese die Hauptfunktion der Gruppenarbeit verstehen, nämlich ihre Selbständigkeit, Kooperationsfähigkeit und Kreativität zu fördern. Dies funktioniert nur, wenn sich die Lehrkraft zurückhält. Sie sollte sich aufs Beobachten beschränken und aufkommende Probleme oder Konflikte metakommunikativ klären. Wenn die Lehrkraft um Hilfe gebeten wird, sollte sie die Gruppe zuerst ermutigen, das Problem selbst zu lösen. Am Ende der Gruppenarbeit kann es hilfreich sein, sich einen Überblick über die Ergebnisse zu verschaffen (Nürnberger Projektgruppe 2001, S. 46–64).

Die Lehrperson muss sich in ihrer neuen Rolle definieren, die Verantwortung abgeben und sich mehr als Lerncoach, denn als Wissensvermittler einbringen. Trotz allem ist sie für das Lerngeschehen verantwortlich, sie muss den Lernenden beratend zur Seite stehen und sie muss kooperatives Lernen organisatorisch und inhaltlich ermöglichen.

Die meisten empirischen Forschungsergebnisse beschäftigen sich mit dem Verhalten der Lehrkraft während der kooperativen Arbeitsform. Die Lehrkraft muss aber bereits vorab bei den Lernenden bestimmte Fähigkeiten entwickeln bzw. fördern. Terhart erachtet es als notwendig, dass die Lehrperson über ihr berufliches Selbstverständnis nachdenkt; sie fungiert nicht mehr als Steuerungs- und Schaltstelle, sondern muss sich zugunsten der Selbsttätigkeit der Lernenden zügeln. Dafür übernimmt sie im Gruppenunterricht eine regulierende, organisierende und initiierende Funktion. Das heißt: Lehrkräfte müssen das Arrangieren von Gruppenunterricht erlernen. Zu den bisherigen Kompetenzen sollten neue Kompetenzen der Gestaltung von Lernumgebungen hinzukommen (Terhart 1989, S. 155). Die Lehrperson wird vom Akteur eher zum im Hintergrund Helfenden und Beratenden, und dieser Wechsel der Lehrerrolle ist gegebenenfalls zu trainieren. Dann wird klar, dass die Planung mehr begleitend, weniger vorausplanend stattfindet, sich mehr an einzelnen Gruppen und weniger am Plenum orientiert und gemeinsam mit den Lernenden erfolgt. Dies setzt voraus, dass die Lehrperson selbst in der Lage ist, solche Arbeitsweisen anzustiften, zu planen und zu organisieren und sie auch gegenüber den Lernenden zu begründen.

Gerade beim wechselseitigen Lehren und Lernen als eine besonders effektive Form des kooperativen Lernens sind die Anforderungen an die Rolle der Lehrperson durchaus als bedeutsam einzustufen. Die Abläufe des Lernprozesses müssen gründlich durchdacht und beobachtet werden, da die Lernenden ja währenddessen sehr selbstgesteuert arbeiten sollen. Die Lehrenden müssen die Übergänge zwischen den einzelnen Lernphasen so störungsfrei und reibungslos wie möglich gestalten. Da dies auch einiger Erfahrung bedarf, bietet es sich an, zunächst mit einfacheren Formen des wechselseitigen Lehrens und Lernens zu beginnen (Partnerkooperationen), ehe mit den komplexeren Formen (Gruppenkooperation) fortgefahren wird (Wahl 2013, S. 164).

Nach Borsch (2019) hat die Lehrperson folgende Aufgaben:

1. Strukturelle Rahmenbedingungen festlegen:
   Fachliche und soziale Zielsetzungen festlegen
   Gruppengröße und Gruppenzusammensetzung festlegen
   Räumliche Gegebenheiten organisieren
   Material vorbereiten und auslegen
2. Planen der Unterrichtseinheit:
   Positive Interdependenz und individuelle Verantwortlichkeit durch die Organisation des Gruppenprozesses erzeugen (zum Beispiel durch wechselseitiges Lehren und Lernen)
   Instruktionen/genaue Arbeitsanweisungen geben
   Erfolgskriterien festlegen
   Kooperative Verhaltensweisen einfordern
3. Beobachten und Unterstützen während der Arbeitsphasen:
   Beobachten während der Gruppenarbeitsphase
   Interventionen nur dort, wo unbedingt notwendig
   Evaluation und Bewertung
4. Bewertung des Arbeitsprozesses und des Arbeitsprodukts:
   Feedback geben
   Rückmeldungen einholen
   Lernprozess bewerten
   (vgl. Borsch 2019, S. 139–145)

Die Lehrperson legt außerdem fest, welche Regeln und Verfahrensweisen für kooperatives Lernen von Bedeutung sind und muss diese mit den Lernenden einüben. Nur so kann mit Hilfe eines guten Scaffoldings kooperative Lernprozesse erfolgreich gestaltet werden.

## 3.2 Die Rolle der Lernenden

Auch Lernende müssen schrittweise in den Prozess des kooperativen Lernens hineinwachsen. Sie benötigen bestimmte Lernstrategien und kooperative Fähigkeiten, darüber hinaus aber auch Kompetenzen wie Entscheidungsfindung, Verantwortlichkeit, Vertrauensbildung sowie Kommunikation und Konfliktmanagement (Borsch 2019, S. 27). Diese sollten vorab bis zu einem gewissen Grad vorhanden sein, können dann aber im Verlauf der Kooperation weiterentwickelt und vertieft werden. Die Lernenden müssen stetig über ihren Gruppenprozess reflektieren, um im Lernprozess vorwärts zu kommen und effizienter in kooperativen Lernsettings arbeiten zu können. Von den Lernenden wird erwartet, dass sie eigene Verantwortung für ihr Lernen übernehmen und aus ihrer rezeptiven Haltung in eine aktive wechseln.

Dazu nennt Fuhr einige Kompetenzen, die Lernende mitbringen müssen, um Gruppenarbeit erfolgreich bewältigen zu können:

- Die Lernenden müssen bereit sein, sich anderen mitzuteilen, ihr Wissen anderen zur Verfügung zu stellen;
- sie müssen zuhören können und versuchen, den anderen zu verstehen; besonders wichtig ist, dass sie lernen, mit vorschnellen Bewertungen und Abwertungen zurückhaltend zu sein;
- sie müssen bereit und fähig sein, sich einzulassen auf einen gemeinsamen, oft schwierigen Prozess der Auseinandersetzung, ohne nur die eigene Leistung und den eigenen Ruhm im Sinn zu haben oder immer Recht haben zu wollen;
- sie müssen in der Lage sein, den anderen wertzuschätzen, seine Eigenheiten zu dulden oder sogar zu akzeptieren und gleichzeitig kritisch ihm gegenüber zu sein, ohne seine Würde zu verletzen, was sowohl durch zu große ‚Härte' als auch durch zu viel ‚Schonung' geschehen kann;
- sie müssen Konflikte ansprechen und austragen oder auch aushalten können, wenn sie nicht gleich lösbar sind;
- sie müssen ihre eigenen Interessen im Laufe der gemeinsamen Arbeit immer wieder entdecken und formulieren können;
- sie müssen mit ihrer eigenen Autorität und der Autorität anderer verantwortlich umgehen können, ohne sich um jeden Preis durchsetzen zu wollen, sich anderen willenlos unterzuordnen oder sich gegen die Autorität anderer regelmäßig aufzubäumen (Fuhr in Gudjons 1993, S. 72–81).

Um die Zusammenarbeit der Lernenden zu unterstützen, benötigen diese Lehr-Lernstrategien, durch die sie wissen, wie sie sich Inhalte aneignen und diese an andere weitergeben bzw. mit diesen diskutieren können.
Es können verschiedene Lernstrategien unterschieden werden, die im Zusammenhang des kooperativen Lernens bedeutsam sind.
Kognitive Lernstrategien dienen der Aufnahme, Verarbeitung und Speicherung von Informationen. Hierzu gehört das Wiederholen von Sachverhalten, das Organisieren des Lernens sowie die Elaboration, also das Verknüpfen der Lerninhalte.
Metakognitive Strategien beinhalten die Planung, Überwachung und Regulation von Lernprozessen.
Ressourcenorientierte Strategien helfen die Rahmenbedingungen des Lernprozesses zu schaffen. Dazu gehören neben der Gestaltung des Arbeitsplatzes oder der Nutzung von Hilfsmitteln, vor allem auch die Motivation, Aufmerksamkeit und die Entwicklung eines positiven Selbstkonzepts der Lernenden (vgl. Helmke 2017; vgl. Traub 2021).
Die Lernstrategien sind hilfreich, um in eine Kooperation eintreten zu können. Mit ihrer Hilfe entwickeln die Lernenden Methoden-, Sozial- und Gesprächskompetenzen. So müssen sie zum Beispiel fähig sein, sich über einen Text, einen Pro-

zess oder eine Vorgehensweise genau zu informieren, um ihr Wissen anschließend anderen Gruppenmitgliedern vermitteln zu können. Sie brauchen also Fertigkeiten der Texterarbeitung, wie die Erstellung von Exzerpten oder Mindmaps. Außerdem benötigen sie Vermittlungstechniken, um Ergebnisse weitergeben zu können. Um sinnvoll in einer Gruppe arbeiten zu können ist es wichtig, ein Protokoll zu schreiben, Zeitwächter oder Gruppenleiter zu sein. Dies sind Fertigkeiten, die als Methodenkompetenzen gelten und im Rahmen von kooperativem Lernen zu erwerben sind. Sozialkompetenz beinhaltet Fertigkeiten, die zum sozialen Umgang führen. So müssen die Lernenden selbst dafür Sorge tragen, dass alle Gruppenmitglieder ernst genommen werden und sich einbringen können, dass Aufgaben gerecht verteilt sind und es tatsächlich zu einem gemeinsamen Gruppenergebnis kommt. Ziel muss es sein, sich selbst einzubringen, damit die Gruppe erfolgreich ist, aber dabei auch auf andere Gruppenmitglieder zu hören. Arbeiten im Team ist hier gefordert. Eng damit verbunden sind auch die Gesprächskompetenzen, worunter etwa das Einhalten bestimmter Gesprächsregeln zu nennen ist. Besonders wichtig ist in diesem Zusammenhang das gegenseitige Ausreden lassen, Meinungen anderer zu kritisieren und zu akzeptieren, alle in einen Problemlöseprozess einzubeziehen. Noch einmal: Etliche Kompetenzen müssen zu Beginn des Einsatzes kooperativer Lernmethoden vermittelt und eingeübt werden, diese werden dann durch kooperative Lernsettings vertieft und um weitere Kompetenzen ergänzt. Gerade im Prozess des Lernens können Lehrpersonen über Unterstützungsstrategien Lernkompetenzen entwickeln helfen.

Die Gruppe muss auch darin unterstützt werden, wie sie am besten zusammenarbeitet, dazu gehören Gruppenregeln, die Verteilung von Gruppenrollen und die Reflexion der eigenen Gruppenarbeit. Dieses Gruppengeschehen muss den Lernenden auch zurückgespiegelt werden. Hierzu ist ein individuelles, aber auch ein Gruppenfeedback hilfreich.

Deshalb ist es auch sinnvoll, kooperatives Lernen in kleinen Schritten zu beginnen, um dann zu komplexeren kooperativen Methoden überzugehen. Den Weg der kleinen Schritte lässt sich über einige der in Kapitel 4 angesprochenen Lernspiele und kooperativen Formen gehen. Darin werden erste kooperative Fertigkeiten und Fähigkeiten vermittelt, ehe dann auf die im 5. Kapitel beschriebenen kooperativen Methoden zurückzugreifen ist.

## 3.3 Kooperative Lernsettings schaffen

Eine Gruppe durchläuft eine dynamische Entwicklung, bis sie arbeitsfähig ist. Diese können mit den Begriffen „forming“ (Gruppenbildung), „storming“ (Konfliktphase), „norming“ (Regelungsphase) und „performing“ (Arbeitsfähigkeit) beschrieben werden (Wahl 2020, S. 42). Damit verbunden ist eine gewisse Anlaufzeit, bis eine Gruppe arbeitsfähig ist. Lehrkräfte müssen wissen, dass eine Gruppe eine gewisse Energie für andere Dinge aufweist als für die Arbeit selbst und es wird auch Zeit für die Regelung von Interaktionen benötigt. Je häufiger Gruppenarbeit und kooperatives Lernen organisiert wird, desto konzentrierter kann diese durchgeführt und umgesetzt werden.

In jeder Gruppe sind bestimmte Rollen automatisch verteilt oder werden in der Gruppenarbeitsphase angeeignet. Ganz grob können verschiedene Rollen unterschieden werden: Führende Rollen (Alpha-Rollen), mit Alpha rivalisierende oder auch kooperierende Rollen (Beta-Rollen), die sogenannten durchschnittlichen Gruppenmitglieder (Gamma-Rollen) und die Außenseiterrollen (Omega-Rollen). Je nach Rolle, die ein Gruppenmitglied übernimmt, wird es sich auf unterschiedliche Art und Weise in das Gruppengeschehen einbringen und zum Erfolg der Gruppenarbeit beitragen.

Aus diesen Gründen ist die Zusammensetzung der Gruppe von großer Bedeutung. Hierzu gibt es verschiedene Möglichkeiten:

Die Zusammensetzung der Gruppe wird durch die Lehrperson bestimmt, so dass auf einzelne Aspekte besonders geachtet werden kann: keine Alpha-Rollen zusammen, gute Durchmischung der Lernenden nach Leistung, Interesse, Sozialverhalten und dergleichen mehr. Die Lehrperson selbst muss dann die Einteilung vornehmen, wenn diese nach Leistung oder anderen Merkmalen stattfinden muss. Dies gilt zum Beispiel bei der Gruppenrallye oder dem Gruppenturnier, sowie bei einer kooperativen Methode, in der eine Binnendifferenzierung vorgenommen werden soll.

Eine Gruppe kann auch nach dem Zufallsprinzip zusammengesetzt werden. Hierzu können zum Beispiel Karten eines Kartenspiels verteilt werden und alle Lernende mit einem AS bilden dann eine Gruppe, alle Lernenden mit der Königskarte ebenfalls usw. oder aber es werden Symbole oder Nummern verteilt, dann bilden alle mit einem Marienkäfer als Symbol eine Gruppe oder alle mit der Nummer 3 gehören zu einer Gruppe und dergleichen mehr.

Eine Gruppe kann sich auch selbst finden, was bedeutet, dass sich die Lernenden selbst in eine Gruppe einteilen dürfen. Feste Gruppen, die selbst gewählt sind, haben den Vorteil, dass die gruppendynamischen Prozesse bereits durchlaufen wurden, die Lernenden sich also schon gut kennen und dadurch auch relativ schnell arbeitsfähig sind. Nachteilig ist, dass die Lernenden zu festen Gruppen werden, die sich von anderen abschotten und es auch dann immer schwieriger wird, die Gruppenkonstellationen einmal anders zusammenzustellen.

Eine Gruppe kann sich auch nach Interesse zusammenfinden, wenn sie zum Beispiel gemeinsam an einem Thema arbeiten wollen. Dies trifft auf Kleingruppenprojekte zu.

Die Mitglieder der Gruppe müssen ein Gefühl der Zusammengehörigkeit entwickeln und die gruppendynamischen Prozesse müssen durchlaufen werden. Das

kostet zu Beginn etwas Zeit, ist aber für die Fortführung der Gruppenarbeit notwendig. Die Gruppenmitglieder müssen sich gegenseitig kennen- und respektieren lernen. Dies kann allgemein durch Förderung des Lernklimas, aber auch durch ständiges Mischen der Lerngruppen erreicht werden.
Damit möglichst alle Lernenden an der Gruppenarbeit effektiv teilnehmen können, sollte die Anzahl der Gruppe 3–4 Mitglieder nicht übersteigen. Alle Lernenden müssen sich mit einer Rolle und Aufgabe auseinandersetzen. Deshalb ist es sinnvoll Rollen wie Zeitwächter, Krokodil, Protokollant, Präsentator zu verteilen. Bei zufälliger oder rotierender Zuordnung gibt es darüber auch bald keine Diskussionen mehr. Dadurch wird vermieden, dass sich manche Mitglieder überflüssig fühlen. Sie können sich dann nicht gleichermaßen in die Arbeit einbringen, unerwünschte Verhaltensweisen treten auf (Wahl 2020, S. 41–44).
Bei der Gestaltung des kooperativen Lernsettings müssen folgende Basiselemente berücksichtigt werden:

- *Positive Interdependenz:* Aufgabenstellungen und Ziele müssen so formuliert werden, dass sie Kooperationen notwendig machen durch Zuweisung von Rollen, Aufgaben und Aufträge und durch dafür nutzbarer Materialien.
- *Individuelle Verantwortlichkeit:* Die individuellen Leistungsanteile jedes Gruppenmitglieds sind für das Endergebnis bedeutsam und ohne diesen Anteil kommt die Gruppe nicht zu einem sinnvollen, vollständigen Ergebnis. Jedes Gruppenmitglied ist also für das Gesamtergebnis mitverantwortlich und erhält ein entsprechendes Feedback. Trittbrettfahren ist nicht möglich.
- *Unterstützende Interaktionen:* Lernende müssen sich gegenseitig unterstützen, im Lernprozess ermutigen und sich gegenseitig ernst nehmen.
- *Reflexion über den Gruppenprozess:* Die Gruppenmitglieder müssen Zeit und Raum haben, über den gemeinsamen Lernprozess zu reflektieren und sollten hierfür auch ein Feedback erhalten.
- *Kooperative Fähigkeiten:* Die Lernenden benötigen kooperative Fähigkeiten, um in einen Lernprozess einsteigen zu können. Sie benötigen Vertrauen, Kommunikationsfähigkeit, Gruppenführungskompetenzen und dergleichen mehr.
- *Kooperative Aufgabenstellung:* Es eignen sich besonders solche Lernaufgaben, bei denen die Lernenden auf ein gemeinsames Ergebnis hinarbeiten. Das ist erreichbar, wenn ein gegenseitiger Austausch an Wissen, Fertigkeiten, Materialien usw. erfolgt und die Lernenden sich ihrer Verantwortung für das Ergebnis und sein Zustandekommen bewusst sind. Dabei sind Einzelaspekte der Aufgabenbewältigung durchaus verteilbar. Solche Interdependenzen entstehen auch, wenn Gruppenbelohnungen und individuelle Verantwortlichkeit eingeführt werden.
- *Chancengleiche Bewertung von Ergebnissen:* Bewertungen fußen auf Chancengleichheit, die eher in intrapersonalen als in interpersonellen Vergleichsprozessen aufscheint. Jedem Lernenden sollte eine Weiterentwicklung auf seinem Leistungsniveau möglich sein.

- *Kooperative Belohnungsstrukturen:* Belohnungsverfahren verbürgen gegenseitige Unterstützung und Hilfe dadurch, dass die Ergebnisse jedes Gruppenmitglieds zum Erfolg der gesamten Gruppe beitragen.
- *Den didaktischen Ort kooperativen Lernens berücksichtigen:* Nicht alle Kooperationsformen sind in jeder Phase des Lernprozesses anwendbar. Wir kennen mehrere Organisationsmodelle kooperativen Lernens, die adäquat einzusetzen sind. Zum Beispiel können die Lernenden bestimmte Aufgaben gleich gemeinsam in der Gruppe bearbeiten oder Teilaufgaben erst individuell lösen und dann zur Kooperation übergehen; oder hintereinander in mehreren Gruppenarbeiten und dabei das in der ersten Gruppe angeeignete ‚Expertenwissen' an eine andere Gruppe weitergeben. Die letzte Organisationsform eignet sich kaum für das Üben und Anwenden von Kenntnissen. Jede Organisationsform hat also ihren bestimmten Platz.
- *Arbeitsaufträge müssen zu kooperativem Handeln veranlassen.* Die Aufgabe ist also so zu stellen, dass sie nur in Zusammenarbeit der Lernenden einer Gruppe lösbar ist und zwar besser als in Einzel-, Partner- oder Plenumsarbeit. Die Aufgabenstruktur muss demzufolge kooperativ angelegt sein. Ideal sind Arbeitsaufträge, die schriftlich und mündlich gegeben werden. Wichtig ist auch, dass die Lehrkraft nach Erteilen des Arbeitsauftrags sich nochmals vergewissert, ob er auch verstanden wurde. Die Verständnissicherung verhindert Desorientierung und fördert zielgerichtetes Arbeiten (Borsch 2019, S. 27–34; Allespach 1999, S. 258–260 & Huber, G. L. 1985, S. 33–37).

Die einzelnen Mitglieder der Gruppe benötigen klare Arbeitsanweisungen, was sie wann wie zu erledigen haben. Dies sollte zu Beginn der Gruppenarbeit verdeutlicht und durch eine genaue Planung besprochen werden. Wenn die Übergänge zur Arbeit in der Gruppe nicht gut organisiert sind, dann geht Zeit verloren. Das passiert zum Beispiel, wenn nicht klar ist, wer mit wem zusammenarbeitet, welche Materialien benötigt werden oder wer welche Aufgaben in der Gruppe übernimmt. Die Gruppenarbeit benötigt einen klaren Anfang und ein eindeutiges Ende. Idealerweise gibt man einen Zeitraum für die Gruppenarbeit vor und stellt hierfür Basisaufgaben. Schnellere Gruppen erhalten weitere, vertiefende Aufgaben, sogenannte Küraufgaben. Mit der Basisaufgabe sollten alle Gruppen in der vorgegebenen Zeit fertig werden.

## 3.4 Leistungsbewertung

Gruppenunterricht und kooperatives Lernen sind keine neuen Lernkonzepte, sondern werden für Schule und Unterricht schon lange als bedeutsam eingestuft und mittlerweile auch empirisch evaluiert (vgl. Borsch & Gold 2018). Offen bleibt allerdings die Frage, ob und wie im kooperativen Lernen Leistung gemessen und beurteilt werden soll und kann. Wolfgang Klafki versteht unter Leistung „Ergebnis und Vollzug einer zielgerichteten Tätigkeit, die mit Anstrengung verbunden ist und für die Gütemaßstäbe anerkannt werden“ (Klafki 1975, S. 528). In die Leistungsmessung werden dabei die vier Dimensionen des erweiterten Lernbegriffs einbezogen: 1. Inhaltlich-fachliche, 2. Methodisch-strategische, 3. Sozial-kommunikative und 4. Personale Lernbereiche (vgl. Bernhart & Bernhart 2007). Diese Dimensionen müssen festgestellt und gemessen werden können – auch in kooperativen Lernsettings.

Legt man den erweiterten Lernbegriff zu Grunde, dann werden kognitive Kompetenzen durch die fachliche Auseinandersetzung mit Lerninhalten erworben. Durch den Austausch mit anderen Lernenden werden kommunikative und kooperative Fähigkeiten entwickelt und angewandt. Um erfolgreich einen kooperativen Lernprozess durchlaufen zu können, bedarf es strategischer Kompetenzen, die entwickelt und erweitert werden. Auch personale Kompetenzen werden ausgebildet durch die Übernahme bestimmter Rollen und Aufgaben in der Gruppenarbeit. In kooperativen Lernsettings werden somit umfassende Leistungen erbracht.

Es stellt sich aber die Frage, ob diese Leistung unbedingt beurteilt werden muss, außer Frage steht, dass sie gewürdigt wird. Eine Wertschätzung erfolgt aber nicht ausschließlich über Notengebung oder Prüfungen. Auch ein Feedback zur Qualität des Lernprozesses und des Ergebnisses stellen bereits eine Würdigung dar, ebenso wie der gemeinsame Austausch darüber.

Für den erfolgreichen Ablauf kooperativen Lernens ist es wichtig, sich als Lehrkraft über die Art der Beurteilung klar zu werden und diese auch mit den Lernenden zu besprechen. Eine Möglichkeit besteht darin, aus den drei Bausteinen Prozess, Produkt und Präsentation eine Beurteilungskonzeption zu erarbeiten. (vgl. Grunder & Bohl 2001) Bei einer Prozessbeurteilung wäre das Arbeitsverhalten der Lernenden während der kooperativen Lernform zu beobachten und ein individueller Lernbericht anzufertigen. Bei der Präsentationsbeurteilung ginge es um die Bewertung der Präsentation, also der im Anschluss an die Gruppenarbeit gehaltenen Referate oder die Darstellung von Plakaten oder die Durchführung eines Rollenspiels. Bei der Produktpräsentation wäre das Ergebnis der Gruppenarbeit zu beurteilen, sei es die schriftliche Ausarbeitung der Ergebnisse oder die Gestaltung eines Plakats. Dabei sind Überschneidungen durchaus möglich. Wichtig ist, dass in die Beurteilung sowohl fachlich-inhaltliche Leistungen, als auch methodisch-strategische oder sozial-kommunikative einfließen. Zunächst sind verbale Beurteilungen angebracht. Über ein Punktesystem könnten dann auch Ziffernnoten ausgesprochen werden, wenn dies erwünscht oder für notwendig erachtet wird. Eine solche Beurteilung kann durch genaue Beobachtung der Gruppenarbeit erfolgen, allerdings ist eine Beobachtung relativ komplex und ist auch nicht für alle Lernenden gleichzeitig vorzunehmen. Die Beurteilung kooperativen Lernens müsste sich über einen größeren Zeitraum erstrecken, sie könnte in der Phase der Vorbereitung, der Durchführung und der Nachbereitung stattfinden. Die Beurteilungskriterien müssen genau formuliert und vor dem kooperativen Lernen allen verständlich gemacht werden (vgl. Grunder, Bohl & Broszat 2001). Die Beurteilung verschafft dem kooperativen Lernen einen höheren Stellenwert und ist damit sicher eine nicht zu unterschätzende Voraussetzung für das Gelingen kooperativen Lernens.

Wird eine Gruppenarbeit bewertet, dann muss den Lernenden bewusstgemacht werden, dass hier eine positive wechselseitige Abhängigkeit herrscht und jeder Einzelne nur so gut ist, wie die gesamte Gruppe. Hierfür ist es wichtig, dass die Lehrperson deutlich macht, was sie von der Gruppe erwartet, und wie sie dieses Ziel gemeinsam erreichen können. Dabei ist auch zentral, dass die Lernenden füreinander Verantwortung übernehmen und sich im Lernprozess gegenseitig unterstützen. Alle müssen am Ende der Gruppenphase die Ergebnisse präsentieren können. Sollte dies nicht gelungen sein, muss in der Gruppe reflektiert werden, warum das Ziel nicht erreicht wurde und wie es das nächste Mal erreicht werden kann.

Die Lernenden können in den einzelnen Phasen des kooperativen Lernens ihr Wissen zeigen und dies auch entsprechend präsentieren: in der Aneignungsphase können Aufschriebe angefertigt und diese anschließend beurteilt werden. So kann der Einzelne im Placemat seinen Namen in sein Feld schreiben und anschließend werden die Placemats eingesammelt oder aber die Aufgaben, die bearbeitet werden, um sich zum Experten im Partnerpuzzle oder im Lerntempoduett zu qualifizieren, werden anschließend eingesammelt (zum Beispiel die Mindmaps oder Schaubilder oder Aufschriebe). In der Austauschphase können Fragen gestellt und Antworten ausgetauscht werden. Hier kann immer eine Gruppe abwechselnd bei der Arbeit mit Hilfe von Beobachtungsbögen beobachtet und dieser dann ausgewertet werden. In der Verarbeitungsphase können die Ergebnisse einzeln verschriftlicht werden und zum Beispiel in einem Portfolio dokumentiert, aber auch als Leistungskontrolle abgegeben werden. Dies kann Mindmaps, Strukturlegetechniken, aber auch Aufgabenbearbeitungen und dergleichen mehr umfassen.

Lernende können sich auch selbst beurteilen, zum Beispiel im Rahmen des Reflexionsprozesses. Hier könnten Leitfragen zur Beurteilung helfen:

- Wie gut wurde der Lerninhalt erklärt?
- Wie wurde der Lerninhalt veranschaulicht?
- Wie wurde mit Fragen umgegangen?
- Wie wurde der Lerninhalt in das Gesamtthema eingebettet?

Ebbens und Ettekoven (2011) benennen vier Möglichkeiten, wie ein Arbeitsergebnis beim kooperativen Lernen bewertet werden kann:

1. *Gruppennote:* Alle Gruppenmitglieder erhalten eine einheitliche Note. Dadurch wird die Zusammenarbeit gestärkt und die Motivation zur Kooperation erhöht.

Allerdings kann dadurch aber auch Streit in der Gruppe entstehen, wenn Lernende nicht mit Schwächeren oder Unmotivierten zusammen gehen wollen, weil sie eine schlechte Note befürchten. Außerdem ist es auch wichtig, dass das Ergebnis nicht von einzelnen Gruppenmitgliedern erbracht werden kann, sondern tatsächlich eine Gruppenleistung gefordert wird.

2. *Individuelle Note:* Jedes Gruppenmitglied erhält eine eigene individuelle Note. Hier ist es dann bedeutsam, dass klar erkennbar ist, wer welche Leistung erbracht hat und wie diese zustande kam. Die Gefahr könnte sein, dass die Lernenden nicht auf den Gruppenprozess achten, sondern nur auf das eigene Vorankommen und die eigene Leistung. So könnte in einer Gruppe sogar Konkurrenzdenken entstehen.
3. *Individuelle Note mit Bonuspunkten:* Es wird eine individuelle Note vergeben, aber auch das Gruppenergebnis wird einbezogen und hierfür werden Minus- oder Bonuspunkte verteilt. Somit werden die Möglichkeit 1 und 2 kombiniert, um die Nachteile auszugleichen.
4. *Gruppenbelohnung:* Es wird keine Note vergeben, sondern das Gruppenergebnis auf andere Art gewürdigt (Ausstellung, Feedback, Belohnungen in Form von weniger Hausaufgaben, Lesenacht durchführen…). Hierbei können die folgenden Fragen wichtige Aspekte der Analyse und Reflexion darstellen:
   - Wie läuft die Zusammenarbeit in der Gruppe?
   - Halten sich alle Mitglieder an die vereinbarten Regeln?
   - Findet eine Arbeitsteilung statt?
   - Kommen alle Lernenden zu Wort und können sich mit ihren Gedanken und Beiträgen einbringen?
   - Die Lernenden können ihren Gruppenlernprozess reflektieren und über Lerntagebücher, Portfolios oder Protokolle dokumentieren, wie sie den Prozess erlebt haben im Hinblick auf die eigene Rolle und die der anderen Gruppenmitglieder.
   - Beide Sichtweisen (Lehrperson und Gruppe) können dann als Grundlage eines Feedbackgesprächs genutzt werden. Hier wird die Zusammenarbeit und die Gemeinschaft in den Vordergrund gestellt und nicht die Leistungsbewertung. Der Gruppenlernprozess wird immer wieder analysiert und reflektiert und Konsequenzen für weitere Gruppenarbeiten daraus gezogen.

Wichtig bei allen Möglichkeiten sind die Transparenz, die Einbeziehung und das Mitspracherecht der Lernenden sowie genaue Bewertungsmaßstäbe und die Begründung der Beurteilung. Die verschiedenen Möglichkeiten können auch miteinander kombiniert werden. Oftmals ist es sinnvoller Lernberichte, Kompetenzraster oder Beobachtungsbögen einzusetzen als Zensuren zu vergeben. (Ebbens & Ettekoven, S. 94–104).

Um solche Bewertungen und Würdigungen durchzuführen ist es bedeutsam, vor Beginn des kooperativen Lernens, die Aufgaben zu verteilen und die Ziele genau zu benennen. Jedes einzelne Gruppenmitglied muss in der Lage sein, das Ergebnis präsentieren zu können und alle Lernenden müssen die gleichen Erfolgschancen haben: sich individuell in ihrem persönlichen Lernprozess zu verbessern.

Ebbens und Ettekoven (2011, S. 94) stellen sieben Fragen für Lehrkräfte im Zusammenhang von Leistungsrückmeldung in kooperativen Lernsettings:

- Worin liegt das Ziel der Reflexion?
- Was wird bewertet? Prozess, Produkt oder Präsentation?
- Wann wird bewertet?
- Wie lange und wie oft wird bewertet?
- Wer beurteilt?
- Wie wird bewertet und evaluiert?
- Was ist der Unterschied zwischen Bewerten und Evaluieren?

Diesen Fragen sollte man sich als Lehrperson stellen, bevor man in die Leistungsbewertung einsteigt.

Eine Note kann dann vergeben werden, wenn das Ergebnis/Produkt mit Hilfe eines Kriterienrasters möglichst objektiv bewertet werden kann. Das Ergebnis muss dabei diesen Kriterien, die vor Beginn der Gruppenarbeit besprochen und gemeinsam festgelegt wurden entsprechen. Idealerweise geben dann sowohl die Lernenden gegenseitig eine Bewertung ab (jede Gruppe wird von den anderen Gruppen bewertet) und die Lehrperson gibt ebenfalls für jede Gruppe eine Bewertung ab. Die Bewertung kann dann über eine verbale Rückmeldung erfolgen, über Punkte und auch über Noten. Idealerweise verknüpft man die Gruppenbewertung auch mit den individuellen Bewertungen in kooperativen Lernsettings.
Die kooperativen Lernmethoden sind in der Regel so angelegt, dass die Abhängigkeit und Verantwortlichkeit bereits innerhalb der Methoden vorgegeben ist.
Eine Gruppenleistung zu bewerten ist immer ein schwieriges Unterfangen. Da innerhalb der Gruppe ja auch individuell gelernt wird, ist es oftmals besser, nicht ein Gruppenprodukt zu bewerten, sondern anschließend eine individuelle Leistungsüberprüfung durchzuführen, wo die Arbeit der Gruppe mit einfließen kann. Gewährleistet muss dann aber sein, dass sich alle Lernenden die Inhalte gut aneignen konnten und keine nicht verantwortbaren Lücken entstanden sind. Somit ist eine Trennung von Lern- und Leistungssituation vorhanden. Die Gruppenmitglieder lernen gemeinsam und können anschließend ihre Leistung unter Beweis stellen.
Wünschenswert wäre hier, dass nicht nur die klassische Bewertung über Noten und Punkte genutzt wird, sondern dass Instrumente wie das Portfolio, Lerntagebücher und dergleichen mehr eine höhere Bedeutung gewinnen.

Abschließend kann festgestellt werden, dass eine Leistungsmessung in kooperativen Lernsettings notwendig ist. Damit dies insgesamt für kooperative Lernsettings möglich wird, müsste sich die klassische Notengebung in der Schule verändern und Raum für offenere Formen der Leistungsmessung geben.

**Ein Blick zurück**

Kooperative Lernsituationen erscheinen dann besonders günstig, wenn es um Problemlöseprozesse, um divergentes Denken oder um kreative Aufgaben geht. Im Allgemeinen sind alle Aufgaben für kooperative Bearbeitung geeignet, die keine eindeutigen Lösungen vorgeben, sondern bei denen es darauf ankommt, Meinungen auszutauschen, Informationen einzuholen oder Entscheidungen zu treffen. Kooperative Lernformen können aber auch eingesetzt werden, wenn es darum geht, zu üben oder Sachverhalte anzuwenden.

Außerdem helfen kooperative Lernprozesse, günstige Voraussetzungen zu schaffen, um Lernende zu einem Informationsaustausch zu ermutigen und um Meinungen anderer zu reflektieren oder in Frage zu stellen.

Hierfür muss die Lehrperson kooperatives Lernen genau planen und das Vorgehen transparent machen. Auch die Rolle der Lernenden muss klar definiert werden und diese müssen Strategien entwickeln und einüben, welche ihnen die Arbeit in kooperativen Lernsettings erleichtern. Lehrende und Lernende müssen sich schrittweise dem kooperativen Lernen annähern.

Auch in kooperativen Lernsettings werden Leistungen erbracht: auf der einen Seite eine Gruppenleistung, auf der anderen Seite aber auch eine individuelle Leistung. Dabei spielt sowohl der Prozess als auch das entstandene Ergebnis eine wesentliche Rolle. Wichtig ist, dass jede Leistung gewürdigt und ein Feedback dazu gegeben wird, nicht immer muss die Leistung beurteilt werden. Soll sie aber in eine Beurteilung einbezogen werden, dann muss vorab transparent gemacht werden, was und wie beurteilt wird und welche Auswirkungen die Beurteilung hat. Außerdem sollten Lehrende und Lernende in den Beurteilungsprozess einbezogen werden. ◀

**Anregungen zur Vertiefung, Vernetzung und Weiterarbeit**

(idealerweise arbeiten Sie mit einem Tandemparter/einer Tandempartnerin oder in eine Gruppe. Natürlich können die Anregungen auch alleine bearbeitet werden):

- Welche Voraussetzungen müssen Sie bei sich und bei Ihren Lernenden schaffen?
- Beobachten Sie sich und Ihre Lerngruppe in den nächsten Wochen. Überlegen Sie: Was können die Lernenden bereits, um miteinander sinnvoll zu kooperieren, was müssen Sie noch lernen?
- Füllen Sie hierzu den folgenden Arbeitsbogen aus:

*Klasse:* *Zeitpunkt:*

| Notwendige Fähigkeiten und Fertigkeiten | vorhanden | nicht vorhanden | Bemerkungen zum Einüben |
|---|---|---|---|
| | | | |
| | | | |
| | | | |
| | | | |
| | | | |
| | | | |
| | | | |

- Welche Fähigkeiten/Fertigkeiten möchten Sie erlernen/weiter ausbauen?

*Lehrer/Lehrerin:*

| Notwendige Fähigkeiten und Fertigkeiten | vorhanden | nicht vorhanden | Bemerkungen zum Einüben |
|---|---|---|---|
| | | | |
| | | | |
| | | | |
| | | | |
| | | | |

## Literaturtipps:

Borsch, F. (2019[3]). Kooperatives Lernen: Theorie, Anwendung, Wirksamkeit. Stuttgart: Kohlhammer.

Ebbens, S. & Ettekoven, S. (2011). Unterricht entwickeln. Band 2: Kooperatives Lernen. Baltmannsweiler: Schneider-Verlag

Nürnberger Projektgruppe: Erfolgreicher Gruppenunterricht. Praktische Anregungen für den Schulalltag. Stuttgart, Düsseldorf, Leipzig, 2001.

Wahl, D. (2020). Wirkungsvoll unterrichten in Schule, Hochschule und Erwachsenenbildung. Von der Organisation der Vorkenntnisse bis zur Anbahnung professionellen Handeln. Bad Heilbrunn: Klinkhardt.

# 4 Kooperatives Lernen: erste Schritte, einfache Formen

Viele Lehrende fühlen sich überfordert, kooperatives Lernen in ihren Klassen, Kursen oder Seminaren umzusetzen. Denn diese Lehr-Lernform setzt ein entsprechendes Methodenrepertoire und eine gute Wahrnehmungsfähigkeit voraus. Diese müssen sich die Lehrenden erst einmal selbst erwerben. Das kann dadurch geschehen, indem sich die Lehrenden schrittweise dem kooperativen Lernen annähern und mit einfachen Übungen und Methoden ins kooperative Lernen einsteigen.
Lernende müssen sowohl soziale Interaktionsprozesse als auch die Anforderungen an fachspezifische Aufgaben bewältigen. Kooperieren lernt man nur durch Kooperation, bei der die Lehrperson die Lernenden unterstützen kann. Kooperative Fähigkeiten sind sowohl Voraussetzung als auch Ziel des kooperativen Lernprozesses und müssen deshalb frühzeitig eingeübt und trainiert werden.
Auch ein wirksames Klassenmanagement ist entscheidend für das Gelingen kooperativen Lernens. Denn letztendlich bleibt die Lehrperson für das Gelingen des Unterrichts verantwortlich.

Das Kapitel beantwortet folgende Fragestellungen:

- Wie kann mit kooperativem Lernen begonnen werden?
- Welche Übungen aus dem Bereich der Kommunikation und Interaktion bieten sich zur Vorbereitung kooperativer Lernformen an?
- Welche Methoden können helfen für kooperatives Lernen benötigte Strategien aufzubauen?
- Welche einfachen kooperativen Formen können als Einstiegsmethoden genutzt werden?

**Advance Organizer**

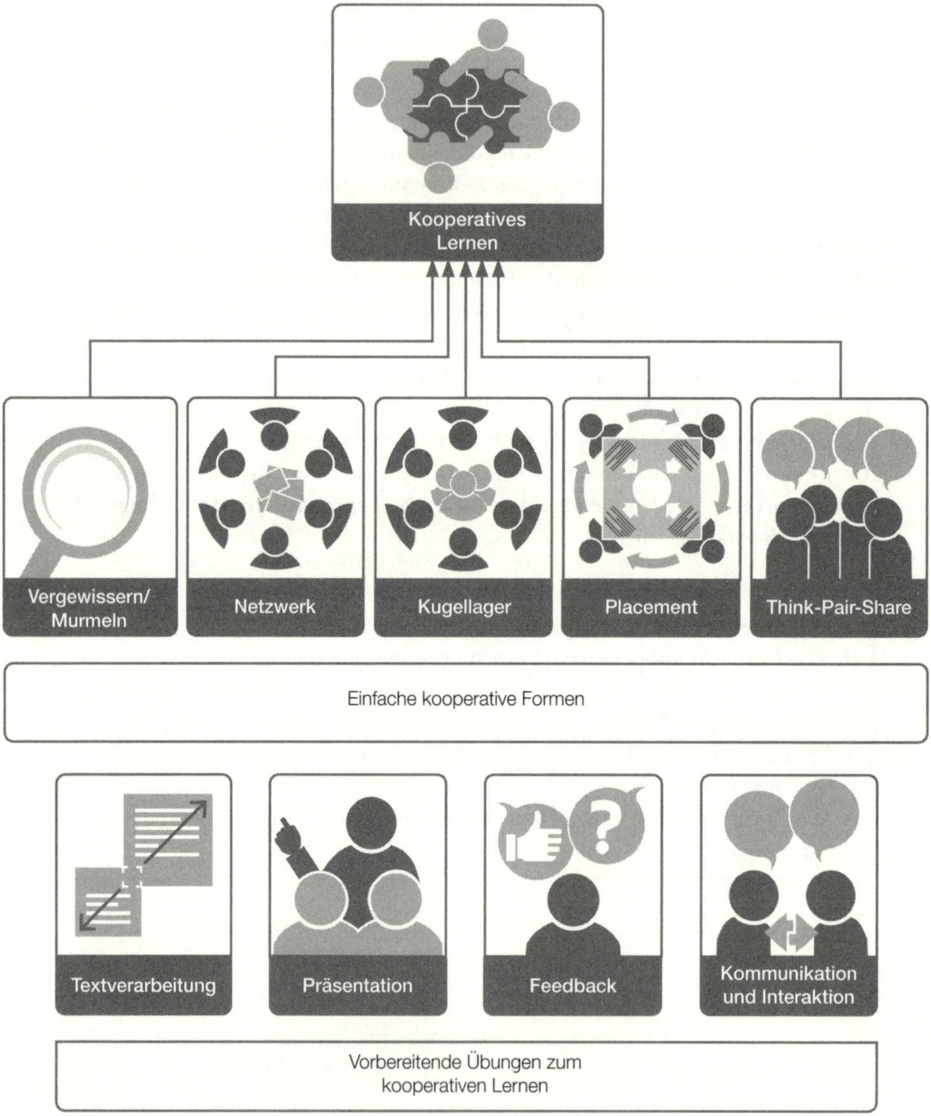

Kooperatives Lernen
Vergewissern/ Murmeln
Netzwerk
Kugellager
Placement
Think-Pair-Share
Einfache kooperative Formen
Textverarbeitung
Präsentation
Feedback
Kommunikation und Interaktion
Vorbereitende Übungen zum kooperativen Lernen

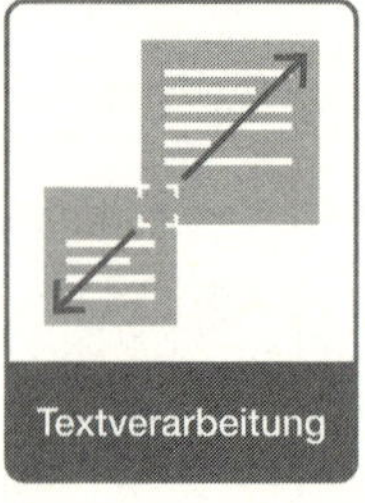

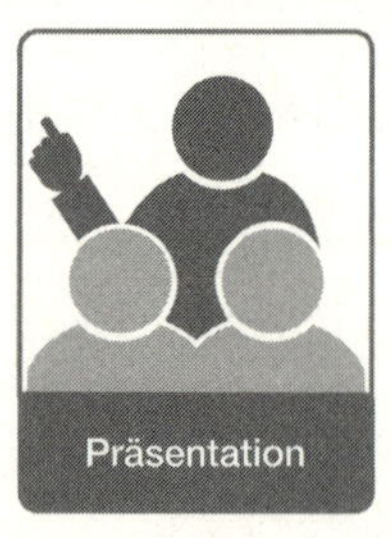

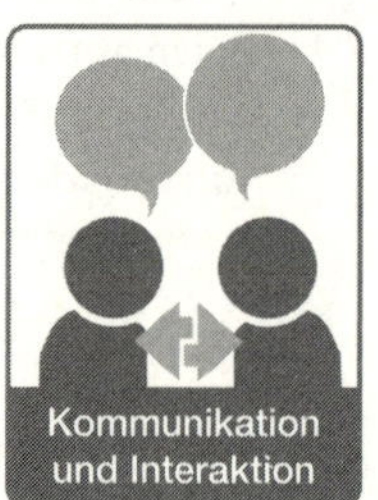

## 4.1 Einstieg in das kooperative Lernen

Übungsformen aus dem Bereich der Kommunikation und der Interaktion stimmen auf kooperatives Lernen ein. Sie fördern den Lernprozess der Kooperation, indem sie einzelne soziale und kommunikative Aspekte und Fertigkeiten einüben. Die Gruppe lernt aufeinander einzugehen, sich gegenseitig ernst zu nehmen, gemeinsam zum Erfolg zu kommen, aber auch sich besser kennen und verstehen. Interaktive Abläufe werden trainiert wie wechselseitiges Wahrnehmen oder gegenseitiges Zuhören. Auch zur Koordination von Handlungsabsichten sowie zu Fragen von Einfluss und Macht in Gruppen geben die nachfolgenden Übungen Hilfestellung. Deshalb sollten solche Vorübungen immer wieder in den Unterricht eingebaut werden. Dies gilt nicht nur für Schülerinnen und Schüler, sondern auch für Studierende und Lernende in der Erwachsenenbildung. Etwaige Schwierigkeiten im Umgang miteinander können überwunden, notwendige Fähigkeiten und Fertigkeiten erworben und dadurch ein positives Lernklima geschaffen werden.
Um die anspruchsvollen Zielsetzungen in Hinblick auf Motivation, Selbststeuerung, Sozialkompetenz und Lernerfolg zu erreichen, sind vorbereitende Schritte unerlässlich. Diese können durch tägliche Übungen über längere Zeit hin immer wieder praktiziert werden, bevor dann mit einfachen Formen und schließlich mit komplexeren Methoden kooperativen Lernens begonnen werden kann. Diese Übungen und Formen können inhaltlich in der Regel mit dem jeweiligen Curriculum verknüpft werden, so dass sie sich nahtlos in das Unterrichtsgeschehen integrieren lassen.
Kooperatives Lernen benötigt eine Vielzahl an grundlegenden kommunikativen und interaktiven sowie sozialen Fertigkeiten. Außerdem müssen Strategien für Informationsentnahme und den Austausch von Informationen entwickelt und gefestigt werden, da diese Strategien während des kooperativen Lernens vorhanden sein müssen, damit sie entsprechend angewandt werden können. Auch das Trainieren von Präsentationsmaßnahmen und das Geben von Feedback im Vorfeld sind notwendig, damit sie zielführend während und nach der kooperativen Lernphase genutzt werden können.
Für Lehrpersonen erscheint es ratsam, den Zeitrahmen zur Erarbeitung grundlegender Kompetenzen nicht zu knapp zu bemessen und frühzeitig damit zu beginnen. Dies gilt umso mehr, als gerade bei Lernenden, die bereits über Gruppenerfahrungen verfügen, Zweifel und Kritik und teilweise eine negative Konnotation gegenüber solchen Arbeitsformen überwiegen. Der TEAM-Gedanke (Toll ein Anderer macht's) kann die Motivation deutlich herabsetzen. Andere Vorbehalte richten sich auf die Dominanz einzelner Gruppenmitglieder, die das Gruppenleben in hohem Maße bestimmen. Durch eine behutsame Einführung und ständige Reflexion können solche Bedenken minimiert werden. Daher ist es auch besonders wichtig, ein positives und günstiges Lernklima zu schaffen. Zu diesem Zweck können Übungen eingesetzt

werden, die das Kennenlernen und die Interaktion erleichtern und die Entwicklung sozialer Kompetenzen fördern. Ebenso können Übungen zur Textverarbeitung und zur Präsentation von Ergebnissen genutzt werden.
Um Missverständnissen vorzubeugen: es geht nicht darum, dass zunächst alle Übungen durchlaufen werden müssen, um kooperatives Lernen einsetzen zu können. Die Übungen sollen als Unterstützung im kooperativen Lernprozess verstanden werden.
Grundlegend hierfür ist auch die Einhaltung von Gesprächsregeln, die als Normen in jedem Unterricht zu berücksichtigen sind, zum Beispiel: Genaues Zuhören, In der Ich-Person sprechen, Seitengespräche vermeiden, Es spricht immer nur eine Person usw.
Im Folgenden wird eine Auswahl an geeigneten Übungen vorgestellt, die an verschiedenen Stellen eines Unterrichts in Schule oder Erwachsenenbildung eingesetzt und über deren Ablauf anschließend reflektiert werden kann. Erworbene Techniken können dann wieder in kooperative Lernszenarien genutzt werden.

## 4.2 Übungen aus dem Bereich der Kommunikation und Interaktion

**Aquarium/Fishbowl**
Bei dieser Methode bilden drei bis vier Freiwillige eine Arbeitsgruppe. Sie setzen sich in die Mitte des Raumes (zwei Stühle werden zusätzlich dazu gestellt) und die anderen Lernenden stellen oder setzen sich um diese Lerngruppe herum. Die Arbeitsgruppe erhält eine Aufgabe, die sie mit Hilfe einer kooperativen Methode lösen soll (zum Beispiel als Gruppeninterview oder Gruppenpuzzle, Kleingruppenprojekt …). Die Methode kann vorgegeben oder aber, wenn die Lerngruppe insgesamt im kooperativen Lernen schon weiter fortgeschritten ist, auch frei gewählt werden. Die Arbeitsgruppe wird bei ihrer kooperativen Methode von den Außenstehenden beobachtet. Diese sollen darauf achten, wie die Gruppe miteinander agiert und was gut, bzw. was weniger gut gelingt. Die Außenstehenden haben die Möglichkeit auf zweifache Weise sich in die Arbeitsgruppe einzubringen: Sie können einen der freien Stühle besetzen, um inhaltlich mitzuarbeiten (es dürfen aber nur freie Stühle besetzt werden; Mitglieder der Arbeitsgruppe können diese dann verlassen, wenn ein Außenstehender den Platz einnimmt) oder aber mit Hilfe eines Stoppkärtchens von außen anzeigen, dass sie zum Ablauf etwas anzumerken haben, z. Bsp., ob die Gesprächsregeln eingehalten werden, wie das Klima in der Gruppe ist, wie das Thema angegangen wird und wie miteinander umgegangen wird. Damit ist das Gespräch der Arbeitsgruppe unterbrochen und alle erörtern gemeinsam diesen Einwand. Im ersten Fall arbeiten sie inhaltlich mit, im zweiten Fall sind sie für den Ablauf des kooperativen Lernens verantwortlich, nicht für den inhaltlichen Bereich. Das Aquarium bietet den Lernenden die Möglichkeit, sich gegenseitig in

kooperativem Lernen zu unterstützen. Es stellt eine gute Methode zum Trainieren kooperativer Fertigkeiten dar. Außerdem kommt Kritik nicht nur von der Lehrperson, sondern auch von anderen Gruppenmitgliedern. Auf diese Weise eröffnen sich Gelegenheiten zur praktischen Übung vielfältiger Formen kooperativen Lernens.
Die Arbeitsgruppe sollte nach einer gewissen Zeit wechseln, damit die Mitglieder der Gruppe nicht zu starker Kritik ausgesetzt werden.
Aufgabe der Lehrperson ist es, deutlich zu machen, dass einzelnen Personen der Arbeitsgruppe Kritik nicht persönlich aufnehmen dürfen; es geht vielmehr darum, sich gemeinsam Kompetenzen für kooperatives Lernen zu erwerben.

**Brainstorming**

Das Brainstorming fordert dazu auf, sich spontan zu äußern, wenn die Gedanken auch noch unausgereift sind. Es lässt widersprüchliche Aussagen und Meinungen zu. Dadurch kommen zahlreiche Ideen zusammen. Das Brainstorming fördert den Teamgeist, da eine Idee Anstoß für weitere Ideen sein kann. So motivieren sich die Lernenden gegenseitig. Die Aufgabe der Gruppe besteht darin, Ideen oder Problemlösungen zu einem bestimmten vorgegebenen Sachverhalt zusammenzustellen. Für das Brainstorming sollte ein Zeitrahmen vorgegeben sein. Zunächst sind alle Ideen zugelassen, Kritik oder Bemerkungen sind verboten. Auf die Gedanken des Vorredners darf man aber eingehen. Die Ideen werden an der Tafel oder auf einem Blatt Papier gesammelt und anschließend von den Teilnehmern diskutiert.
Das Brainstorming ist häufig als Grundlage für eine weitere Teamarbeit einsetzbar. Außerdem hilft es, eine vertrauensvolle Atmosphäre zu schaffen, da sich alle frei äußern können, ohne negativer Kritik ausgesetzt zu sein.
Das Brainstorming mag Gruppenarbeit vorausgehen, das Thema vorbereiten, aber auch die Arbeit begleiten.
Brainstorming ist eine häufig und erfolgreich erprobte Methode zur kreativen Lösung von Alltagsproblemen. Im Kontext von Schule, Hochschule und Erwachsenenbildung, die üblicherweise kreative Aktivitäten propagieren, aber in der Praxis wenig zu deren Unterstützung beitragen, ist diese Methode – speziell im Kontext von Projekten und offenen Problemstellungen – sinnvoll anwendbar.
Bei der Anwendung erweist es sich als vorteilhaft, dass das Brainstorming einfach zu erlernen ist und Spaß bereitet. Die Methode ist auf viele praktische Probleme übertragbar; eine technische Vorbereitung ist nicht erforderlich. Beachtet man die genannten Regeln, braucht niemand Angst zu haben, sich zu blamieren oder kritisiert zu werden.

**Einwandbehandlung**

Bei dieser Übung wird die Argumentationsfähigkeit und das flexible Denken erprobt. Es kommt aus dem Umfeld der Schulung von Außendienstmitarbeitern in der freien Wirtschaft.

Die Großgruppe wird in zwei oder vier Kleingruppen geteilt. Im Stil von Pro und Contra wird über ein gegebenes Thema diskutiert. Dies kann am Anfang nach einer bestimmten Reihenfolge A-B-C-D, später spontan erfolgen. Auf die Argumente sollten stets passende Gegenargumente oder der prinzipielle Schwenk (auf einen anderen Einwand) erfolgen.
Eine dritte Kleingruppe – die Schiedsrichter – können abschließend ein Statement abgeben, Argumentationsvorschläge machen und eine Kleingruppe als Sieger küren.
Diese Übung lässt sich gerade bei solchen Schwerpunkten gut einsetzen, die philosophische Hintergründe, ethische Probleme oder einen fachlich strittigen Charakter haben.
*Variationen:*
Die Contra-Gruppe hat einige Minuten, um die Argumente zu prüfen und sie inhaltlich treffend sowie sprachlich klar zu entwerten. Dieselbe Zeit wird anschließend für das Pro zugestanden.
Um die Methode zu üben, kann der Sinn der Argumentation zugunsten der Rede reduziert werden. Dazu werden unsinnige oder sinnleere Thesen ausgegeben, die dann entkräftet werden müssen.

**Figuren zeichnen**
Beim ‚Gemeinsam Figuren zeichnen' bilden die Lernenden Zweierteams. Ein Paar erhält ein einfaches Bild, das andere ein leeres Blatt Papier. Das Paar mit dem Bild muss erklären, was es sieht, während das andere Paar auf der Basis der mündlichen Informationen das Bild malt. Das Paar mit dem Bild kann das Gemälde nicht sehen und damit auch nicht korrigierend eingreifen. Rückfragen sind nicht gestattet. Ist die Zeichnung fertig, setzen sich beide Paare zusammen und vergleichen das gemalte Bild mit dem Original.
Dank dieser Methode lernt man genau zu erklären und zu beschreiben. Die Mitglieder können vergleichen, wie das, was sie erklärt und beschrieben haben, von den anderen aufgenommen und bildlich wiedergegeben wurde. Dadurch wird bewusstgemacht, wie wichtig genaues Erklären und Beschreiben für das gemeinsame Arbeiten ist. Außerdem müssen die Lernenden sich vertrauen. Sie sehen das Original bzw. die ‚Kopie' nicht, müssen sich aber darauf verlassen, dass das andere Paar ihnen zutreffende Sachverhalte berichtet bzw. berichtete Sachverhalte richtig umsetzt. In diesem Sinne der Metareflexion kann diese Methode auch bei Erwachsenen gut eingesetzt werden.

**Gemeinsam zeichnen**
Bei dieser Partnerübung erhalten zwei Lernende ein Blatt Papier und einen Stift. Sie müssen gemeinsam diesen Stift halten. Die Lehrperson gibt ein bestimmtes Motiv vor (malt einen Zoo, einen Hund…), welches dieses Tandem dann umsetzt, ohne

dass darüber gesprochen werden darf, was und in welcher Reihenfolge zu zeichnen sei. Auch auf mimische und gestische Verständigungen wird verzichtet.
Nach Fertigstellung des Bildes (ca. 5 Minuten) tauschen sich die beiden Personen über ihr „Kunstwerk" aus und reflektieren ihr Verhalten während des Malprozesses. Es wird überlegt, wer wann die Führung übernommen hat, wie lange dies dauerte, bis der Wechsel kam und wie beide am Entscheidungsprozess zur Erstellung des Bildes beteiligt waren.
Diese Übung kann dadurch noch erschwert werden, dass gar kein Motiv vorgegeben wird und die Paare sich ohne Sprache, Mimik und Gestik einzusetzen, auf einen gemeinsamen Malprozess einlassen müssen.
*Variante:*
Die Tandems halten den Stift nicht gemeinsam, sondern sie malen nacheinander. Jede Person darf ein Segment malen, dann muss der Stift der anderen Person übergeben werden. Diese malt dann wieder ein Segment, das an das andere anknüpfen, aber auch an anderer Stelle angebracht werden kann. So geht der Malprozess voran, ohne dass eine Kommunikation stattfindet.
Danach wird das Bild betrachtet und über den Entstehungsprozess gemeinsam reflektiert.
Solche Übungen verdeutlichen die Notwendigkeit von Absprachen, wenn ein gemeinsames Produkt entstehen soll. Wenn dies auch ohne Verständigung gelingt, dann meist deshalb, weil eine Person die Führung übernommen oder beide ihr Ziel kooperationslos verfolgt haben. Bei echter Kooperation müsste dank dieser Übungen der Sinn für gemeinsame Absprachen und „das Ziehen an einem Strang" bewusst zu illustrieren sein.

**Gezeichneter Steckbrief**
Diese Übung dient vor allem dem Kennenlernen und wird eher zu Beginn eines Unterrichts oder Kurses eingesetzt.
Die Lernenden zeichnen einige ihrer Hobbys und (Freizeit-)Interessen auf ein Blatt Papier. Sie gestalten einen Steckbrief, der in Form einer Zeichnung ohne Schrift entsteht. Nach Fertigstellung gehen sie im Raum umher und zeigen möglichst vielen anderen Lernenden ihren Steckbrief und erraten die Interessen und Hobbys des jeweiligen Gegenübers. Diese Übung hilft die Hemmschwelle abzubauen, aufeinander zuzugehen und miteinander ins Gespräch zu kommen.
Die Erstellung des Steckbriefs ist zeitaufwändig, lässt die Lernenden aber schnell und unkompliziert ins Gespräch kommen und trägt zu einem schnellen Kennenlernen bei.
Außerdem entdecken die Lernenden Gemeinsamkeiten bei Hobbys, was Kontakte und Freundschaften fördern kann und ein positives Lernklima erzeugt. Bei Lernenden, die sich noch nicht kennen, kann man auch den Namen zeichnerisch darstellen und vom Gegenüber erraten lassen.

**Gruppenbeobachtungstraining**

Ziel dieser Übung ist es, Gruppeninteraktionen genau zu beobachten und über diese Informationen Feedback zu geben. Hierbei wird die Lerngruppe in zwei gleich große Gruppen geteilt. Eine Gruppe setzt sich in die Mitte und bildet die Arbeitsgruppe, die andere die Beobachtergruppe. Die Gruppe in der Mitte spricht über ein bestimmtes Thema, die Beobachtergruppe beobachtet frei und notiert sich Bemerkungen. Die Arbeitsgruppe spricht ungefähr dreißig Minuten. Solange darf die Beobachtergruppe keinen Kommentar abgeben.

Anschließend erfolgt die Auswertung im Kreisgespräch.

Dieser Übung sollte unbedingt die Erarbeitung von Gesprächsregeln vorausgehen, damit die Beobachtergruppe Hilfe bei ihrer Aufgabe erhält und sie muss genau erklärt werden, da sie recht komplex ist.

**Ideensalat**

Der Ideensalat ähnelt im Kern dem Brainstorming. Auch hier wird davon ausgegangen, dass mehr Ideen und Informationen zusammengetragen werden, wenn zunächst alle ihre Gedanken äußern. Dies geschieht ohne jegliche Bewertung durch andere Lernende. Da die schriftliche Ideensammlung Ausgangspunkt vieler Gespräche sein kann, trägt der Ideensalat zum einen dazu bei, Lösungsmöglichkeiten für schwierige und komplexe Probleme zu sammeln; zum anderen ermöglicht es diese Methode, das Wissen aller Lernenden zu bestimmten Sachverhalten und Wissensbereichen zu erfassen.

Wie alle Varianten des Brainstormings ist der Ideensalat zu Beginn einer Lernsequenz einsetzbar, um das Vorwissen zu erfassen oder am Ende, um den Lernerfolg zu überprüfen. Nicht geeignet ist der Ideensalat bei sehr großen Gruppen, da dann die Auswertung der schriftlichen Äußerungen kaum mehr möglich ist. Hier sollte man entweder andere Verfahren heranziehen oder aber die Großgruppe in mehrere kleinere Gruppen unterteilen, die den Ideensalat jeweils separat durchführen.

Der Ideensalat besteht aus drei Phasen:

1. In der ersten Phase erhält jedes Gruppenmitglied ein leeres Blatt, das in mehrere gleich große Abschnitte unterteilt ist. Es müssen so viele Abschnitte sein wie Impulse oder Fragen gestellt werden. Zu jedem Impuls/jeder Frage schreiben die Lernenden ihre Einfälle, Lösungsvorschläge, Ideen, Wünsche oder Vorstellungen auf. Dabei ist vorgegeben, welcher Abschnitt des Blattes welcher Frage/welchem Impuls gewidmet ist. Die Blätter werden dann aufeinandergelegt und so geschnitten, dass die Abschnitte mit den Einfällen zu Impuls A auf einem Stapel liegen, die Abschnitte mit Einfällen zu Impuls B auf einem zweiten Stapel.
2. In einer zweiten Phase bilden die Lernenden Kleingruppen. Jede Gruppe übernimmt einen Stapel zur Bearbeitung. So werden zum Beispiel Doppelnennungen aussortiert oder die Einfälle systematisch geordnet und geclustert und entsprechend dokumentiert.

3. In einer dritten Phase stellen die Kleingruppen die Ergebnisse vor. Danach kann eine Diskussion über einzelne Vorschläge oder Wünsche erfolgen. Da diese Ideen schriftlich vorliegen, sind sie weitgehend anonym, so dass sich über einzelne Aspekte leichter diskutieren lässt.

Um die erste Phase zu vereinfachen, kann man bereits zugeschnittene, verschieden farbige Kärtchen austeilen; jeder Lernende erhält je ein Kärtchen pro Farbe. Die Anzahl der Farben entspricht genau der Anzahl vorhandener Fragen/Impulse. Die Lehrperson legt fest, welche Farbe welchen Impuls bzw. welche Frage repräsentiert. Am Ende der Brainstorming-Phase werden nun die Kärtchen nach ihrer Farbe eingesammelt und in der zweiten Phase auf die Kleingruppen verteilt. Der Vorteil des Verfahrens: Das Zerschneiden der Blätter entfällt, was die Organisation des Ideensalats erleichtert.
Aufgrund der ersten Phase erhalten die Lernenden die Möglichkeit, ihr Wissen und ihre Einfälle zu intensivieren und sie in Worte zu fassen. In der zweiten Phase sind sie selbst an der Ordnung, Systematisierung und Kategorisierung beteiligt, so dass sie sich als aktive Personen erleben. Infolgedessen nimmt in der Regel auch die Motivation zu, die Ergebnisse zu ordnen und vorzutragen. In dieser Phase wird überwiegend kooperativ gearbeitet. Das Vorgehen in der Kleingruppe muss gemeinsam abgestimmt sein, eine Einigung auf die Art der Ordnung und die Vorstellung der Ergebnisse ist unabdingbar. Mehr noch als in der zweiten Phase stehen Austausch und Diskussion im Zentrum. Die einzelnen Kleingruppen müssen ihre Ergebnisse gegenseitig vorstellen und auf Fragen eingehen. Meist schließen sich daran auch vertiefende Gespräche und Diskussionen an.

**Kontrollierter Dialog**

Bei dieser Übung teilt sich die Großgruppe in verschiedene Dreiergruppen auf. Person A und Person B führen ca. fünf Minuten lang ein Gespräch über ein vorgegebenes oder selbstgewähltes Thema. Person C beobachtet das Gespräch. Dabei gilt folgende Gesprächsregel: A beginnt mit einer Äußerung, B wiederholt diese mit eigenen Worten und fragt A kurz, ob zutreffend wiederholt wurde. Dann antwortet B mit seinem Gesprächsbeitrag und A wiederholt. C äußert nach ungefähr fünf Minuten seine Eindrücke. Anschließend wird eine Rollenrotation vorgenommen. Alle Teilnehmer nehmen alle Rollen einmal ein.
Diese Übung schult das konzentrierte Zuhören und korrekte Wiedergeben von Inhalten. Die Teilnehmer sollen lernen, ihre Wahrnehmungen durch Wiederholungen von Gesprächsinhalten zu stärken. Sie üben, eigene Argumente erst nach korrekter Kenntnisnahme von Gegenargumenten zu äußern. Diese Übung fällt nicht nur Schülerinnen und Schülern schwer, sondern auch Studierenden oder Erwachsenen. Sie öffnet so manchem die Augen, was bei einer Aussage alles missverstanden wird oder nur halb verstanden wiedergegeben wird.

**Lügenpantomime**
Die Teilnehmer sitzen im Halbkreis. Eine Person spielt eine eindeutige Handlung oder eine berufliche Tätigkeit vor. Die Person links daneben fragt, was sie denn da tue. Daraufhin bricht sie ihre Tätigkeit ab und antwortet mit einer Lüge, nennt also eine ganz andere Tätigkeit oder Handlung. Die Person, welche gefragt hat, muss nun diese Lüge darstellen, bis die nächste Person wieder fragt.
Dieses Spiel regt die Kreativität an und sorgt für eine aufgelockerte Atmosphäre. Im Spiel können die Teilnehmer die Hemmschwelle des ‚Etwas-Vormachen-Müssens' leichter überwinden, was ihnen auch Vorteile beim späteren kooperativen Lernen verschafft. Sie lernen sich selbst zu präsentieren, sind dabei aber in einer vorgegebenen Rolle und können nichts falsch machen, da ja nicht wirklich erraten werden muss, was da jemand vormacht, sondern eben eine Lüge aufgetischt wird. Außerdem wird auch der Blick auf Mimik und Gestik geschult und in einer Metareflexion kann die Bedeutung der nonverbalen Kommunikation nochmals angesprochen und vertieft werden. Bei größeren Gruppen bietet sich eine Aufteilung in mehrere Kleingruppen an, so dass alle mitspielen können.

**Methode 66**
Die Methode 66 ist eine Kommunikations- und Kooperationsmethode, zugleich stellt sie eine methodische Variante der Kleingruppenarbeit dar und dient dort vor allem der kurzzeitigen Aktivierung aller Lernenden. Drei Phasen lassen sich unterscheiden:

1. In einer ersten Phase werden Kleingruppen gebildet. Bei der Methode 66 treffen sich sechs Lernende für sechs Minuten an einem festgelegten Ort im Gruppenraum. Dort sprechen sie über ein von der Lehrperson festgelegtes Thema (Welches Thema wollen wir in der nächsten Stunde behandeln? Was müssen wir beachten, wenn wir miteinander diskutieren wollen? Welche FIS-Regeln beim Skifahren fallen uns ein?). Diese Phase ähnelt einem Bienenkorb. Im Anschluss daran wird über das Thema im Plenum weiter diskutiert.
2. Die Gruppen erhalten dann in einer zweiten Phase eine bestimmte Aufgabenstellung, z. B. eine Frage zu einem Problem (Wo können die Schüler im Unterricht mehr Verantwortung übernehmen?). Die Kleingruppe hat nun sechs Minuten Zeit, um über die Fragestellung zu reden und Lösungsvorschläge zu erarbeiten. Eines der Gruppenmitglieder hält das Ergebnis fest.
3. In einer dritten Phase versammeln sich die Kleingruppen wieder im Plenum, und ein Gruppenmitglied trägt jeweils die Ergebnisse vor. Anschließend werden die Ergebnisse zusammengefasst und weiter diskutiert. Ein Vorteil der Methode 66 liegt darin, dass ohne hohen organisatorischen Aufwand von der Plenumsphase in die Kleingruppenphase (eigentliche Methode 66) und wieder zurück gewechselt werden kann.

Die Methode 66 weist zwei Zielkategorien auf: Zum einen handelt es sich um kommunikative Ziele, da die Lernenden schnell zum Reden motiviert und aktiviert sind. Da die Ergebnisse der Methode 66 für weitere Lernprozesse nutzbar

sind, können die Lernenden über solche Lernprozesse mitbestimmen. Außerdem kommen die Lernenden schnell miteinander ins Gespräch und lernen sich in der Kleingruppe besser kennen. Bei der inhaltlichen Zielsetzung steht der Erfahrungs- und Meinungsaustausch an oberster Stelle. Mit der Methode 66 lässt sich innerhalb kurzer Zeit ein Meinungsbild erstellen oder die zu einer Fragestellung oder einem Problem vorhandenen Vorkenntnisse erkunden.
Darüber hinaus lassen sich Entscheidungen vorbereiten oder anbahnen. Die Methode 66 bietet allen Lernenden die Chance, sich zu vergewissern, wie andere Lernende über eine Sache denken. Dergestalt lässt sich die Hemmschwelle, sich selbst zu einem Sachverhalt zu äußern, viel leichter überwinden.
Der Einsatz der Methode 66 bietet sich auch an, wenn es darum geht, nach einem Lehrervortrag Diskussionsmöglichkeiten abzustecken oder Rückmeldungen über eine Unterrichtseinheit zu erfragen.

**Reporterspiel**
Die Lernenden erhalten eine Frage, die zunächst jede Person für sich beantwortet. Nachdem alle Lernenden Antworten auf ihre Fragen gefunden haben, gehen sie als ‚Reporter' im Raum umher. Jeder „Reporter" stellt einem anderen ‚seine' Frage, die dieser dann zu beantworten versucht. Der Fragesteller ergänzt die Antwort. Dann stellt der Befragte seine Frage und erhält ebenfalls eine Antwort, die er zu ergänzen hat. Nachdem sich diese beiden Reporter ausgetauscht haben, suchen sie sich wieder neue Interviewpartner.
Eine entsprechende Anweisung könnte etwa lauten:

> Versuche zunächst die untenstehende Frage zu beantworten. Gehe dann im Raum umher und stelle diese Frage möglichst vielen Gesprächspartnern. Ergänze dabei in einem kurzen Austausch deine eigene Antwort. Setze dich anschließend mit jenen Interviewern zusammen, die die gleiche Frage gestellt haben und ordne deine neu gewonnenen Informationen.

Bei dieser Übung kommen die Lernenden miteinander in Kontakt und können sich über bestimmte Sachverhalte austauschen. Da auch hier Kompetenzen des kooperativen Lernens gefordert und gefördert werden, eignet sich diese Übung für das Training kooperativer Fertigkeiten, insbesondere der Interviewtechniken.

**„Richtig oder falsch"**
Diese in Quizform ablaufende Kooperationsübung verlangt von den Lernenden, sich an Gruppenregeln zu halten und miteinander zu arbeiten. Als Materialien wird eine beliebige altersentsprechende Geschichte benötigt, Fragen zu dieser Geschichte, die mit „richtig" oder „falsch" zu beantworten sind und vorgefertigte Antwortkarten für die einzelnen Gruppen.
Die Gruppen werden nach dem Zufallsprinzip zusammengesetzt. Die Gruppenmitglieder ordnen sich dann Zahlen von 1–4 zu. Auf die Regeln für Gruppenarbeiten sollte hingewiesen werden (leise reden, miteinander arbeiten, einander ausreden lassen, alle einbeziehen).

Die Lehrperson liest eine Geschichte oder eine Story vor. Die Lernenden hören aufmerksam zu. Anschließend formuliert die Lehrperson Aussagen zu dieser Geschichte, die teilweise richtig oder falsch sind. Die erste Aussage wird vorgelesen. Die Gruppenmitglieder beraten, ob diese Aussage richtig oder falsch sei. Die Lehrperson ruft nach einer vorher vereinbarten Zeit eine der Zahlen 1–4 auf. Das Gruppenmitglied, dem diese Zahl zugeordnet wurde, erhebt sich, so dass aus jeder Gruppe ein Mitglied steht. Jetzt herrscht Sprechverbot. Das stehende Gruppenmitglied nimmt die Antwortkarte zur Hand und zeigt der Lehrperson die Antwort an, auf die sich die Gruppe geeinigt hat. Die Lehrperson notiert die Ergebnisse, weist den Gruppen, welche die richtige Antwort gegeben haben, einen Punkt zu und verkündet das richtige Ergebnis. So wird auch mit den weiteren Aussagen verfahren. Die Gruppe, welche die meisten Punkte erobern konnte, hat gewonnen. Da der Verkünder der Antwort nach dem Zufallsprinzip ausgewählt wurde, müssen alle Gruppenmitglieder über das Ergebnis der Gruppendiskussion Bescheid wissen. Dies kann insofern erweitert werden, als dieses Gruppenmitglied die gegebene Antwort der Gruppe begründen muss. Da sich die anderen Gruppenmitglieder ruhig verhalten müssen, wollen sie nicht ihren Punktestand verlieren, muss wirklich jedes Gruppenmitglied über die Diskussion Bescheid wissen. So sind alle Gruppenmitglieder in den Gruppenprozess involviert.

Die Aufgabenstellungen mögen schwieriger ausfallen, etwa indem nicht nur Aussagen zum Text formuliert, sondern zum Beispiel auch komplexere Begriffe definiert werden und die Lernenden entscheiden müssen, ob diese Begriffe richtig erklärt wurden. Die Texte dürfen in der Sekundarstufe auch in Englisch sein. Es gibt also durchaus Differenzierungsmöglichkeiten, durch die Auswahl des Textes und die Art der Aussagen, die bestätigt werden müssen.

Eine weitere Variante liegt darin, dass sich jede Gruppe selbst einen Text sucht, dazu Fragen oder Aussagen formuliert und diese dann den anderen Gruppen unterbreitet. So wird jede Gruppe einmal selbst zum Quizmaster. Diese Übung hilft dabei, die Rolle als Experte zu übernehmen, was in den Methoden des Lernens durch wechselseitiges Lehren wichtig sein wird.

**Vierecken-Methode**

Die Vierecken-Methode dient der Bildung homogener Gruppen. Grundlage dafür sind spezifische Einstellungen oder gemeinsame Interessen. Es werden vier verschiedene, möglichst konträre Einstellungen, Meinungen oder Thesen formuliert, diese von der Lehrperson auf Plakate geschrieben und je ein Plakat in je eine Ecke des Raumes gehängt. Zu Beginn der Gruppenbildung stellt diese sicher, dass die vier möglichen Optionen von allen Lernenden verstanden werden. Visuelle Hilfen wie etwa Poster können die Entscheidung wesentlich erleichtern und Missverständnissen vorbeugen. Vor der Entscheidung für eine bestimmte Ecke ist es sinnvoll, den Lernenden eine angemessene Bedenkzeit einzuräumen. Dann entscheiden sich die Lernenden, welcher These, Meinung oder Einstellung sie sich anschließen wollen und begeben sich in die entsprechende Ecke. Die neu gebildeten homogenen Gruppen werden anschließend angeregt, die gewählten Inhalte oder Themen zu diskutieren. Nachdem ein Konsens erreicht ist, bittet die Lehrperson die Personen jeder Ecke, wichtige Thesen oder Erkenntnisse der Gesamtgruppe mitzuteilen. In einem weiteren Schritt kann es sich anbieten, aus den homogenen Gruppen neue, heterogene Gruppen zu formieren, die für eine bestimmte Zeitdauer zusammenarbeiten. In diesen Teams sollten Aktivitäten der Problemlösung im Zentrum stehen, die es den Lernenden gestatten, ihre Meinungen oder ihr Expertenwissen einzubringen.

**Was mein Name über mich erzählt**
Diese Übung kann in die Kategorie des Kennenlernens eingeordnet werden. Sie trägt zu einem positiven Lernklima bei und fördert die Interaktion untereinander. Die Lernenden finden sich zu Paaren zusammen. Jeder stellt seinem Gegenüber den eigenen Namen so vor, dass er zu jedem Buchstaben irgendein Wort mitteilt, das in irgendeiner Weise bedeutsam für diese Person ist. Dabei sind die Personen in der Wahl der Wörter völlig frei (es sind also auch Städte, Länder, Berge, Flüsse, Eigennamen usw. gültig).
So könnte sich Jasmin so vorstellen:

> „Ich esse für mein Leben gerne *Joghurt*. Am liebsten mag ich Himbeerjoghurt. Mein Lieblingsmann heißt *Andreas*. Wir kennen uns schon seit fünf Jahren. *Spielen* ist für mich nicht nur eine reine Freizeitbeschäftigung. Vor *Mitternacht* gehe ich kaum einmal ins Bett. Als Kind habe ich mir immer gewünscht, in *Italien* zu leben. Ein Essen ohne *Nachtisch* ist für mich wie Schifffahren ohne Wasser.“

Wie ausführlich sich die Person vorstellt, bleibt ihr selbst überlassen. Die Minimalversion besteht im Nennen der einzelnen Worte. Nach kurzer Zeit erfolgt ein Partnerwechsel. Nach drei bis viermaligem Wechsel endet die Vorstellungsrunde.
In Gruppen, die sich untereinander schon gut kennen, kann dieses Spiel auch eingesetzt werden. In diesem Fall können die Stichwörter z. B. für eine andere Person erstellt werden.

## 4.3 Textverarbeitungs- und Präsentationsmethoden

### 4.3.1 Präsentationsmethoden

**Markt der Möglichkeiten**
Zur Präsentation der Ergebnisse richten die Lernenden einen Infostand ein, an dem sie ihre Teilergebnisse eines Gruppenarbeitsthemas präsentieren. Am Informationsstand können die Ergebnisse ganz unterschiedlich dargestellt werden: es können zum Beispiel Arbeitsblätter vorgestellt, Flyer entwickelt oder auch kurze Referatsteile vorbereitet werden. Illustrationen, Grafiken und Fotos können die Informationen vervollständigen. Die Gruppen bestimmen jeweils einen oder mehrere Sprecher, die die Ergebnisse kurz vorstellen und Fragen beantworten. Die übrigen Lernenden gehen auf dem „Markt“ umher, informieren sich an den Ständen und geben den einzelnen

Gruppen Feedback. Der Markt der Möglichkeiten kann innerhalb einer Lerngruppe, eines Seminars, einer Klasse oder auch einer gesamten Schule stattfinden. Er bietet sich auch bei der Vorstellung von Ergebnissen in der Öffentlichkeit an.

**Museumsrundgang**

Wie in einem Museum werden die Ergebnisse oder Teilergebnisse einer Arbeit (Gruppenarbeit) ausgestellt und illustriert. Die Ergebnisse werden im Raum aufgestellt bzw. aufgehängt (Plakat, Thesenpapier, Schaubild usw.). Die Lernenden gehen im Raum von Ergebnis zu Ergebnis und betrachten diese. Anschließend nehmen die Lernenden kurz Stellung zu den Ergebnissen, richten an die jeweiligen Expertinnen und Experten (die das Ergebnis erstellt haben) Fragen und diskutieren die Antworten. Möglich ist auch, dass bei jedem Plakat ein Mitglied der Gruppe da ist, der den Vorbeilaufenden Frage und Antwort steht und nach jeweils einem Turnus ausgewechselt wird, so dass alle Gruppenmitglieder einmal Experte am Platz sind und einmal als Zuschauer den Museumsrundgang durchlaufen. Die Lehrperson durchläuft ebenfalls als Zuschauer/Zuhörer den Museumsrundgang. Alle Zuhörer machen sich Notizen, was die Experten erklären. Diese Notizen können im Besucherraum auch verglichen werden. Auch hier kann sich die Lehrperson einschalten und sich die Notizen zeigen lassen. Es werden auch komplexere Ergebnisse im Museumsrundgang der Klasse präsentiert. Danach kann entschieden werden, ob die Ergebnisse weiter zu einer Vernissage ausgebaut und anderen zur Verfügung gestellt werden sollen.

**Vernissage**

Das Ziel einer Vernissage ist, dem Betrachter etwas mitzuteilen, ihm einen umfassenden Einblick in ein Thema zu geben. Dazu muss er durch die Ausstellung geleitet werden, aber nicht die Lernenden selbst leiten, sondern die Ausstellung soll so konzipiert sein, dass diese selbst den Betrachter führt. Wichtige Dinge sollten auch als solche erkennbar sein und ins Auge springen. Die Auswahl und Anordnung der Objekte will also gut überlegt sein. Die Lernenden erstellen sichtbare Produkte ihrer Ergebnisse, zum Beispiel Plakate, Fotos, Collagen, Skulpturen und dergleichen mehr. Diese stellen sie so aus, dass der Betrachter die Ergebnisse sehen und sich einen Eindruck über die geleistete Arbeit machen kann.

*Ergänzung:*

Die Lernenden müssen im Rahmen der Vorbereitung der Vernissage entsprechend ihrer Stärken eingesetzt werden. Die Lernenden überlegen sich selbst, wo sie sich mit ihren Fähigkeiten am besten einbringen können. Hier unterstützt die Lehrperson beratend und achtet darauf, dass alle Lernenden auch tatsächlich beteiligt sind.

Bei all diesen Methoden macht es Sinn, wenn die Lehrperson eine Gruppe begleitet, sich die Ergebnisse anschaut und – falls notwendig – bei der Besprechung im Plenum fehlende Aspekte kurz und knapp ergänzt. Bei allen Methoden sollen die Lernenden sich Notizen machen und die Gruppenarbeitsergebnisse für sich zu einem Gesamtbild zusammenzufügen. Hier bieten sich grafische Darstellungen wie Mindmaps und Struktur-Lege-Techniken oder Schaubilder an. Auch Zusammenfassungen können hier sehr hilfreich sein. Am Ende kann sich im Plenum eine Diskussion oder Aussprache anschließen. Diese kann die Lehrperson für wichtige Ergänzungen nutzen oder weitere Fragen gestellt werden, die dann nochmals in Gruppen bearbeitet werden. Dies ist vor allem bei schwächeren Gruppenergebnissen wichtig. Vorbeugend können schwächere Gruppen bereits Hilfestellungen durch zusätzliche Materialien, klar strukturierte kleinschrittige Aufgaben, Lösungsblätter und dergleichen mehr erhalten. Vermieden werden sollte am Ende eine Zusammenfassung der Lehrperson, die dann als Endergebnis festgehalten wird. Dies entwaffnet jede weitere Gruppenarbeit.

### 4.3.2 Textverarbeitungsmethoden

**Fünf – Schritt – Lesemethode**

Gemeinsam ist allen Vorgehensweisen der Leseentwicklung eine Unterteilung in verschiedene Schritte der Lesevorbereitung (Motivieren, Erinnern des bereits vorhandenen Wissens, Zielsetzung), dem eigentlichen Lesen und einer systematischen Lesenachbereitung (Verständniskontrolle, Beziehung zu vorhandenem Wissen herstellen, Zusammenfassen, Einordnen in größere Zusammenhänge). Wichtig ist dabei die Erkenntnis, dass der Lesevorgang selbst nur einen Teil des Lernens aus Texten darstellt und dass ein systematisches Vorgehen die Aufnahme und Verarbeitung wesentlich verbessert. Die Lernenden müssen nicht nur die Frage nach dem Inhalt des Textes, sondern auch nach den Absichten des Verfassers stellen und diese dann kritisch beleuchten können (Schräder-Nef 1987).
Die Fünf-Schritt-Lesetechnik besteht aus insgesamt fünf Arbeitsschritten. Im ersten Schritt überfliegt man zunächst den Text, wodurch man einen groben Überblick über das Thema des Textes gewinnt. Dazu eignet sich auch das Lesen von Einleitungen, Inhaltsverzeichnissen oder Zusammenfassungen. Im nächsten Schritt formuliert man Fragen anhand der bereits gewonnenen Informationen und achtet dabei auf die wichtigsten Informationen des Textes. Schritt drei bedeutet gründliches, konzentriertes Lesen. Dazwischen macht man immer wieder eine Pause und überlegt, ob die an den Text gestellten Fragen hinreichend beantwortet sind. Schritt vier steht unter der Rubrik „Zusammenfassen". Zunächst sollen die wesentlichen Informationen markiert oder unterstrichen werden. Danach kann man die Textpassagen in eigenen Worten schriftlich zusammenfassen. Im fünften und letzten Schritt wiederholt man den Text. Man liest die markierten Stellen oder die eigene Zusammenfassung und prüft, ob alle Fragen beantwortet sind.

**SQ3R-Methode und PQ4R-Methode**

*SQ3R-Methode:*

Die Methode teilt sich in verschiedene Schritte auf:

Survey: Zunächst verschafft man sich einen Überblick über den gesamten Text. Hierzu werden Überschriften, Aufbau und Ankerbegriffe, die ins Auge fallen, betrachtet, um den Gesamtrahmen des Textes zu erkennen.
Question: Anschließend stellt man sich Fragen zu den einzelnen Abschnitten.
Read: Nun wird der Text abschnittsweise gelesen. Wichtig ist, dass der Text auch verstanden wird. Dies kann dadurch erreicht werden, dass die vorab gestellten Fragen beantwortet und Schlüsselbegriffe markiert werden.
Recite: Nach jedem Abschnitt wird über diesen reflektiert. Sinnvoll ist es, wenn man nach mehreren Abschnitten das Gelesene schriftlich erfasst, bspw. durch Mindmaps strukturiert.
Review: Abschließend wird darüber reflektiert, wie der jeweilige Abschnitt in den Gesamttext einzubetten ist und wie die Inhalte weiterverarbeitet werden können.

**PQ4R-Methode:**
Auch hier werden verschiedene Schritte unterschieden, die sich leicht von der SQ3R-Methode unterscheiden:
Preview: Der Text wird überfolgen, ein erster Eindruck und Überblick gewonnen. Die Arbeitsschritte 2 bis 6 werden im Anschluss auf alle Abschnitte angewandt.
Question: Die Lernenden stellen sich Fragen zu den Abschnitten. Damit werden Interessen und Erwartungen geweckt.
Read: Der Text wird abschnittsweise gelesen, die gestellten Fragen beantwortet.
Reflect: Der Text wird mit vorhandenem Wissen vernetzt, offen gebliebene Fragen notiert.
Recite: Der Text soll nun im Ganzen wiedergegeben werden. Die Antworten auf die Fragen und Markierungen können dabei hilfreich sein.
Review: Zum Text wird eine Zusammenfassung oder Mindmap erstellt und dieser so nochmals reflektiert.

**MURDER-Skript und Skript-Kooperation**
*MURDER-Skript:*
Auch diese Lesetechniken gliedern sich in mehrere Teile auf:
Mood: Zunächst macht man sich bereit für die Textarbeit und stellt sich darauf ein.
Understand: Es wird zunächst der erste Abschnitt des Textes gelesen und die Lernenden notieren sich ihre Gedanken dazu.
Recall: Ein Lernpartner gibt den jeweiligen Textabschnitt mit eigenen Worten wieder und versucht dabei, auf die eigenen Notizen zu verzichten.
Detect: Der andere Partner vergleicht den Recall mit den eigenen Notizen und gibt Rückmeldung bzw. ergänzt die Aussagen.

Elaborate: Gemeinsam wird der Abschnitt aufbereitet, durch Schaubilder, Vernetzungen mit Vorkenntnissen usw.
Review: In der letzten Phase wird das Material noch einmal gemeinsam durchgegangen, bevor der nächste Textabschnitt erfolgt.
Auf diese Art wird der gesamte Text gemeinsam erarbeitet.

**Skript-Kooperation:**
In Partnerarbeit bearbeiten die Lernenden einen Text nach folgendem Muster:
Es werden Paare gebildet. Person A liest den ersten Textabschnitt, fasst diesen zusammen und erklärt Person B die wichtigsten Inhalte. Person B hat die Möglichkeit, Fragen an Person A zu stellen, falls etwas nicht genau verstanden wurde. Der nächste Textabschnitt wird von A und B gemeinsam gelesen und überlegt, ob er verstanden wurde. Danach liest Person B den dritten Abschnitt und erklärt dann Person A den Textabschnitt in eigenen Worten. Es können Rückfragen gestellt werden. Der nächste Abschnitt wird dann wieder gemeinsam gelesen und so fort, bis der gesamte Text auf diese Weise bearbeitet wurde.

### 4.3.3 Feedbackmethoden

**3mal3 Feedback**
Die Lernenden werden gebeten zu einem bestimmten Gegenstand (Unterrichtsinhalt, Methode, usw.) ein Feedback zu geben. Dazu schreiben sie jeweils drei positive Dinge, drei negative Dinge und drei Verbesserungsvorschläge auf. Es kann ein Feedbackraster in Form eines Arbeitsblattes entwickelt werden, das an die Lernenden ausgehändigt wird. Gemeinsam werden die Aspekte ausgewertet und sichtbar präsentiert durch die Lehrperson. Die Kinder hören während der Präsentation aufmerksam zu und gehen erst später direkt auf einzelne Aspekte ein. Diese werden dann im Plenum diskutiert.

**Dreischritt-Interview**
Eine Frage, die sich auf den Unterricht oder den Lerninhalt bezieht, wird von der Lehrperson an der Tafel notiert. Beispiel: „Wie gut bist Du mit der Methode Struktur-Lege-Technik zurechtgekommen?“ oder „Welche Schlussfolgerung ziehst Du aus der Ballade der Zauberlehrling für Dich persönlich?“
Die Lernenden stellen sich der Frage in der folgenden Art und Weise:
Schritt 1: Die Lernenden bilden Tandems. Eine Person interviewt die andere zur vorgegebenen Fragestellung.
Schritt 2: In der zweiten Phase werden die Gesprächsrollen getauscht.
Schritt 3: Das Tandem schließt sich mit einem anderen Tandem zusammen und die vier Lernenden unterhalten sich vier Minuten lang über die Fragestellung und die gegebenen Interviews. Dabei sollten alle zu Wort kommen und alle Äußerungen akzeptiert werden.

Die Lernenden geben kurze Gruppenstatements im Plenum ab. Zwei Äußerungen sollten hier aber ausreichen.

***Feedbackzielscheibe***

Die Sektoren einer Zielscheibe werden mit verschiedenen Aspekten der Unterrichtseinheit (Methodik; Lerninhalt; Lernerfolg; Motivation…) beschriftet. Die Lernenden punkten die einzelnen Aspekte entsprechend ihrer Einschätzung an. Je näher der Klebepunkt am Mittelpunkt der Scheibe gesetzt wird, desto positiver wird dieser Aspekt bewertet.

Die Ergebnisse können einfach so stehen gelassen werden, es kann aber auch auf die einzelnen Aspekte und deren Bepunktung eingegangen und diese diskutiert werden.

**Hitparade und Stimmungsbarometer**

Im Klassenzimmer wird ein Flip Chart mit mehreren Thesen, Aussagen oder Themenvorschlägen aufgestellt. Mit Hilfe von Klebepunkten nehmen die Lernenden Stellung zu den Thesen oder Aussagen bzw. sie bewerten die vorgeschlagenen Themen. Die Lernenden können dabei ihre Antworten skalieren. Das Ergebnis der Punktabfrage wird gemeinsam betrachtet und kommentiert. Danach werden die gewünschten Themen, die gewählten Thesen usw. weiter im Unterricht bearbeitet. Beim Stimmungsbarometer können die Lernenden auf einer Skala ihre Zufriedenheit zum Ausdruck bringen. Dabei kann die Skala je nach abzufragendem Aspekt unterschiedlich gestaltet sein.

**Rot-Gelb-Grün-Methode**

Im Raum wird ein Plakat mit Lerninhalten oder Themenkomplexen zu einem Thema an die Tafel oder an ein Flip Chart geheftet. Die Lernenden vergewissern sich, ob sie die Lerninhalte beherrschen, sie dazu noch Fragen haben oder auch mit diesen Inhalten und Themen nichts mehr oder noch nichts anfangen können. Sie erhalten pro Lerninhalt oder Themenkomplex drei farbige Punkte.

Die Farben stehen für:

Rot: habe ich nicht verstanden, kenne ich nicht

Grün: kann ich erklären

Gelb: ich habe noch gezielte Fragen dazu

Die Lernenden punkten entsprechend an. Diese Bepunktung wird individuell vorgenommen.

Die Lehrperson geht dann auf die einzelnen Lerninhalte noch einmal ein: Bei vielen roten Punkten, sollte sie diesen Lerninhalt entsprechend selbst erklären. Bei wenigen roten, vielen grünen Punkten sollten die „grünen" Lernenden den „roten" Lernenden den Sachverhalt nochmals erklären. Hierzu können die „grünen" aufstehen und die „roten" gesellen sich zu diesen und lassen sich den Sachverhalt erklären. Bei vielen roten und wenigen grünen Punkten, kann die Lehrperson die „grünen" Lernenden bitten, sich zunächst zu äußern. Die Lehrperson ergänzt dann.

Die Lernenden, die gelb gepunktet haben, sollen ihre Fragen gezielt ins Plenum einbringen.

(alle Methoden ausführlich in: Traub, Silke 2021)

## 4.4 Partnerschaftliche Helfersysteme

**Altershomogen:**
Ein Lernender unterstützt einen anderen beim Lernen, übernimmt also die Funktion des Lehrers. Dieses klassenbezogene Helfersystem birgt Vorteile, aber auch Gefahren. Der Helfer gewinnt Lernanreize, er erfährt sich als bedeutungsvoll, kann sich aber auch davor fürchten, die in ihn gesetzten Erwartungen nicht zu erfüllen und von den anderen gehänselt zu werden. Diese Ängste hat auch der Lernende, der sich zwar über die Hilfe eines stärkeren Lernenden freut, sich aber auch als hilfsbedürftig einstuft. Das homogene Helfersystem funktioniert dann gut, wenn in der Lerngruppe ein positives soziales Klima herrscht und die Lernenden gut miteinander auskommen. Diese altershomogene, aber leistungsheterogene Partnerarbeit dient der Unterstützung von schwächeren Lernenden. Das bedeutet aber nicht, dass der Stärkere nicht davon profitieren würde. Das laute Erklären macht erst deutlich, ob man einen Sachverhalt wirklich verstanden hat.

**Altersheterogen:**
Auch im altersheterogenen Helfersystem kann die Partnerarbeit wichtig sein, wenn ein Lernender die Aufgabe eines Tutors übernimmt und einem jüngeren oder schwächeren Lernenden bei dessen Lernarbeit hilft. Von dieser Art des gemeinsamen Lernens können beide Seiten profitieren. Obwohl empirische Studien durchaus positive Entwicklungen feststellen, wird diese Art des Helfens kaum genutzt. Dies liegt wohl überwiegend an organisatorischen Problemen, so etwa an mangelnden Stundenplanabsprachen zwischen Lernenden unterschiedlicher Lerngruppen. Außerdem müssen Tutoren auch auf ihre Aufgabe vorbereitet werden.

**Beispiel:**
So hat früher einmal meine eigene 9. Klasse ein altershomogenes Helfersystem eingerichtet. In der Klasse gab es vor allem in Französisch große Leistungsunterschiede. Die schwächeren Schülerinnen und Schüler waren so schlecht, dass die Gefahr, die Klasse nicht zu schaffen, enorm hoch war. Die guten Schülerinnen und Schüler wollten helfen, das Problem bestand im Wie und Wann. In einer Klassenlehrerstunde besprach die Klasse mit mir das Problem und gemeinsam fanden wir eine Lösung: Alle Schülerinnen und Schüler hatten an zwei Tagen in der Woche Nachmittagsunterricht. An diesen Tagen blieben die Jugendlichen in der Schule, sie durften sich mit meiner Erlaubnis im Klassenzimmer aufhalten. Nach einer kurzen Mittagspause trafen sie sich im Klassenzimmer und lernten dort im Helfersystem. Die Leistungsstarken erklärten den Schwächeren den Lernstoff der vergangenen Stunden, so dass diese ihre Lücken eher schließen konnten. Diese Partnerarbeit war für die Schülerinnen und Schüler insgesamt ein Erfolgserlebnis, das sie auch auf andere Situationen übertrug. Es wurden andere Fächer einbezogen, die Rollen wechselten, mehr Lernende kamen dazu und auch in weiteren Stunden (z. B. Vertretungsstunden und Hohlstunden) wurde nach diesem System gelernt. Interessanterweise schlossen sich in der Mittagszeit auch Lernende aus anderen Klassen dem Helfersystem an.

Positiver Nebeneffekt: Die Klasse wurde zu einer Einheit, die in ihrem sozialen Verhalten fast unschlagbar waren.

## 4.5 Einfache kooperative Formen

### 4.5.1 Vergewisserungsphase/Murmelphase

Die Vergewisserungsphase ist eine leicht umsetzbare, aber dennoch effektive Methode. Die Lehrperson gibt eine Frage, ein Problem oder eine Aufgabe vor. Bevor mit der ganzen Klasse im Plenum gesprochen wird, erhalten die Lernenden die Gelegenheit, sich über die Themen einige Minuten Gedanken zu machen und sich in einer Partnerarbeit auszutauschen. Dort kann das Gelernte nochmals wiederholt und gezielt Fragen miteinander besprochen werden. Die Lernenden können sich so vergewissern, ob sie das Gelernte verstanden haben, ob ihre Problemlösung Sinn macht oder ob sie die Aufgabe richtig gelöst haben und wo noch Klärungsbedarf besteht. Es findet also eine kognitive Aktivierung aller Lernenden statt. Dieser Austausch bringt ein gewisses „Gemurmel“ mit sich, warum diese Phase auch als Murmelphase bezeichnet wird. Die Lernenden können in dieser Phase des Vergewisserns ihre Aufschriebe, ihre Bücher oder sonstige Hilfsmittel nutzen. Erst danach nehmen die Lernenden dann zur Frage oder Aufgabe bzw. zum Problem Stellung und äußern ihre Ansichten dazu bzw. bringen ihre Fragen ins Plenum ein.

Diese Methode kann sinnvoll zwischen Inputphasen eingefügt werden und kann das erarbeitende Unterrichtsgespräch dahingehend ersetzen, dass keine Fragebatterien abgefeuert werden, sondern die Lernenden die Möglichkeit haben, über komplexere Zusammenhänge etwas länger nachzudenken, sich nochmals abzusichern und sich dann mit einer Antwort ins Plenum einzubringen. Das Unterrichtsgeschehen wird also zugunsten des Nachdenkens unterbrochen, Denkprozesse werden angeregt. Dadurch werden Lernende in eher instruierten Lehrsettings kurzfristig aktiv und können ihre Gedanken und Fragen einbringen und sich mit den Inhalten kurz individuell und kooperativ auseinandersetzen. Die Aufmerksamkeit kann erhalten und im Vortrag anschließend fortgefahren werden. Dadurch steigt die Qualität der Beiträge. Auch die Hemmschwelle, sich in einer anschließenden Aussprache im Plenum zu beteiligen, wird geringer, weil ja bereits eine Vergewisserung in Partnerarbeit stattgefunden hat.

Eine Vergewisserungsphase kann an jeder Stelle des Unterrichts eingesetzt werden: zu Beginn einer Einheit, in dem sich die Lernenden über ihr Vorwissen, ihre Interessen oder ihre Fragen unterhalten, während einer Einheit, wenn es darum geht, eine Frage, ein Problem, ein Fallbeispiel oder eine Quelle oder Grafik miteinander zu besprechen oder am Ende einer Einheit, um noch offene Fragen zu klären. Sie stellt eine Methode dar, die in allen Lehr-Lern-Konzepten und in allen kleinen oder großen Gruppen zur Anwendung kommt. Im Lehrgang und beim Sandwich wird dies eher als Unterbrechung bei Vorträgen, Filmen, Experimenten usw. geschehen. Im Projektunterricht und in der Freiarbeit nutzen die Lernenden die Methode untereinander, um ins Gespräch über Sachverhalte oder Probleme zu kommen. In der Stationenarbeit und im Wochenplan kann sie gezielt eingesetzt werden, indem die

Lernenden an den Stationen oder bei den Wochenplanaufgaben aufgefordert werden, sich mit ein, zwei oder drei anderen Lernenden über die Aufgabe der Station oder des Wochenplans auszutauschen.
Die Ergebnisse, auftauchende Fragen oder Probleme sowie Ergänzungen werden im Anschluss ins Plenum eingebracht (vgl. Traub 2021).

### Beispiel aus der Grundschule

**Beispiel von Silke Traub:**

| **Fach:** | **Klassenstufe:** | **Unterrichtseinheit:** | **Thema:** |
|---|---|---|---|
| Mathematik | 2–4 | Addition und Subtraktion | Textaufgaben |

**Art der kooperativen Methode:**
Vergewisserungsphase im Rahmen einer **X** Stationenarbeit/Wochenplan **X** Freiarbeit

**Ziele der kooperativen Methode:** Übung von Additionen in Textaufgaben

**Einbettung der kooperativen Methode in die Unterrichtsstunde**:
Es handelt sich hierbei um ein Übungsmaterial, welches in der Wochenplanarbeit oder in der Freiarbeit genutzt werden kann. Die Lernenden arbeiten im Tandem zusammen. Zunächst löst jedes Kind in einer Einzelarbeit die Aufgaben, danach werden die Lösungen verglichen und miteinander besprochen. Wenn unterschiedliche Lösungen vorhanden sind, werden die Lösungswege nochmals gegenseitig erklärt, der Fehler gesucht und mit der vorgegebenen Lösung verglichen.

*Aufgaben:*

1. Eine Fußballmannschaft besteht aus 11 Spielern. Wie viele Fußballschuhe sind bei einem Spiel unterwegs?
2. Du hast von deiner Oma 5 Euro bekommen und möchtest dafür Süßigkeiten für dich und deine Freunde einkaufen. Du wählst eine Tafel Schokolade für 1 Euro, ein Päckchen Gummibärchen für 2 Euro und ein Päckchen Kaugummi für 1 Euro aus. Reicht das Geld, das Oma dir gegeben hat aus?
3. An einem Handballturnier nehmen sechs Mannschaften teil. Jede Mannschaft besteht aus 8 Spielerinnen. Wie viele Spielerinnen sind in der Halle?
4. Du hast 6 Kinder zu deinem Geburtstag eingeladen. Jedes Kind bekommt eine kleine Schatztruhe von dir, die die Kinder bei einer Schatzsuche suchen sollen. In jede Truhe kommen 4 Gegenstände. Wie viele Gegenstände benötigst du, wenn du selbst auch eine Truhe haben möchtest.

*Zur Differenzierung:*
Schwächere Kinder können hierzu Tippkarten mit Hilfestellungen erhalten und/oder auch die richtigen Lösungen mit den Lösungswegen.

## Beispiel aus der Sekundarstufe

**Beispiel von Silke Traub:**

| **Fach:** Deutsch | **Klassenstufe:** 5 | **Unterrichtseinheit:** Grammatik | **Thema:** Bestimmung von Satzgliedern |
|---|---|---|---|

**Art der kooperativen Methode:**
Vergewisserungsphase im Rahmen einer
**X** Sandwich-Stunde X Stationenarbeit/Wochenplan **X** Freiarbeit

**Ziele der kooperativen Methode:**
Auseinandersetzung mit dem erworbenen Wissen. Übung und Vertiefung

**Einbettung der kooperativen Methode in die Unterrichtsstunde**:
Die Aufgaben können als Materialien im Wochenplan und in der Freiarbeit eingesetzt werden, aber auch in einer Grammatikstunde, die nach dem Sandwichprinzip aufgebaut ist.
Im ersten Fall wird das Material als Übungsmaterial angeboten, die SuS wählen dieses aus und bearbeiten die Aufgaben im Partnerarbeit.
In der Sandwichstunde wird vorab im Unterricht in einem Input erklärt, was man unter Satzgliedern versteht und welche zu unterscheiden sind.
Die Beispiele werden in einer Vergewisserungsphase mit einem Partner bearbeitet und überlegt, ob die Aufgabe richtig bearbeitet wurde:

1. Meine Oma fährt im Hühnerstall Motorrad… (Bestimme, Subjekt, Prädikat und Objekt)
2. Ronaldo geht einmal in der Woche zu seinem Lieblingsfriseur (Bestimme alle Satzglieder)
3. Menschen in Not, brauchen unsere Hilfe (Bestimme alle Satzglieder)

*Differenzierungsmöglichkeiten:*
Tippkarten mit Hilfestellung geben.
Lösungen vorgeben.
Schwierigere oder einfachere Sätze für die unterschiedlichen Niveaus anbieten (Satz 1 wäre hier für Lernende auf dem niedrigsten Niveau, Satz zwei für das mittlere Niveau und Satz 3 für das höhere Niveau).

## Beispiel aus der Erwachsenenbildung

**Beispiel von Silke Traub:**

| **Fach:** Erziehungswissenschaft | **Kurs:** Seminar im Rahmen der Lehrerbildung | **Unterrichtseinheit:** Kooperatives Lernen | **Thema:** Chancen und Grenzen kooperativen Lernens |
|---|---|---|---|

**Art der kooperativen Methode:**
Vergewisserungsphase im Rahmen einer **X** Sandwich-Stunde

**Ziele der kooperativen Methode:**
Die Studierenden sollen sich, bevor es in eine Plenumsdiskussion geht, darüber vergewissern, welchen Standpunkt sie vertreten und auch nochmals die Möglichkeit haben, sich die empirischen Studien zum kooperativen Lernen anzuschauen, die in einer Sitzung vorab präsentiert wurden.

**Einbettung der kooperativen Methode in die Unterrichtsstunde**:
In der letzten Stunde wurden Ergebnisse der empirischen Forschung in einem Input vorgestellt und über ein Partnerpuzzle vertieft und weitere Erkenntnisse erarbeitet. Zu Beginn dieser Veranstaltung soll das Thema nochmals aufgegriffen werden und diskutiert werden, wann sich der Einsatz kooperativen Lernens lohnt. Hierzu findet zunächst die Vergewisserungsphase statt und anschließend erfolgt eine Diskussion. Danach werden Beispiele und Methoden des kooperativen Lernens angeschaut.

**Aufgaben und Fragen für die Vergewisserungsphase:**
1. Welche der empirischen Studien hat mich besonders überzeugt?
2. Welche Position zum kooperativen Lernen nehme ich selbst ein?
3. Wie stark werde ich dabei von den Erfahrungen aus meiner eigenen Schulzeit beeinflusst?

### 4.5.2 Kugellager

Die Großgruppe bildet zwei Kreise, einen Innen- und einen Außenkreis. Die Teilnehmenden setzen sich so, dass sie einander paarweise gegenübersitzen. Die Lehrperson gibt ein bestimmtes Thema vor oder stellt mehrere zur Auswahl.
Über dieses Thema unterhalten sich die beiden Gesprächspartner, die einander gegenübersitzen, so lange, bis die Lehrperson das Zeichen zum Aufhören gibt (ca. 2–5 Min.). Dann wechselt der Innenkreis um einen Platz nach rechts, der Außenkreis um einen Platz nach links. Zwei neue Personen sitzen einander gegenüber, die wiederum über ein Thema miteinander sprechen. Diese Partnersequenzen lassen sich beliebig oft wiederholen (3–4 Durchgänge sind noch motivierend).
Da das Thema im Vordergrund steht und jeweils nur ein Gegenüber zuhört, ist die Hemmschwelle relativ gering. Ferner bietet das Kugellager ein gutes Übungsfeld für soziale Kompetenzen, wie ‚Gegenseitiges Zuhören' und ‚Aufeinander Eingehen'.

**Beispiel aus der Grundschule**

**Beispiel von Silke Traub:**

| **Fach:** | **Klassenstufe:** | **Unterrichtseinheit:** | **Thema:** |
|---|---|---|---|
| Sachunterricht | 3–4 | Naturphänomene | Schwimmen und Sinken |

**Art der kooperativen Methode:**
Kugellager im Rahmen einer **X** Sandwich-Stunde **X** Stationenarbeit

**Ziele der kooperativen Methode:**
Hypothesen zum Thema bilden und mit diesen Hypothesen als Grundlage an Experimente herangeführt werden.

**Einbettung der kooperativen Methode in die Unterrichtsstunde**:
Zu Beginn der Unterrichtsstunde geht es um Hypothesen, die die SuS miteinander diskutieren sollen mit Hilfe eines Kugellagers, um ihr Vorwissen zu aktivieren und um anschließend Experimente dazu durchführen zu können.
Das Kugellager stellt hier die Einführung ins Thema dar, nachdem das Thema an einem Advance Organizer verdeutlicht wurde und die Kinder das Thema „Schwimmen und Sinken" benannt bekommen haben.
Die Lehrperson bildet einen Außen- und einen Innenkreis, so dass sich immer zwei SuS einander gegenüberstehen.

1. Runde: Welche auf dem Tisch liegenden Gegenstände können eurer Meinung nach auf der Wasseroberfläche schwimmen, welche sinken? (Auf dem Tisch liegen Gegenstände wie 1-Cent-Stück, Styroporkugel, Spielzeugschiffchen, Bleistift, Holzstück, Perle, Öl…) Nach 5 Minuten Austausch wechselt der Innenkreis in die eine Richtung, der Außenkreis in die entgegengesetzte Richtung, so dass alle SuS wieder einen anderen Gesprächspartner haben.

**Beispiel von Silke Traub:**

| **Fach:** Sachunterricht | **Klassenstufe:** 3–4 | **Unterrichtseinheit:** Naturphänomene | **Thema:** Schwimmen und Sinken |
|---|---|---|---|

2. Runde: Was können wir Menschen tun, damit alle diese Gegenstände schwimmen? Nach 5 Minuten Austausch wechselt der Innenkreis in die eine Richtung, der Außenkreis in die entgegengesetzte Richtung, so dass alle SuS wieder einen anderen Gesprächspartner haben.
3. Runde: Warum schwimmen Schiffe?

*Differenzierung:*
Auch hier können Tippkarten mit Stichworten für schwächere Lernende hilfreich sein. Danach findet eine Stationenarbeit statt, indem an jedem Tisch ein bestimmtes Experiment zum Thema von den Lernenden in Kleingruppen durchgeführt und ihre Ergebnisse notiert werden.

## Beispiel aus der Sekundarstufe:

**Beispiel von Silke Traub:**

| **Fach:** Gemeinschaftskunde | **Klassenstufe:** 7/8/9 | **Unterrichtseinheit:** Internationale Beziehungen | **Thema:** Frieden und Menschenrechte |
|---|---|---|---|

**Art der kooperativen Methode:**
Kugellager im Rahmen einer **X** Sandwich-Stunde

**Ziele der kooperativen Methode:**
Vorwissen aktivieren; ins Thema einfinden, aktuelle Aspekte diskutieren

**Einbettung der kooperativen Methode in die Unterrichtsstunde**:
Zu Beginn der Stunde wird nach Nennung des Themas ein Kugellager durchgeführt. Im Anschluss daran, wird in einem Input erklärt, was Menschenrechte sind, wo sie niedergeschrieben stehen und was sie bedeuten. Im Anschluss daran wird nochmals auf die Fragen des Kugellagers eingegangen und diese mit Hilfe eines Gruppenpuzzles genauer analysiert und beantwortet.

1. Runde: Was sind Menschenrechte?
2. Wurden in der Corona-Pandemie Menschenrechte missachtet und wenn ja durch wen?
3. Wem stehen Menschenrechte zu?

*Differenzierung:*
Tippkarten und Stichworte können schwächere Lernende unterstützen oder aber, es kann bei ganz schwachen Lernenden ein Tandempartner zugewiesen werden.

## Beispiel aus der Erwachsenenbildung

**Beispiel von Holger Stuck**

| **Fach:** Waffentraining | **Kurs:** Polizeiausbildung | **Unterrichtseinheit:** Waffentraining | **Thema:** Sicheres Waffenhandling |
|---|---|---|---|

**Art der kooperativen Methode:**
Kugellager im Rahmen einer **X** Sandwich-Stunde

**Ziele der kooperativen Methode:**
Das sichere Beherrschen der Dienstwaffe ist für den Polizeibeamten einerseits überlebenswichtig. Andererseits stellt das unsachgemäße Hantieren mit einer Schusswaffe ein Risiko für den Bediener und für Unbeteiligte dar. Bevor die Waffe „scharf" geschossen wird, sind daher sogenannte „Trockenübungen" für den sicheren Handlungsablauf nötig. Aus Sicherheitsgründen werden farblich markierte, schießunfähige Waffen verwendet. Voraussetzung für diese Übung ist, dass die Abläufe an der Waffe allen Auszubildenden bereits vertraut sind. Ziel der kooperativen Methode „Kugellager" ist, dass jeder Auszubildende die Abläufe trainiert und dabei von einem fachkundigen Partner beobachtet wird. Von diesem erhält er direkt im Anschluss ein Feedback.
Durch die ständig wechselnden Paarungen entstehen vielfältige und detailreiche Rückmeldungen. Es kann davon ausgegangen werden, dass grundsätzliche Fehler in der Handhabung zuverlässig entdeckt und aufgearbeitet werden.

**Einbettung der kooperativen Methode in die Unterrichtsstunde**:
Die Unterrichtsstunde beginnt mit einer Vergewisserungsphase in der alle Übungen mit den wesentlichen Handlungsabläufen langsam und unter Anleitung des Trainers noch einmal synchron wiederholt werden.

Anschließend wird im Kugellager trainiert:

Die Auszubildenden bilden zwei Kreise aus gleich vielen Personen. Einen inneren und einen äußeren Kreis. Die Personen aus dem inneren Kreis stellen sich mit Blickrichtung nach außen, die im äußeren Kreis mit Blickrichtung zum Zentrum auf. Jeder Auszubildende hat jetzt einen Übungspartner vor sich, mit dem er zusammen ein Trainingsteam bildet. Der Partner im Inneren Kreis trainiert an der Waffe, der im äußeren Kreis ist fachkundiger Beobachter.

Insgesamt werden fünf Übungen trainiert, die durch den Trainer angesagt werden. Der Partner beobachtet den Bewegungsablauf und gibt Feedback. Innerhalb der zwei Minuten wir der Ablauf so oft trainiert bis er flüssig und fehlerfrei durchgeführt wird. Dann kann die Geschwindigkeit des Ablaufs erhöht werden. Grundsätzlich gilt: Fehlerfreiheit vor Geschwindigkeit.

Nach zwei Minuten ertönt ein Wechselkommando des Trainers. Beide Kreise drehen sich um eine Position nach rechts. Dadurch bilden sich neue Paarungen. Diese Paare erhalten wieder zwei Minuten für die durch den Trainer angesagte Übung.

Nach fünf Runden sind alle Übungen trainiert. Die Auszubildenden im inneren und äußeren Kreis tauschen ihre Rollen und trainieren die Übungen erneut. Die gesamte Übungsphase im Kugellager dauert so etwa 25 Minuten.

Im Anschluss an das Kugellager können im Plenum noch einmal häufige Fehlerquellen thematisiert und aufgearbeitet werden.

### 4.5.3 Netzwerk

Das Netzwerk stellt sowohl eine Kommunikationsübung als auch eine Wiederholungsmethode dar. Besonders geeignet ist das Netzwerk am Ende einer Lernsequenz zur Wiederholung und zur gedanklichen Ordnung. Es bietet sich aber auch dort an, wo es darum geht, den Vorkenntnisstand der Lernenden, z. B. in einer Einstiegsphase, zu erfassen. Da alle Lernenden zum Reden ermuntert werden und alle sagen dürfen, was ihnen zu einem Lernbegriff einfällt, ist die Hemmschwelle gering. Für das Netzwerk werden verschiedene zentrale Begriffe auf Kärtchen geschrieben. Es sollten mehr Kärtchen sein als Teilnehmende. Jede Person bekommt nun nach dem Zufallsprinzip ein Kärtchen zugewiesen. Anschließend besteht die Möglichkeit des Tauschhandels. Man kann mit anderen tauschen oder eines der Kärtchen wählen, die noch niemandem zugewiesen sind. In einer zweiten Phase vergewissern sich die Lernenden, ob sie zu ihrem Begriff etwas sagen können. Sie sollen dabei auch Informationen bei anderen Teilnehmenden erfragen oder ihren Unterlagen entnehmen. Nach dieser Vergewisserungsphase setzen sich alle Lernenden in einen Kreis und halten ihr Kärtchen in der Hand. Eine Person beginnt nun, ihren Begriff zu erklären. Dann fährt jemand fort, der glaubt, sein Begriff passe in den Zusammenhang der ersten Erklärung. So wird fortgefahren, bis alle ihre Begriffe erklärt haben. Wer mit seiner Erklärung fertig ist, legt sein Kärtchen sichtbar vor sich hin.

Weil die Lernenden die Möglichkeit haben, so lange ihre Kärtchen zu tauschen, bis sie einen Begriff gefunden haben, unter dem sie sich etwas vorstellen können und sich zusätzlich nochmals in ihren Unterlagen oder im Gespräch vergewissern können, lässt sich die Auftrittsangst stark abbauen. Dies ist zur Anbahnung von Kommunikation und kooperativem Lernen wesentlich. Als inhaltliches Ziel lässt sich festhalten, dass dank der nicht festgelegten Reihenfolge für die Lernenden vielfältige Verknüpfungen der Begriffe untereinander möglich sind. Als sinnvoller Nebeneffekt wird man gern in Kauf nehmen, dass die Unterrichtseinheit nochmals strukturiert dargestellt wird. Außerdem tragen alle Lernenden zum Ergebnis bei, was stark motivierend wirkt. Allerdings ist darauf zu achten, dass einzelne Erklärungen nicht zu lang ausfallen, sonst dürfte die Motivation im Lauf der Erklärungsphase abnehmen und die Lernenden hören sich gegenseitig nicht mehr zu. Das Netzwerk ist so variierbar, dass die Lernenden mehrere Begriffe (Kärtchen) erhalten, deren Bedeutung sie erklären müssen. So sind alle längere Zeit aufmerksam. Das Netzwerk bietet sich auch zur Vertiefung von Inhalten an.

## Beispiel aus der Grundschule

**Beispiel von Silke Traub:**

| **Fach:** | **Klassenstufe:** | **Unterrichtseinheit:** | **Thema:** |
|---|---|---|---|
| Mathematik | 1/2 | Zahldarstellungen und Zahlbeziehungen verstehen | Zahlen von 1 bis 5 üben |

**Art der kooperativen Methode:**
Netzwerk im Rahmen einer **X** Sandwich-Stunde

**Ziele der kooperativen Methode:**
Die Kinder sollen die Zahlen von 1 bis 5 auf vielfältige Weise üben und eintrainieren. Dabei soll die aktive Lernzeit aller Kinder sehr hoch sein.

**Einbettung der kooperativen Methode in die Unterrichtsstunde**:
Es handelt sich hierbei um eine Übungsphase, nachdem die Zahlen bereits im Unterricht eingeübt und den Lernenden bekannt sind. Am Ende der Unterrichtsstunden zur Einführung der Zahlen 1 bis 5 soll mit diesen mit Hilfe eines Netzwerkes noch einmal kreativ umgegangen werden.

*Vorgehensweise:*
Die Kinder werden in 5-er Gruppen eingeteilt. Jedem Kind wird eine Zahl zugewiesen. In einer Einzelarbeit überlegt das Kind, wie die Zahl zu sprechen und zu schreiben ist. Danach wählt es drei Übungen aus, die sie mit den anderen Kindern durchführen möchte, um die Zahl einzuüben. Hierfür kann das Kind aus dem Fundus vorangegangener Einführungsstunden und Stationenarbeiten auswählen.

Zum Beispiel Kind A hat die Zahl 1:
Im Netzwerk stellt das Kind den anderen vier Kindern die eigene Zahl vor, spricht sie laut aus und zeigt sie entsprechend in die Höhe. Anschließend gibt es die Anweisung, was die Kinder mit der Zahl alles tun sollen:

1. Sprecht die Zahl im Chor nach
2. Schreibt die Zahl in die Luft
3. Hüpft mir nach, wir hüpfen die Zahl im Kreis

Anschließend legt das Kind die Zahl in die Mitte der 5-er Gruppe

Das Kind B mit der Zahl fährt fort, spricht ebenfalls die Zahl laut aus und zeigt sie vor.

1. Schreibt die Zahl auf den Rücken eures Partners
2. Legt die Zahl mit Bauklötzen auf den Boden…

Das Kind legt dann ebenfalls die Zahl 2 in die Mitte des Kreises

Wenn alle Kinder ihre Zahlen vorgestellt und Übungen dazu durchgeführt haben, überlegt die Gruppe, in welcher Weise die Zahlen im Kreis geordnet werden können (Wertigkeit aufsteigend, absteigend, im Kreis gelegt oder dergleichen mehr).

*Differenzierung:*
Schwächeren Lernenden können die durchzuführenden Übungen vorgegeben werden oder es können Tandems gebildet werden, welche aus je einem starken und einem schwächeren Kind bestehen.

## Beispiel aus der Sekundarstufe:

**Beispiel von Silke Traub:**

| **Fach:** Biologie | **Klassenstufe:** 7–9 | **Unterrichtseinheit:** Humanbiologie: Körperbau und Skelett | **Thema:** Bau und Funktion des Skeletts |
|---|---|---|---|

**Art der kooperativen Methode:**
Netzwerk im Rahmen einer **X** Sandwich-Stunde **X** Stationenarbeit/Wochenplan **X** Freiarbeit

**Ziele der kooperativen Methode:**
Durch das Netzwerk werden Bau und Funktion des Skeletts noch einmal wiederholt. Dies dient als Vorbereitung auf einen Leistungstest.

**Einbettung der kooperativen Methode in die Unterrichtsstunde**:
Das Skelett und die Funktionen der einzelnen Körperteile wurden bereits im Unterricht eingeführt. In dieser Übungsphase geht es nun darum, noch einmal zu wiederholen, wie das Skelett aufgebaut ist und welche Funktionen die jeweiligen Gelenke übernehmen.
Hier gehen die SuS in Vierer-Gruppen zusammen. Sie setzen oder stellen sich in einen Kreis. In der Mitte des Kreises liegt auf DinA3 kopiert eine Skelettvorlage.
Die Lernenden verteilen ihre Begriffskarten so, dass jede Person über zwei Begriffe verfügt. Zunächst überlegen sich die Lernenden, was sie zu den Begriffen sagen können, wie sie das Gelenk erklären, wo es sich am Skelett befindet und welche Funktion es übernimmt.
In einer beliebigen Reihenfolge erklärt zunächst jedes Gruppenmitglied den eigenen Begriff und die Funktion und legt die Netzwerkkarte dann an die entsprechende Stelle auf der Vorlage. Wenn alle Mitglieder eine Karte abgelegt haben, beginnt die zweite Runde. Danach überprüfen alle Mitglieder der Gruppe, ob die Karten an der richtigen Stelle abgelegt wurden und ob ihnen das Gelenk und die Funktion vertraut ist. Fragen können dann an die Experten gestellt werden.
Auch in der Wochenplanarbeit oder der Freiarbeit kann dieses Netzwerk zum Üben und Wiederholen eingesetzt werden. Hierzu wählen die Lernenden einen Netzwerkstapel aus und arbeiten in einer Vierergruppe oder als Tandem.
*Differenzierung:*
Tippkarten zum Gelenk und zur Funktion können hilfreich sein. Auch die Hinweise, wo im Buch oder in anderen Arbeitsmitteln dazu Lösungen gefunden werden können, sind manchmal bereits ausreichend.
*Netzwerkkarten:*
Kniegelenke; Hüftgelenke; Ellenbogengelenke; Handgelenke; Sprunggelenke, Schultergelenk; Gelenkarten; Gelenk als Begriff

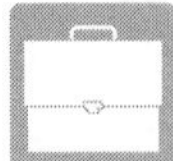

## Beispiel aus der Erwachsenenbildung

**Beispiel von Volker Lück:**

| **Fach:** | **Klassenstufe:** | **Unterrichtseinheit:** | **Thema:** |
|---|---|---|---|
| Polizeirecht BW | Berufsausbildung Polizeibeamte im Polizeivollzugsdienst | Gewahrsam gemäß § 33 Polizeigesetz BW | Das Erlernen des polizeirechtlichen Präventivgewahrsams |

**Art der kooperativen Methode:**
Netzwerk im Rahmen einer **X** Sandwich-Stunde

**Ziele der kooperativen Methode:**
Mit Hilfe des Netzwerks sollen die angehenden Polizeibeamten die Rechtsgrundlage, die Gewahrsamsdefinition, die Voraussetzungen des polizeilichen Vorbeugegewahrsams sowie die Rechtsfolge erlernen, vertiefen und verinnerlichen.

Die Tatbestandsvoraussetzungen (TBV)

- § 33 (1) Nr. 1 PolG BW – Rechtsgrundlage des Vorbeugegewahrsams
- Auf andere Weise (TBV)
- Unmittelbar bevorstehende Gefahr (TBV)
- Erhebliche Gefahr (TBV)
- Öffentliche Sicherheit Schwerpunkt „Individualrechtsgüter" (TBV)
- Öffentliche Sicherheit Schwerpunkt „Geltendes Rechts" (TBV)
- Die Rechtsfolge für den polizeilichen Adressaten und den polizeilichen Verursacher
- Die Definition „Gewahrsam",
  welche zugleich die Lernbestandteile der Unterrichtseinheit (UE) darstellen, müssen wiederholt, erarbeitet, wechselseitig erklärt und eingeordnet werden.

**Einbettung der kooperativen Methode in die Unterrichtsstunde**:
Diese acht Lernteile werden einzeln, nach und nach, mittels PowerPoint-Präsentation und unter Vorlage von Folien im Plenum durch einen Lehrervortrag vermittelt.
Den Lernenden werden die Folien als Vorlage bereitgestellt.
Es folgt eine individuelle Lernphase, welche mittels der Methode „**Netzwerk**" durchgeführt wird.
Dazu werden Gruppen von jeweils vier Personen gebildet. Bei einer Klasse mit ungerader Schüleranzahl werden primär 4er-Gruppen gebildet. Die verbleibenden Schüler finden sich in einer 3er-Gruppe zusammen.
Nachdem sich die Gruppen gebildet haben, erhält jede Gruppe die oben aufgeführten acht Voraussetzungen ausgedruckt auf (Kartei-) Karten. Die Zuteilung der Karten innerhalb einer Gruppe zu den Gruppenmitgliedern erfolgt verdeckt. Dabei dürfen die Begriffe den jeweils anderen Gruppenmitgliedern nicht gezeigt werden. Nachdem die Schüler ihre zwei Karteikarten verdeckt angeschaut haben, besteht die Möglichkeit, eine der gezogenen Karten mit einem anderen Mitglied der eigenen Gruppe zu tauschen; ebenfalls verdeckt. Hintergrund der verdeckten Tauschmöglichkeit ist, dass sich die Mitglieder mit ihrem Begriff sofort vertieft auseinandersetzen und in eigenen Worten wiedergeben müssen. Folgende Fragen können bei der Überlegung, ob die Tauschmöglichkeit genutzt wird, eine Rolle spielen:

- Gefällt mir der Begriff?
- Ist der Begriff einfach/leicht?
- Wird mein getauschter Begriff einfacher oder schwieriger zu erläutern sein?
- usw.

Danach erhalten die Gruppenmitglieder drei bis vier Minuten Zeit, sich alleine mit dem Inhalt ihrer Karten, unter Nutzung der Lernunterlagen, auseinanderzusetzen und diese zu verinnerlichen, zu lernen. Die Schüler sollen sich dadurch in die Lage versetzen, ihren individuell gezogenen Begriff im Anschluss den anderen Gruppenmitgliedern zu erklären. Nachdem sich die Gruppe wieder zusammenfindet, eröffnet ein Mitglied das „Netzwerk", in dem es seinen Begriff den anderen Gruppenmitgliedern erklärt und in der Tischmitte platziert. Im weiteren Verlauf erläutert jedes Gruppenmitglied seine zwei Begriffe und setzt diese danach zu den bereits auf dem Tisch platzierten Karten in Relation. Dadurch werden die Begriffe nicht nur erklärt, sondern auch inhaltlich sowie strukturell im Zusammenhang – also vernetzt – dargestellt. Es entsteht im besten Fall ein komplexes Gesamtgebilde.
Für den gegenseitigen Austausch werden fünf bis zehn Minuten veranschlagt.

Zur weiteren Vertiefung werden im Anschluss einzelne Gruppenteilnehmer rotieren. Die Gruppenmitglieder teilen sich zunächst selbstständig die Zahlen von 1 bis 4 zu. Die „1er" bleiben am aktuellen Tisch sitzen, die „2er" rotieren einen Tisch nach links, wohingegen die „3er" nach rechts rotieren. Die „4er" tauschen frei wählbar den Tisch durch den Blickkontakt mit anderen 4ern.
In der neuen Gruppe erklärt der Gruppenteilnehmer Nummer 1, welcher am Tisch verblieben ist und bereits vorher an diesem Netzwerk mitgearbeitet hat, den neu hinzugekommenen Gruppenteilnehmern den Inhalt und die Struktur des Netzwerks. Diese Unterhaltung dürfte reizvoller sein, da die neu hinzugekommenen Teilnehmer an Ihrem vorherigen Tisch ggf. eine etwas andere Struktur gewählt haben und die Begriffe anders verstanden, interpretiert sowie in einen anderen Zusammenhang gebracht haben.
Für diesen Teil werden drei bis vier Minuten vorgegeben.
Danach erfolgt die Rückkehr zum Plenum, ggf. die Beantwortung aufgetretener Fragen sowie der Abschluss der Unterrichtsstunde.

### 4.5.4 Placemat

Die Placemat funktioniert ähnlich wie das Think-Pair-Share. Auch hier wird eine Aufgabenstellung durch die Lehrperson gegeben, die so komplex ist, dass sie mehrere Lösungsmöglichkeiten aufzeigt. Die Klasse wird in 4er-Gruppen eingeteilt. Bei ungeraden Schülerzahlen wird eine 3er-Gruppe gebildet. Jede Gruppe erhält entweder einen DIN A3-Bogen mit einer vorgezeichneten Placemat oder einen leeren Bogen, auf dem sie selbst eine Placemat zeichnet.

Ablauf:

1. Think (Nachdenken und Schreiben): Jeder Lernende hat im Außenbereich des Blattes ein eigenes Feld. In diesem Feld notiert jede seine eigenen Gedanken, Ergebnisse oder Fragen zur Aufgabenstellung. (Dauer: ca. 5 Min.)
2. Pair (Stummes Vergleichen): Die Lernenden tauschen ihre Ideen aus, indem das Blatt gedreht wird, so dass jeder alle Notizen zur Kenntnis nehmen kann. Dabei sprechen sie nicht miteinander, außer bei Verständnisproblemen oder Leseschwierigkeiten. (Dauer: ca. 5 Min.)
3. Share (Teilen und Konsens finden): Die Lernenden diskutieren über die Notizen und einigen sich auf ein gemeinsames Ergebnis, das in das mittlere Feld eingetragen wird. (Dauer: ca. 10 Min.)

Die Gruppenmitglieder präsentieren ihre Ergebnisse im Plenum. Die Placemats können auch in Form eines Museumsrundgangs oder einer Vernissage präsentiert werden. Das Placemat ist durch die grafische Darstellung klar strukturiert, so dass ein geplanter Wechsel von Einzelarbeit, Partnerarbeit und Plenum in vorgegebener Abfolge stattfinden kann. Die Nutzung des Papierbogens hilft den Lernenden bei der Sache zu bleiben, sich miteinander auszutauschen (sie beugen sich über das Papier und arbeiten so eng zusammen), sie sind für ihre Arbeit individuell verantwortlich und tragen gemeinsam zu einem Gruppenergebnis bei. Außerdem sind alle zur Mitarbeit „verpflichtet", da sonst das eigene Feld frei bleiben würde, damit ist ein gewisser Druck zur Mitarbeit vorhanden. Das mittlere Feld (enthält die Ergebnisse) kann dann in einem Museumsrundgang oder in einer Kurzpräsentation genutzt werden.

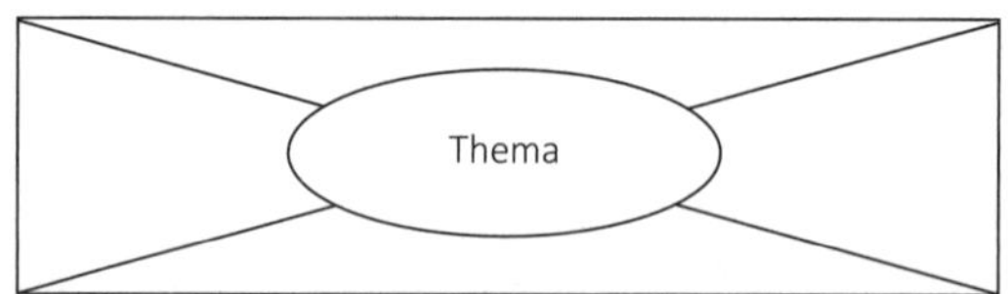

## Beispiel aus der Grundschule

**Beispiel von Ann-Kathrin Müller**

| **Fach:** | **Klassenstufe:** | **Unterrichtseinheit:** | **Thema:** |
|---|---|---|---|
| Katholische Religion | 4 | Die Schöpfung | Schöpfung bewahren – ein verantwortungsvoller Umgang |

**Art der kooperativen Methode:**
Netzwerk im Rahmen einer X Sandwich-Stunde

**Ziele der kooperativen Methode:**
Mit Hilfe des Placemat sollen die SuS
- selbstständig Ideen für einen verantwortungsvollen Umgang hinsichtlich der Themen „Müllvermeidung", „Umweltschutz" und „Kinder in Not" entwickeln
- miteinander in den Austausch kommen
- Vorwissen miteinbringen und bereites erlerntes Wissen einsetzen
- sich gezielt auf ein Gemeinschaftsresultat festlegen, dieses auf Plakaten kreativ festhalten und anschließend der Klasse präsentieren
- kooperativ zusammenarbeiten.

**Einbettung der kooperativen Methode in die Unterrichtsstunde:**
Zu Beginn der Stunde verweist die Lehrperson auf den Advance Organizer zur gesamten Unterrichtseinheit der Schöpfung an der Tafel. In dieser Stunde geht es um die Einheit „Schöpfung bewahren". Zunächst lässt die Lehrperson die SuS in einen Stuhlkreis kommen. Danach erklärt sie, dass sie ein Geschenk von Gott mitgebracht hat. In die Mitte des Stuhlkreises wird ein Geschenkkarton ausgelegt, in welchem sich eine Weltkugel befindet sowie ein Auftrag Gottes auf welchem „Bewahre die Schöpfung und passe auf sie auf!" steht. Der Auftrag wird von einem Kind vorgelesen. In einer anschließenden kollektiven Vermittlungsphase liest die Lehrperson einen kurzen Text vor, welcher viele unschöne Ereignisse wie Hungersnöte, Armut, Flüchtlinge, Umweltkatastrophen und Müllverschmutzungen aufzählt. Währenddessen werden für diese Ereignisse Bilder in der Mitte ausgelegt, sodass die SuS sich die unschönen Dinge besser vorstellen und verinnerlichen können. Die anschließende Leitfrage, die auf die darauffolgende Arbeitsphase in kooperativen Lerngruppen andeutet, lautet: „Was können wir alles tun, um solche schlimmen Ereignisse auf der Welt zu vermeiden?" Die SuS werden für die Phase der subjektiven Auseinandersetzung in Kleingruppen aufgeteilt, die sich mit den Themen „Müllvermeidung, Umweltschutz" und „Kinder in Not auf der Welt" auseinandersetzen sollen. Die Lehrperson erklärt an dieser Stelle den Arbeitsauftrag und den Ablauf der Placemat-Methode. Hierfür hat sie Placemats vorbereitet. Jedes Placemat beschäftigt sich mit einem der genannten Themen. An einem Placemat arbeiten jeweils immer 4 SuS. Zunächst gibt es eine Einzelarbeitsphase, in welcher das Kind selbstständig Ideen und Vorwissen in seinem Feld auf dem Placemat notieren darf. In einer anschließenden Gruppenarbeitsphase wird das Placemat im Uhrzeigersinn gedreht, sodass die SuS ihre gegenseitigen Ergebnisse lesen können. Daraufhin soll sich die Gruppe auf die wichtigsten Ideen und Erkenntnisse einigen.

Hierfür können sie das Feld in der Mitte des Placemat verwenden. Anschließend sollen die SuS ihre Ergebnisse auf einem Plakat kreativ festhalten.
Zum Schluss präsentieren alle Gruppen ihre Ergebnisse und Ideen zur Bewahrung der Schöpfung dem Klassenverbund.

## Beispiel aus der Sekundarstufe:

**Beispiel von Yannick Spohn:**

| **Fach:** | **Klassenstufe:** | **Unterrichtseinheit:** | **Thema:** |
|---|---|---|---|
| Englisch | 8 | Auseinandersetzung mit der amerikanischen Geschichte am Beispiel des Pfads der Tränen. | Umgang mit den Ureinwohnern Amerikas. |

**Art der kooperativen Methode:**
Placemat im Rahmen einer X Sandwich-Stunde

**Ziele der kooperativen Methode:**
Mit Hilfe des Placemats sollen die SuS
- Interesse und Motivation für die folgende Unterrichtsstunde entwickeln.
- Vermutungen in der Zielfremdsprache formulieren.

**Einbettung der kooperativen Methode in die Unterrichtsstunde**:
Als Einstieg beschreiben sich die SuS zunächst kooperativ die beiden Bilder. Anschließend überlegen und äußern die SuS in einem Placemat Vermutungen, welche Ereignisse konkret dargestellt sein könnten. Dabei erarbeiten immer vier SuS ein Bild:

*Aufgabe:*
What are these pictures about? Take a guess and write your answer inside your place! After this, talk about your guess with the other three persons in your group!

https://sites.google.com/a/student.ccsd.edu/moving-westward-in-jacksons-era/the-reign-of-king-andrew/the-indian-removal-act-the-trail-of-tears
https://www.americanhistoryusa.com/indian-removal-and-trail-of-tears/

## Beispiel aus der Erwachsenenbildung

**Beispiel von Nina Köppel & Julien Jung:**

| **Fach:** | **Kurs:** | **Unterrichtseinheit:** | **Thema:** |
|---|---|---|---|
| Geographie | Fachdidaktik 1 Geografie | **Wie…**lernen? *Didaktisch-methodische Prinzipien sowie (Fach)-Methoden* | Wie: Vermittlung und Interesse |

**Art der kooperativen Methode:**
Placemat im Rahmen einer X Sandwich-Stunde

**Ziele der kooperativen Methode:**
Anhand eines Zitats aus dem als Vorbereitung gelesenen Textes von Vielhaber (1999) und der Leitfragen
(1) Welchen Aspekt greift das Zitat auf?
(2) auf welche Weise kannst du es mit der vorangegangenen Sitzung sowie des Kapitels (Kap. 15) aus Kanwischer (2013) verknüpfen?

- aktivieren die Studierenden ihre Vorkenntnisse und rufen sich die vorangegangene Sitzung sowie die Texte ins Gedächtnis,
- überwinden die Studierenden durch den ersten Austausch im geschützten Rahmen des Tandems die sogenannte Redeschwelle (Kommunikation erleichtern).
- Durch die Methode „Think-Pair-Share wird das Lernziel „Die Studierenden können den zentralen Aspekt eines Zitats des in Vorbereitung gelesenen Textes mit den Inhalten sowie dem Lernziel der vorangegangenen Sitzung verknüpfen und verbalisieren“ angebahnt und (in Teilen) auch überprüfbar:

**Einbettung der kooperativen Methode in die Unterrichtsstunde**:
Im Anschluss an die Begrüßung und Vorstellung der Agenda folgt eine Erläuterung der nächsten Phase und der geplanten Methode „Placemat". Den Studierenden werden der Ablauf und der Hintergedanke der Methode sowie der zeitliche Rahmen erläutert. Anhand eines Zitates aus dem als Vorbereitung gelesenen Textes von Vielhaber (1999) und der Leitfrage „(1) Welchen Aspekt greift das Zitat auf und (2) auf welche Weise kannst du es mit der vorangegangenen Sitzung sowie des Kapitels aus Kanwischer (2013) verknüpfen?" aktivieren die Studierenden ihre Vorkenntnisse und rufen sich die vorangegangene Sitzung sowie die Texte ins Gedächtnis. Das Placemat wird, sofern von Seiten der Studierenden keine Rückfragen offen sind, ausgeteilt und die Studierenden beginnen, sich mit dem Zitat subjektiv auseinanderzusetzen. Als Hilfestellung können die Studierenden explizit den Text, ihre angefertigte Concept Map/Visualisierung und/oder Mitschriebe verwenden.

**Material:**
Literatur in Vorbereitung:

- Vielhaber, Chr. (1999): *Vermittlung und Interesse – Zwei Schlüsselkategorien fachdidaktischer Grundlegungen im „Geographie- und Wirtschaftskunde" – Unterricht,* in: Vielhaber, Chr. (Hrsg.) (1999): Geographiedidaktik kreuz und quer. Vom Vermittlungsinteresse bis zum Methodenstreit – Von der Spurensuche bis zum Raumverzicht, Materialien zur Didaktik der Geographie und Wirtschaftskunde. Bd. 15, S. 9–26, Wien: Institut für Geographie.
- Kanwischer, D. (Hrsg.) (2013): *Geographiedidaktik – Ein Arbeitsbuch zur Gestaltung des Geographieunterrichts.* Studienbücher der Geographie. Stuttgart: Gebr. Borntraeger.

Zitate aus Vielhaber (1999): Think-Pair-Share

„denn meiner Meinung nach erfahren und erleben SchülerInnen, wenn sie im Rahmen selbsttätigen und entdeckenden Lernens zu für sie neuen Einsichten vorstoßen, genau dasselbe, was WissenschaftlerInnen im Rahmen ihrer Erkenntnissuche erfahren und erleben."

Die Aufgabe der Lehrenden wäre es dann, ihre SchülerInnen über nicht erkannte Bedeutsamkeit aufzuklären, über indirekte Betroffenheit, um ihnen die Möglichkeit zu eröffnen, diese Angebote in einen persönlichen Handlungs- und Bedeutungskontext zu integrieren. Daraus könnten sich im Unterricht unterschiedliche einander widersprechende Positionen entwickeln, die Anlaß zu Auseinandersetzungen sein

Die Studierenden denken in einer ersten Phase über das Zitat nach und nutzen dabei ihre Unterlagen. In einer zweiten Phase notieren sie in ihrem Bereich ihre Überlegungen zu den beiden gestellten Fragen. Anschließend wird das Placemat gedreht, so dass alle die Überlegungen aller Gruppenmitglieder nachlesen können. In einer dritten Phase einigen sich die Gruppenmitglieder auf zentrale Aussagen, die sie anschließend in die Diskussion einbringen.

### 4.5.5 Think-Pair-Share:

Eine einführende Methode in das kooperative Lernen stellt das Think-Pair-Share dar. Sie ist einfach zu organisieren, bei allen Gruppengrößen durchzuführen und an allen Stellen des Lerngeschehens einsetzbar: Zu Beginn einer Unterrichtseinheit, um Vorwissen zu aktivieren, während der Erarbeitungsphase, um Aufgaben zu lösen, Fragen zu beantworten oder sich über einen Sachverhalt auszutauschen. Auch am Ende einer Einheit, um Inhalte zu vertiefen, zu sichern oder auch zu vernetzen (vgl. Wahl 2020; vgl. Traub 2021).

Die Methode ist klar strukturiert und folgt einem konkreten Ablauf.

Die Lehrperson stellt eine Frage, ein Fallbeispiel, eine These oder ein Problem in den Raum.

Think: Die Lernenden haben einen festgelegten Zeitraum zur Verfügung, um sich in Einzelarbeit Antworten zum gegebenen Impuls bzw. zur Aufgabe zu überlegen. Diese werden schriftlich festgehalten. Hier geht es um die kognitive Aktivierung jedes einzelnen Lernenden.

Pair: Nun bilden sich Paare, die ihre Antworten miteinander austauschen. Hier werden die Einzelergebnisse jeweils vorgelegt, miteinander verglichen und besprochen. Auch hierfür steht ein bestimmter Zeitraum zur Verfügung. Hier können wieder gegenseitig Fragen gestellt und Impulse gegeben werden, wodurch der Aufbau von Wissensstrukturen und kommunikative Kompetenzen gefördert werden.

Share: Die Ergebnisse der Tandemarbeit werden im Plenum vorgestellt und gemeinsam diskutiert und dadurch vertieft. Diese Phase sollte aber nur die Ergebnisse kurz zusammenfassen und Raum für das Klären von Fragen geben. Es sollte keine Wiederholung der Think- bzw. der Pairphase geben.

Die Methode unterstützt die Kommunikationsfähigkeit und führt ins kooperative Lernen ein. Die Lernenden haben die Möglichkeit, sich vor einem Austausch im Plenum mit einem Partner zu vergewissern. Somit werden die Antworten besprochen, bevor sie im Plenum vorgetragen werden. Das gibt Sicherheit und das Selbstvertrauen in die eigene Leistungsfähigkeit steigt. Es werden alle Lernenden aktiv in das Lerngeschehen eingebunden und alle müssen sich an einer Lösung der Aufgabe beteiligen.

## Beispiel aus der Grundschule

**Beispiel von Nina Köppel:**

| **Fach:** | **Klassenstufe:** | **Unterrichtseinheit:** | **Thema:** |
|---|---|---|---|
| Deutsch | 4 | Gedichte (Auswahl hier passend zur Jahreszeit) | Frühlingsklänge erproben: Wir vertonen das Gedicht „Der Frühling ist die schönste Zeit!" von Annette von Droste-Hülshoff |

**Art der kooperativen Methode:**
**Think-Pair-Share im Rahmen einer X** Sandwich-Stunde

**Ziele der kooperativen Methode:** Ziel der Stunde ist das Erarbeiten, Proben und Aufführen (im Klassenverband) eines Gedichtvortrags in der Kleingruppe, in welchem das Gedicht durch Klänge und Geräusche mithilfe von Orff-Instrumenten und dem eigenen Körper vertont wird.
Getreu dem Leitsatz „slowing down may be a way of speeding up" nach Mary Budd Rowe (1986), werden die SuS durch das „Think-Pair-Share" auf die Gruppenarbeitsphase vorbereitet, indem sie zunächst alleine (Think), dann in Partnerarbeit mit dem Nebensitzer/der Nebensitzerin (Pair) Hypothesen bilden (vgl. Wahl, 2013: 304), an welchen Stellen im Gedicht welche Klänge und Geräusche stimmig erscheinen und wie diese umgesetzt werden könnten. Im Plenum (Share) werden entsprechende Ideen zusammengetragen.
Durch den Einsatz der Methode wird gewährleistet, dass sich alle Lernenden mit dem Thema auseinandersetzen (vgl. ebd.) und ihre Ideen verbalisieren. Durch diese Vorentlastung kommen die SuS in der darauffolgenden Gruppenphase schneller ins Arbeiten, wobei deren Verlauf zielgerichteter und kooperativer erwartet werden kann.

**Einbettung der kooperativen Methode in die Unterrichtsstunde**:
Das oben genannte Gedicht wird mit der Klasse bereits in der vorangegangenen Deutschstunde eingeführt und inhaltlich mit passenden Bewegungen handlungsorientiert erschlossen.
Zu Beginn der Stunde wird daher durch gemeinsames (teilweise bereits auswendiges) Sprechen an die vorangegangene Deutschstunde angeschlossen. In vorliegender Stunde liegt der Hörsinn im Fokus. Daher bietet sich zum Einstieg das Hören des klassischen Musikstückes „Der Frühling – Die vier Jahreszeiten" von Antonio Vivaldi (bis 1:15 min) an. Als Hörauftrag fungieren folgende Leitfragen: „Woran erkennst du den Frühling im Stück von Antonio Vivaldi?" „Welche Instrumente kannst du hören und erkennen?"
Nach einem kurzen Austausch folgt eine Überleitung zum o. g. Gedicht („Wir möchten uns heute überlegen, welche Klänge und Geräusche zu unserem Frühlingsgedicht passen. Dazu versuchen wir, uns die Klänge und Geräusche erst einmal in unserem Kopf vorzustellen.

Denke daran, dass Klänge und Geräusche nicht nur mit solchen Instrumenten, die du gerade gehört hast, erklingen können.") Die LP erklärt daraufhin die kooperative Methode. Wichtig ist, dass die Phasen dabei mithilfe von Bildkarten oder kleinen Zeichnungen an der Tafel visualisiert werden. Ein akustisches Signal (z. B. Anschlagen einer Klangschale) wird vereinbart, welches den Start bzw. Phasenwechsel ankündigt. Der Phasenwechsel wird durch das Verschieben eines Pfeils auf die nächste Bildkarte/Zeichnung zusätzlich visualisiert, sodass die SuS selbstständig und ohne weitere Erklärung der LP in die nächste Phase wechseln. Situativ bzw. klassenstufenabhängig zu entscheiden wäre, ob im Sinne des fächerübergreifenden Lernens auch die englischen Phasenbezeichnungen genannt werden. Dies könnte zusätzlich dabei helfen, sich die Arbeitsform der jeweiligen Phasen zu merken.
Die SuS erhalten den Gedichttext als Arbeitsblatt, welches Platz für Notizen neben jedem Vers des Gedichts bietet. Die LP teilt die Klasse in zwei Gruppen auf, sodass eine Gruppe die ersten beiden Strophen und die andere Gruppe die letzten beiden Strophen bearbeitet. Dies hat zum einen den Vorteil, dass die Think- und Pair-Phase verkürzt werden können und zum anderen, dass die Aufmerksamkeit der SuS im Plenum stärker erhalten bleibt, da die jeweils andere Gruppe Ideen vorstellt, die ihnen in der anschließenden Gruppenarbeitsphase weiterhelfen könnten.
Um den anschließenden Gedichtvortrag zu erproben, werden die Kleingruppen mithilfe von Symbolen gebildet, die die SuS auf oben genanntem Arbeitsblatt finden. Idealerweise bestehen die Kleingruppen aus SuS, die jeweils andere Strophen in der Think- bzw. Pair-Phase bearbeitet haben. Durch den Plenumsaustausch der Share-Phase ist dies jedoch nicht unbedingt notwendig.

### Beispiel aus der Sekundarstufe:

**Beispiel von Nathalie Münzing**

| **Fach:** | **Klassenstufe:** | **Unterrichtseinheit:** | **Thema:** |
|---|---|---|---|
| Mathematik | 6 | Teilbarkeit und Brüche | Teiler und Teilermengen |

**Art der kooperativen Methode:**
Think-Pair-Share im Rahmen einer X Sandwich-Stunde

**Ziele der kooperativen Methode:**
Mit Hilfe des Think-Pair-Share sollen die SuS
- das zuvor erworbene Wissen anwenden und dieses auf Alltagsprobleme übertragen können
- im Austausch mit ihrem Partner und später im Plenum sich mathematisch korrekt ausdrücken und ihre Problembearbeitung verständlich darstellen können

**Einbettung der kooperativen Methode in die Unterrichtsstunde**:
Am Ende der Unterrichtsstunde bekommen die SuS folgende Textaufgabe:

Am Hauptbahnhof Karlsruhe fahren zur gleichen Zeit Straßenbahnen der Linie 1, 2 und 3 ab. Die Linie 1 fährt alle 12 Minuten, Linie 2 fährt alle 8 Minuten und Linie 3 fährt alle 16 Minuten. Nach wie vielen Minuten fahren die Straßenbahnen wieder gleichzeitig am Hauptbahnhof Karlsruhe ab?

THINK:
Die Aufgabe wird zuerst in Einzelarbeit bearbeitet.

PAIR:
Nachdem die Aufgabe gelöst wurde, geht der Schüler/die Schülerin an das Bushaltestellen-Symbol, welches die Lehrkraft im Klassenzimmer aufgehängt hat und wartet bis ein weiterer Schüler/eine weitere Schülerin dazu kommt. Danach gehen beide zusammen als Paar an einen freien Platz im Klassenzimmer und erklären sich gegenseitig ihr Vorgehen der zuvor gelösten Aufgabe.

SHARE:
Nach der Partnerarbeitsphase gehen alle SuS an ihren Platz zurück. Die Lehrkraft bittet ein Schülerpärchen ihr Ergebnis vorne an der Tafel im Plenum zu präsentieren. Die anderen SuS können die Problembearbeitung ihrer Mitschüler ergänzen oder Anmerkungen dazu geben.

## Beispiel aus der Erwachsenenbildung

**Beispiel von Julien Jung:**

| **Fach:** | **Kurs:** | **Unterrichtseinheit:** | **Thema:** |
|---|---|---|---|
| Geographie | Regionalgeographie: Alpen | Entstehung der Alpen | Geomorphologie der Alpen: Das Relief und geomorphologische Prozesse in den Alpen |

**Art der kooperativen Methode:**
Think-Pair-Share im Rahmen einer X Sandwich-Stunde

**Ziele der kooperativen Methode (Think-Pair-Share):**
Mit Hilfe des Think-Pair-Share sollen einerseits
- durch den Rätselcharakter das Interesse und die Motivation angebahnt und gesteigert werden,

andererseits
- das Vorwissen der Studierenden aktiviert,
- Hypothesen mündlich formuliert,
- und (mögliche) Begründungen und Erläuterungen im kooperativen Austausch festgehalten werden.

Die vorangegangene Kursstunde (Entstehung der Alpen: Geologie) wird mit der anstehenden Thematik „Geomorphologie der Alpen: Das Relief und geomorphologische Prozesse in den Alpen“ optimal verknüpft. Auf diese Weise werden beide Teilbereiche greifbarer und es wird deutlich, dass sie stets miteinander gedacht werden müssen. Zudem stellt die Lösung des Rätsels ein Teilprozess geomorphologischer Prozesse dar (endogener Prozess), was den Aspekt des Mitdenkens unterstreicht.

**Einbettung der kooperativen Methode in die Unterrichtsstunde**:
Nach der obligatorischen Begrüßung wird den Studierenden via Beamer folgende Folie einer PowerPoint-Präsentation gezeigt:

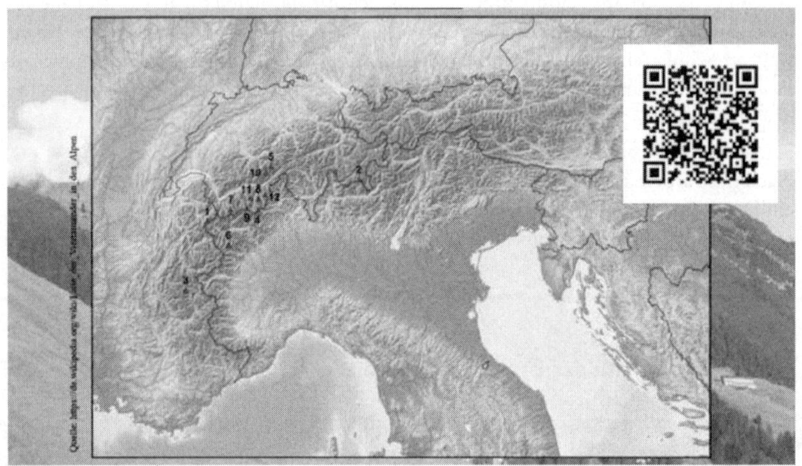

Daran schließen nachstehende Fragestellungen an:
- Überlegt euch in Einzelarbeit (**Think-Phase**), für was die einzelnen Dreiecke inkl. zugehöriger Zahl stehen könnten.
- Was fällt euch noch auf?

Nach ca. 2–3 Minuten wechseln die Studierenden in die **Pair-Phase**. In dieser tauschen sie ihre Überlegungen aus. Sobald sie der Meinung sind, sich umfangreich ausgetauscht zu haben, erhalten sie eine zusätzliche Fragestellung per QR-Code:

> Auf der Karte sind die 12 Viertausender der Alpen dargestellt. Auffallend dabei ist jedoch, dass sie allesamt, mit Ausnahme eines einzigen Gipfels – der Piz Bernina – in den Westalpen verortet werden und sie auch dort eng beieinanderliegen.
> **Aber warum ist das so?**

Die Studierenden sind nun dazu aufgefordert, Hypothesen zu formulieren und (mögliche) Begründungen zu finden. Hierbei besteht die Möglichkeit, auf die vorangegangene Kursstunde (Entstehung der Alpen: Geologie) zurückzugreifen und/oder die zur Vorbereitung zu lesenden Literaturgrundlage (Veit, Heinz (2002): Die Alpen – Geoökologie und Landschaftsentwicklung. Stuttgart.; Kap. 4+5) sowie die ggf. erstellte Visualisierung/Concept-Map/Mind-Map hinzuzuziehen.
Im Anschluss (**Share-Phase**) erfolgt ein Austausch im Plenum. Im Hinblick auf das weitere Vorgehen erhält jedes Tandem die Möglichkeit, Hypothesen und Begründungen im Plenum darzulegen.

Durch diese Methode wird eine Verknüpfung der vorangegangenen Kursstunde (Entstehung der Alpen: Geologie) mit der anstehenden Thematik „Geomorphologie der Alpen: Das Relief und geomorphologische Prozesse in den Alpen“ hergestellt.

Die bereits thematisierten geologischen Grundlagen werden nun mit einem konkreten Beispiel in Verbindung gebracht, was das Verständnis weiterer geomorphologischer Strukturen und Prozesse erleichtern soll.

Die anstehende Inputphase legt geomorphologische Prozesse anschaulich dar. Im Anschluss daran kann überprüft werden, ob sich Hypothesen und Begründungen zu geomorphologischen Prozessen zuordnen lassen und, ob eine korrekte Lösung eines Tandems herausgearbeitet wurde.

**Ein Blick zurück…**

Der Ratschlag, eine ‚Hinführung in kleinen Schritten' zu versuchen, ist sinnvoll. Nicht die Umsetzung von heute auf morgen ist zentral, sondern das allmähliche Schaffen von Räumen für kooperative Lernformen innerhalb bisheriger Lernumgebungen. So kann allmählich Neues eingeführt Altes ersetzt werden. Es entstehen neue Lernarrangements, die kooperatives Lernen mehr und mehr notwendig machen, die aber kollektive Lernumgebungen oder individuelle Lernbereiche nicht ersetzen, sondern lediglich ergänzen wollen.
Mit kooperativen Lernformen verbinden sich anspruchsvolle Zielsetzungen im Hinblick auf Motivation, Selbststeuerung, Sozialkompetenz und Lernerfolg. Damit diese Ziele annähernd erreicht werden, sind vorbereitende Schritte unerlässlich. Lernende sind Schritt für Schritt in das Kooperative Lernen einzuführen. Dazu sind die hier dargestellten Übungen und Lernszenarien hilfreich. Diese sollten während den Lernsequenzen immer wieder eingesetzt und angewandt werden. Beispiele aus der Praxis zeigen, wie dies bei einfachen kooperativen Lernformen möglich ist. ◀

**Anregungen zur Vertiefung, Vernetzung und Weiterarbeit**

(idealerweise arbeiten Sie mit einem Tandemparter/einer Tandempartnerin oder in eine Gruppe. Natürlich können die Anregungen auch alleine bearbeitet werden):

- Wählen Sie aus den jeweiligen Übungsbereichen je eine Form aus und erproben Sie diese in Ihrem Unterricht. Reflektieren Sie anschließend über Probleme und Chancen dieser Übungen.
- Erstellen Sie eine persönliche Hitparade an Übungen zum kooperativen Lernen. Ergänzen Sie dabei die hier genannten Übungen durch solche, die Sie selbst kennen und erprobt haben. So erhalten Sie ein Übungstool, aus dem Sie immer wieder schöpfen können. ◀

## Literaturtipps:

Konrad, K. & Traub, S. (2017). Selbstgesteuertes Lernen. Grundwissen und Tipps. Baltmannsweiler: Schneider

Konrad, K., Traub, S. (2019). Kooperatives Lernen in Schule, Hochschule und Erwachsenenbildung. Baltmannsweiler: Schneider

Traub, S. (2021) Lehren und Lernen mit Methode. Baltmannsweier: Schneider

# 5 Kooperatives Lernen: Partner- und Gruppenarbeit

Kooperative Verhaltensweisen und kooperatives Lernen setzen kooperative Lernsituationen voraus. Sie stellen sich nicht zwanglos ein, sondern sind sorgfältig zu planen und zu arrangieren. Das bloße Gruppieren von Lernenden um einen Tisch bewirkt noch keine Kooperation. Die Lernenden würden zwar an einem Tisch arbeiten, aber nicht miteinander, sondern lediglich nebeneinander.
Kooperatives Lernen erfordert spezifische Methoden, die gemäß sachlichen, situativen und personalen Voraussetzungen einsetzbar sind. Kooperative Lernformen lassen sich unter folgenden didaktischen Aspekten ordnen:
- zur Aktivierung von Vorkenntnissen,
- zum Sammeln von Ideen,
- zum Sammeln von Fakten und Kenntnissen,
- zum Bilden von Meinungen oder Hypothesen,
- zum Lösen von Aufgaben,
- zum Üben,
- zum gegenseitigen Erklären,
- zur Ergebniskontrolle und zum Berichtigen von Fehlern,
- zur Problemlösung,
- zur Erarbeitung neuen Wissens und zur Erschließung neuer Vorgehensweisen.

Kooperatives Lernen ist dabei in fast allen Lernsituationen sinnvoll realisierbar und trägt zu einer aktiven Lernzeit der Teilnehmenden bei.

Folgende Fragen beantwortet dieses Kapitel:
- Welche kooperativen Methoden kann man unterscheiden?
- Wie funktionieren die einzelnen Methoden?
- Wann können diese Methoden jeweils eingesetzt werden?

Außerdem werden Anregungen und Beispiele zur Umsetzung gegeben.

## Advance Organizer

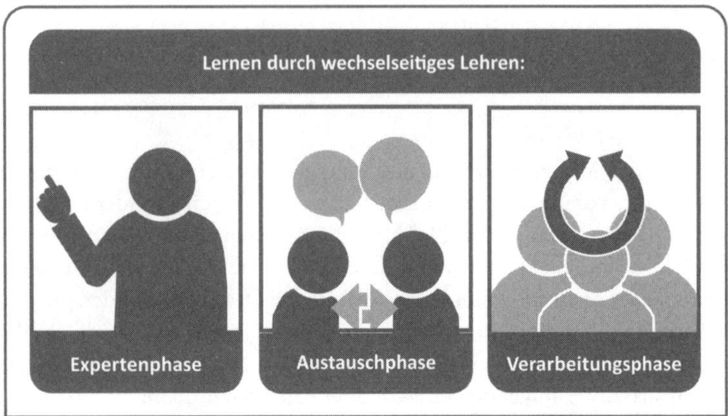


| Partnerkooperation | | Gruppenkooperation |
|---|---|---|
| Partnerinterview<br>Multi-Interview | **Vorwissen aktivieren** | Gruppeninterview |
| Partnerinterview<br>Multi-Interview<br>Lerntempoduett<br>Partnerpuzzle | **Wissenserwerb Verarbeitung** | Gruppeninterview<br>Gruppenpuzzle |
| Partnerinterview<br>Multi-Interview<br>Partnerpuzzle<br>Lerntempoduett | **Vertiefen Vernetzen** | Gruppeninterview<br>Gruppenpuzzle<br>Gruppenrallye<br>Kleinprojekte |
| Partnerinterview<br>Multi-Interview<br>Lerntempoduett | **Üben** | Gruppeninterview<br>Gruppenrallye<br>Gruppenturnier |
| Lerntempoduett | **Problemlösen** | Strukturierte Kontroverse<br>Kleingruppenprojekte |

## 5.1 Lernen durch wechselseitiges Lehren

In der ursprünglichen Partner- bzw. Gruppenarbeit wird zwischen zwei Grundtypen unterschieden: der themengleichen und der themendifferenzierten Arbeitsform. Bei der themengleichen Partner- oder Gruppenarbeit arbeiten alle Paare oder Kleingruppen an der gleichen Aufgabenstellung, bei der themendifferenzierten oder dem arbeitsteiligen Verfahren wird ein größeres Thema in Unterthemen gegliedert und jedes Paar bzw. jede Gruppe beschäftigt sich mit diesem Aspekt des Themas. Am Ende versucht man, alle Aspekte zu einem Ganzen zusammenzuführen.
Eine weitere Form kooperativen Lernens ist das Lernen durch wechselseitiges Lehren. Dieses wurde durch Huber, Rotering-Steinberg und Wahl (1984) im deutschsprachigen Raum bekannt gemacht und hat sich aus der Tradition des kooperativen Lernens entwickelt. Es wurde in den 90er Jahren von Johnson und Johnson geprägt und von Kagan, Sharan und Slavin weiterentwickelt. Allen Ansätzen gemeinsam ist die Wertschätzung der Zusammenarbeit von Lernenden, die kognitive Aktivierung und die individuelle Verantwortlichkeit. Alle hier beschriebenen Methoden unterliegen dem Konzept des Lernens durch wechselseitigen Lehrens.
Lernumgebungen, die sich daran orientieren, wirken sich, so der Kerngedanke, sowohl auf den Lernerfolg als auch auf die sozialen und personalen Kompetenzen der Lernenden positiv aus. Neben dem Umgang mit anderen sollen die Lernenden ihre Selbstregulation und ihre Lernkompetenzen (Lernen zu lernen) verbessern. Außerdem soll das Lernen durch wechselseitiges Lehren positive Auswirkungen auf die Lernmotivation, das Erleben von Selbstwirksamkeit, das Selbstwertgefühl, die sozialen Beziehungen zwischen den Lernenden und auf das soziale Klima zeitigen (vgl. Huber, Konrad & Wahl 2002). Unter wechselseitigem Lehren und Lernen sind Methoden zu verstehen, bei denen die Lernenden auf der einen Seite für einen umschriebenen Teil der Inhalte zu Experten werden und dieses Wissen an andere vermitteln. Auf der anderen Seite sind sie Novizen, die aufmerksam zuhören und Wissen aufnehmen (Wahl 2013, S. 161).
Lernen durch wechselseitiges Lehren kennzeichnet drei Phasen Für alle Phasen sollten Lernziele formuliert sein, die für die Lernenden auch sichtbar gemacht werden:

1. In einer Aneignungsphase wird das Expertenwissen erworben. Alle Lernenden ohne jede Ausnahme eignen sich einen Teil der Inhalte an. Es gibt so viele Experten wie es Lernende gibt. Dadurch sind zunächst alle gefordert, sich mit dem Lernstoff individuell auseinanderzusetzen. Jede Person stellt sich der Aufgabe und nutzt die Zeit, sich zum Experten zu machen. Einzelne Lernende erfahren hier eine Unterstützung und Hilfestellung durch die Aufbereitung des didaktischen Materials, so dass alle Lernenden gleichermaßen die Chance erhalten, sich zu Experten zu machen. Auch ein Austausch der Experten untereinander ist in dieser Phase möglich, so dass bereits hier kooperative Unterstützung möglich wird. In dieser Phase konstruiert jeder Lernende sein Wissen selbst und

verknüpft es mit seinem Vorwissen, so dass eine eigene individuelle Struktur entsteht und der Lerninhalt zur Verfügung steht. Somit kann jeder die individuelle Verantwortung für den eigenen Lerninhalt übernehmen und gestärkt in die nächste Phase eintreten.

2. In einer Austauschphase werden die Inhalte wechselseitig vermittelt. Dabei werden im Wechsel die jeweils komplementären Rollen von Experte und Novize bzw. Novize und Experte eingenommen. Dadurch ergibt sich eine insgesamt symmetrische Kooperation. Durch den Austausch der Inhalte werden diese vertieft und vernetzt. Der kommunikative Prozess unterstützt dieses Vorgehen und ein Prozess des Lernens entsteht. Die jeweiligen Gruppenmitglieder werden über den eigenen Lerninhalt informiert. Alle Gruppenmitglieder können sich hier aktiv einbringen, da durch die vorhergehende individuelle Auseinandersetzung auch alle etwas beitragen können und auch müssen, weil jedes Gruppenmitglied für einen Teil des Lerninhalts individuell verantwortlich ist. Im Austauschprozess werden auch kommunikative Fertigkeiten benötigt und dadurch auch gefördert. Gruppenmitglieder, die etwas nicht verstanden haben, werden nachfragen, Antworten müssen umformuliert und Inhalte nochmals neu erklärt werden. Eigene Vernetzungen und Strukturierungen werden überdacht, mit dem neu erworbenen Wissen in Verbindung gebracht und somit wird der Lerninhalt weiter vertieft, die persönlichen Wissensstrukturen werden erweitert. Dadurch sind alle in der Austauschphase aktiv, allen ist bewusst, dass sie in der nächsten Phase, das gesamte Wissen über alle Lerninhalte, die in der Austauschphase vermittelt wurden, verfügen müssen. Die Lehrperson muss hierfür eine genaue Anleitung der Phase geben und eventuell auch Unterstützungsstrategien anbieten. Ebenso ist eine Differenzierung notwendig, damit auch schwächere Lernende gut in den Austausch eingebunden werden können.
3. In einer Verarbeitungsphase wird die subjektive Auseinandersetzung mit den angeeigneten und vermittelten Inhalten noch einmal besonders akzentuiert, um nachhaltige Effekte zu erreichen. Die Lerninhalte werden in die eigenen Wissensnetze integriert und vertieft. Es eignen sich zur Vertiefung und Erweiterung grafische Darstellungen wie Mindmaps oder Struktur-Lege-Techniken. Diese helfen, den Sachverhalt wirklich zu verstehen und ihn sich anzueignen. Sie führen zu einer noch tieferen Vernetzung der Lerninhalte und die Zusammenhänge der einzelnen Teile werden grafisch veranschaulicht. Hier können über Tests, geeignete Methoden oder auch Plenumsarbeit nochmals überprüft werden, ob die Lernenden sich alle Lerninhalte angeeignet haben und zu Transferleistungen fähig sind. Hier sind auch Hefteinträge als Ergebnissicherung sinnvoll. Alle Lernenden müssen hier in der Lage sein, auf alle Fragen zu antworten oder Aufgaben zu lösen, selbstverständlich entsprechend des eigenen Lernniveaus (Differenzierung notwendig). Auch die Weiterarbeit mit den Lerninhalten wird hier angebahnt.

Somit ist jedes Gruppenmitglied für einen Teil des Lernstoffs Laie, für einen anderen jedoch Experte und übernimmt daher für diesen Teil die Rolle der Lehrperson, beim anderen jene der Lernenden. Damit dies gelingt, müssen geeignete Methoden eingesetzt werden, die helfen, in einen Expertenstatus zu gelangen und Expertenwissen sinnvoll weiter zu geben sowie die Verarbeitung des neu erworbenen Wissens anzuregen. Außerdem müssen alle Phasen über genaue Arbeitsanweisungen verständlich dargelegt werden, so dass sie von den Lernenden auch ausgeführt werden können (vgl. Wahl, 2013; vgl. Traub 2021).

In allen drei Phasen werden die Lernenden durch die Lehrperson unterstützt. Sie müssen erst lernen, wie man anderen Sachverhalte so erklärt, dass diese sie auch verstehen können. Es reicht nicht aus, nur die Lösungen weiterzugeben, sondern es müssen Denkanstöße gegeben, Hilfen angeboten werden usw. Neben der Vermittlung des Wissens muss dieses also auch didaktisch aufbereitet werden und das müssen Lernende erst einmal lernen und umsetzen. Dies zu vermitteln ist zunächst die Aufgabe der Lehrperson. In der ersten Phase ist es besonders bedeutsam, dass die Lernenden Strategien entwickeln, wie sie sich das Expertenwissen aneignen. Hierbei können Unterstützungsstrategien angewandt werden (Mindmaps, genaues Lesen, usw.). Ebenso können die Lehrenden in dieser Phase genaue Arbeitsaufgaben stellen, die Texte entsprechend didaktisch aufbereiten, so dass das Entwickeln eines Expertenstatus durch die Lernenden selbst möglich wird. Es ist eine komplexe und schwierige Aufgabe, wenn Lernende einen Inhalt so aufarbeiten sollen, dass sie ihn als Experten an andere vermitteln können. Auch in der Vermittlungsphase sind Methoden notwendig, die den Austausch unterstützen und dadurch erleichtern. Die Lehrkraft kann Lernende zu Tandems zusammenbringen, die innerhalb dieser Vermittlung eine gegenseitige Stützrolle im Sinne eines Helfersystems einnehmen können. Aus diesem Grund wird die dritte Phase ebenfalls bedeutsam. In der Verarbeitungsphase wird der Inhalt geübt, vertieft oder reflektiert. Durch entsprechende Methoden kann es den Lernenden gelingen, die Themengebiete zu verinnerlichen, zu strukturieren und sich diese entsprechend einzuprägen. Diese Phase kann ebenfalls in Kooperation mit anderen stattfinden, bleibt am Ende aber ein individueller Lernprozess. Auch dieser muss entsprechend unterstützt werden.

Oftmals ist es aber auch so, dass die Lehrperson das Grundlagenwissen zunächst selbst vermittelt und durch das wechselseitige Lehren und Lernen wird dieses dann angeeignet durch aktive Auseinandersetzung und es wird damit nochmals strukturiert und systematisch weitergearbeitet. Dann haben die Lernenden die Chance bereits Vorwissen zu aktivieren und das durch wechselseitiges Lehren und Lernen vermittelte Wissen mit den bereits durch die Lehrperson vermittelten Grundlagen zu verknüpfen. Die Lernenden wissen dann besser, um was es geht und wie sie sich weiter mit dem Thema beschäftigen können. Dies hilft den stärkeren Lernenden dadurch, dass sie das Wissen schon integriert und dann in eigener Struktur anderen darbieten und erklären können und es hilft den schwächeren Lernenden dadurch,

dass sie bereits erste Anknüpfungspunkte haben und gezielter erkennen, was sie noch nicht verstanden haben.
Wechselseitiges Lehren und Lernen grenzt sich von Lernen durch Lehren (Renkl 1997), dem Reciprokal Teaching nach Palincsar & Brown (1984) sowie dem Lernen durch Lehren nach Martin (1994) dadurch ab, dass hier eine klare Symmetrie und ein Rollenwechsel zwischen gleichberechtigten Partnern stattfindet. Deshalb zählt das Helfersystem, tutorielle Lehrtätigkeiten und dergleichen mehr nicht zum Lernen durch wechselseitiges Lehren (Wahl, 2013, 162). Das wechselseitige Lehren und Lernen ist eine ausgewogene und klar strukturierte Form des kooperativen Lernens. Sie zeichnet sich durch eine hohe Aktivität der Lernenden in allen drei Phasen des Lernprozesses aus. Um eigenständiges Lernen in allen drei Phasen zu ermöglichen, ist es wichtig, dass die einzelnen Phasen auch schrittweise erklärt werden. Die Arbeitsanweisungen sollten also in einzelne Schritte zerlegt werden, so dass die Lernenden jeweils wissen, was sie zu tun haben. Je häufiger wechselseitiges Lehren und Lernen angewandt wird, umso weniger bedarf es des genauen Modellings und der Sequenzierung in die einzelnen Arbeitsphasen.
Lehrpersonen sollten auch bedenken, dass die Methoden des wechselseitigen Lehrens und Lernens nach und nach eingeführt werden müssen und dass nicht gleich beim ersten Mal alles funktioniert. Reibungsverluste sind normal und sollten nur dazu motivieren, die Methoden regelmäßig im Unterricht einzusetzen. Wenn dies geschieht, dann automatisieren sich die Abläufe und die Methoden können mit zunehmend mehr Freude, Erfolg und Motivation umgesetzt werden.
Gut organisiert müssen dabei die Gelenkstellen zwischen den einzelnen Phasen werden. Für die Aneignungsphase benötigen die Lernenden die genauen Arbeitsanweisungen, was sie bearbeiten sollen und wie sie dies am besten tun können. Hierfür sind genaue Hinweise – möglichst schriftlich – sinnvoll. Dies gilt auch für die Austauschphase: die Lernenden müssen genau wissen, wer in welcher Reihenfolge wem welche Informationen zur Verfügung stellen soll und wie er das bewerkstelligen kann. In der Verarbeitungsphase geht es ja dann darum, nochmals gemeinsam zu üben und zu vertiefen und hierfür muss die Lehrperson die entsprechenden Arbeitsmaterialien zur Verfügung stellen.
Folgende Effekte können dem Wechselseitigen Lehren und Lernen zugewiesen werden:

1. Die Lernenden setzen sich besonders intensiv mit den Inhalten auseinander, weil sie sich während der Interaktion gleichzeitig motivieren und überwachen.
2. Das Selbstkonzept kann durch die Aneignungsphase gestärkt werden. Die Lernenden machen sich zu „Experten“, können also etwas gut.
3. Lernstrategien werden entwickelt, eingeübt und genutzt
4. Überfachliche Kompetenzen wie Kommunikation und Kooperation werden gefördert
5. Die Lernzeit wird aktiv und zielführend genutzt (Wahl 2020, S. 96)

Hier ein Überblick über den Einsatzort der im Folgenden beschriebenen Methoden:

| **Kooperative Methoden** | **Vorwissen aktivieren** | **Wissensaktivierung und Verarbeitung** | **Vertiefen, Vernetzen** | **Üben** | **Problemlösen** |
|---|---|---|---|---|---|
| Partnerinterview | X | X | X | X | |
| Multi-Interview | X | | X | X | |
| Partnerpuzzle | | X | X | | |
| Lerntempoduett | | X | X | X | X |
| Gruppeninterview | | X | X | X | |
| Gruppenpuzzle | | X | X | | |
| Gruppenrallye | | | X | X | |
| Gruppenturnier | | | X | X | |
| Strukturierte Kontroverse | | X | | | X |
| Kleingruppenprojekt | | X | X | | X |

Außerdem unterscheiden sich kooperative Lernmethoden (Methoden des wechselseitigen Lehrens und Lernens) nach der Art ihres Einsatzortes, ob sie eher zum Üben und Wiederholen geeignet sind oder zur Nachbereitung des Lernstoffes in Form des Vernetzens und Vertiefens, ob durch sie neues Wissen aktiv angeeignet und verarbeitet werden kann oder ob die Methoden mehr als Problemlöseprozess und zur Wissensanwendung einsetzbar sind. Auch zur Aktivierung des Vorwissens können die Methoden teilweise eingesetzt werden.
Im Folgenden werden die Methoden detailliert vorgestellt, erläutert und an einem Beispiel spezifiziert. Zunächst werden kooperative Methoden aus dem Bereich der Partnerkooperation vorgestellt, ehe dann auf die Methoden der Gruppenkooperation eingegangen wird. Dabei wird jede Methode durch jeweils ein Beispiel aus der Grundschule, der Sekundarstufe und der Erwachsenenbildung illustriert . Zur besseren Orientierung wird das Beispiel aus der Grundschule mit dem Symbol eines Schulranzen, das der Sekundarstufe mit dem Symbol eines Rucksacks und das der Erwachsenenbildung mit dem Symbol einer Aktentasche gekennzeichnet.

## 5.2 Partnerkooperation

Wohl am einfachsten umzusetzen sind Methoden aus dem Bereich der Partnerkooperation. Hier benötigen die Lernenden die geringsten Voraussetzungen an sozialen Fertigkeiten. Bei der Partnerarbeit organisieren zwei Lernende ihren Lernprozess gemeinsam. Partnerarbeit ist auch als Einstieg in kooperatives Lernen sinnvoll, da sie auf das Lernen in Gruppen vorbereitet. Auch für den Lehrenden ist die

Organisation der Partnerarbeit einfacher als die der Gruppenarbeit. Er benötigt in der Regel weniger Anweisungen und auch weniger Lernmaterialien.
Die Partnerarbeit ist in allen Phasen des Unterrichts anwendbar, etwa zu Beginn einer Unterrichtssequenz, um Meinungen und Vorwissen abzufragen, während des Unterrichts, um Gedanken auszutauschen oder Informationen zu sammeln und zu interpretieren oder am Ende einer Einheit, um diese zu bewerten, zu verarbeiten oder daran anzuknüpfen. Außerdem lässt sich so auch gewinnbringend üben und wiederholen. Dies geschieht vor allem in den allgemein bekannten Formen des Partnerdiktats oder des gemeinsamen Vokabellernens bzw. –abfragens.
Weil jeweils nur zwei Personen miteinander arbeiten, minimieren sich Auftritts- und Leistungsängste. Die Lernenden müssen sich nur auf ein Gegenüber konzentrieren und die Redebeiträge sowie die Fülle an Informationen sind begrenzt. Außerdem herrscht in einem Tandem eine größere Nähe und Vertrautheit. Das fördert das offene Austauschen und auch das gegenseitige Fragenstellen. Hier können alle lernen, wie man sich auf andere einstellt und dessen Redebeitrag verarbeitet und prüft, ob man diesen richtig verstanden hat.
Die Aufgabenstellung für Partnerarbeit muss klar und eindeutig sein.

### 5.2.1 Partnerinterview

Das Partnerinterview von Diethelm Wahl in Anlehnung an das Gruppenturnier entwickelt, (Wahl 1994; 2020) ist eine strukturierte Form kooperativen Lernens. Aufgrund der starken Strukturierung lässt es sich bereits zu Beginn der Einführung kooperativen Lernens einsetzen. Es werden wichtige kommunikative und kooperative Kompetenzen, wie genaues Zuhören, genaue sprachliche Formulierung und das Eingehen auf den Partner geübt. Inhaltliche Ziele beziehen sich auf die Bearbeitung von Problemen, das Wiederholen von Lerninhalten und auch das Erfassen von Vorwissen und Interessen.

Das Partnerinterview lässt sich in drei Phasen gliedern:

Zunächst werden Paare gebildet. Diese Paarbildung kann nach dem Zufallsprinzip (Sitzordnung, Losverfahren) oder verbunden mit Kennenlernübungen oder gezielt durch die Lehrperson gesteuert erfolgen. Für die Gruppierung der Teilnehmenden darf die Lehrperson auch Vorgaben machen, etwa Partner A ist der jüngere von beiden, die Person mit den kürzeren Haaren oder ähnliches. Lange ausdiskutiert werden sollte diese Zuteilung aber nicht.

1. Aneignungsphase: Die Paare erhalten ein Arbeitsblatt mit zu bearbeitenden Aufgaben. Zunächst bearbeiten die Partner die ihnen zugewiesenen Aufgaben (Partner A die Aufgaben mit geraden Zahlen, Partner B die Aufgaben mit ungeraden Zahlen in Einzelarbeit). Dabei können die Aufgaben zunächst aus der Erinnerung bearbeitet werden (dem Partnerinterview geht ja der Lerninhalt voraus) oder aber es kann eine andere Person, die ebenfalls als Partner A bzw. Partner B fungiert um Rat gefragt werden und es können gemachte Notizen, Tafelanschriebe, Bücher und Skripte zur Lösung der Aufgaben herangezogen werden. Partner A verfügt also über die Hälfte des Wissens, Partner B über die andere Hälfte.
2. Nun beginnt die Austausch- bzw. Vermittlungsphase. Die Partner stellen sich abwechselnd die Fragen bzw. Aufgaben: A stellt B alle Fragen mit geraden Zahlen, die B beantworten bzw. bearbeiten muss, B stellt A alle Fragen mit ungeraden Zahlen, die A zu beantworten hat. Die Antworten können schriftlich festgehalten werden oder die Aufgaben müssen direkt ausgeübt werden. Beide Partner können sich nach einer ersten Antwort von A bzw. B gegenseitig ergänzen und so ihrem Expertenstatus gerecht werden. Wichtig ist, dass A zuerst die Antwort von B abwartet und erst dann bestätigt, ergänzt, korrigiert. Somit wird der gesamte Lerninhalt wiederholt, erneut durchdacht und damit nachhaltig gespeichert und trainiert. Beide Lernenden sind dabei gleichermaßen aktiv und wechseln ständig die Expertenrolle.
3. Vertiefung/Weiterarbeit: Schließlich bringen die Paare ihre Antworten oder die Bearbeitung der Aufgaben ins Plenum ein. Dort können sie weiter diskutiert und Unklarheiten beseitigt werden. Das Einbringen kann als Thesenpapier, mit Hilfe einer Wandzeitung erfolgen oder aber jedes Paar gibt auf eine der Fragen eine Antwort und wird dann von anderen Paaren ergänzt oder die Aufgaben werden gemeinsam durchgeführt.

Bei dieser Partnerkooperation kommen alle Lernenden zum Agieren. Beide Partner haben ungefähr die gleichen Redeanteile oder Aufgaben und tragen damit gleichermaßen zum Ergebnis bei. Das Partnerinterview hilft erfahrungsgemäß beim Knüpfen von Kontakten. Aufgrund einer Art Vergewisserungsphase dient es auch der Orientierung bei Entscheidungsprozessen und liefert ein klares Meinungsbild. Besonders wichtig ist, dass die Lernenden ihrem Arbeitstempo folgen dürfen. Sie sollen und können sich mit den Fragen so lange beschäftigen, wie sie Bedarf dazu haben. Das individuelle Lerntempo wird berücksichtigt. Es bestimmt die Arbeitszeit.
Partnerinterviews können auch durch Antwortvorgaben unterstützt werden. So wird das Gefühl der Sicherheit vermittelt, da die Lösung ja von der Lehrperson vorgegeben und damit korrekt sein müsste. Gerade schwächere Lernende können durch solche Maßnahmen unterstützt werden. Hier ist auch eine Differenzierungsmöglichkeit gegeben. Starke Lernende suchen die Antworten selbst, schwächere Lernende erhalten eine „Modellantwort".
Das Partnerinterview ist zeitlich gut in einer Unterrichtsstunde oder einem Seminar einsetzbar. Es lässt sich auch in praktisch orientierten Fachrichtungen wie zum Beispiel in Sport oder in den Naturwissenschaften einsetzen. Im Fach Sport könnten zum Beispiel die Partner jeweils drei Aufwärmübungen erhalten, die bereits bekannt sind und die dann gemeinsam geübt werden.

**Partnerinterview in der Grundschule**

Das Partnerinterview lässt sich in der Grundschule von Klasse 1 bis 4 wie dargestellt einsetzen. Im Anfangsunterricht muss dabei eventuell auf Symbole oder Bilder zurückgegriffen werden, wenn ansonsten die Fragen nicht entsprechend erlesen werden können. Die Fragen müssen hierbei eindeutig, kurz und klar verfasst werden. Die Lernenden müssen sofort erfassen können, um was es bei der Frage geht und wie die Antwort in etwa aussehen könnte. Eventuell wäre es zu Beginn noch hilfreich, Antwortvorgaben mit zu liefern, um Sicherheit im Umgang mit dem Partnerinterview zu trainieren und den Lernenden am Modell aufzuzeigen, wie beim Partnerinterview gearbeitet werden kann. In der Grundschule kann das Partnerinterview gut eingesetzt werden, um sich über Meinungen, Ansichten auszutauschen, um Vorwissen abzufragen oder aber auch um Wissen zu vertiefen bzw. Inhalte zu üben. Das Partnerinterview in der Grundschule lässt sich im Rahmen einer Einzelstunde, aber auch bei einer Stationen-, oder Wochenplanarbeit, einer Lerntheke oder der Freiarbeit einsetzen.
Zu Beginn muss den Lernenden genau erklärt werden, wie sie das Partnerinterview umsetzen sollen und eventuell beispielhaft in einer Art „Rollenspiel" demonstriert werden. Im Partnerinterview kann auch sehr gut differenziert werden: so können zum Beispiele verschiedene Interviews mit unterschiedlichen Schwierigkeitsgraden an die Niveaugruppen verteilt werden oder aber die schwächeren Lernenden erhalten bei ihren Antwortmöglichkeiten Hilfestellungen, sei es durch weitere Hinweise, Stichwörter oder richtige Lösungen.

Das folgende Beispiel stammt aus einer 2. Klasse und wurde im Rahmen einer Verarbeitungs-/Vertiefungsphase am Ende einer Unterrichtsstunde zur Themeneinheit „Wald" eingesetzt.

**Beispiel von Janika Hirth**

| **Fach:** | **Klassenstufe:** | **Unterrichtseinheit:** | **Thema:** |
|---|---|---|---|
| Sachunterricht | 2 | Der Wald | Pflanzenwelt – Blätter und Früchte von Waldbäume kennenlernen |

**Art der kooperativen Methode:**
Partnerinterview im Rahmen einer X Sandwich-Stunde

**Ziele der kooperativen Methode:**
Mit Hilfe des Partnerinterviews sollen die SuS
- Blätterformen beschreiben.
- zusammengehörige Blätter, Früchte und Bäume nennen.
- den Wandel der Bäume im Herbst beschreiben.

**Einbettung der kooperativen Methode in die Unterrichtsstunde**:
Als Einstieg wird der Advance Organizer von der Lehrkraft aufgelegt und das Stundenthema bekannt gegeben.

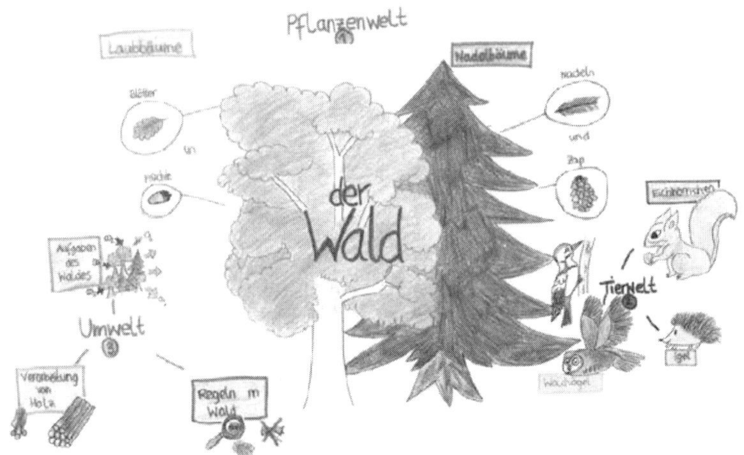


Anschließend erfühlen die Kinder in Tandems unterschiedliche Früchte und beschreiben diese. In der darauffolgenden arbeitsteiligen Gruppenarbeit werden vier Bäume, deren Blätter und Früchte erarbeitet. Dazu erhalten die SuS Infotexte sowie ein Faltheft, in welches sie die Informationen eintragen können.

In der Kollektiven Phase werden gemeinsam die Ergebnisse der Gruppenarbeit besprochen und in einem Tafelbild festgehalten. Zur Festigung erhalten die Kinder eine Mind-Map in unterschiedlichen Niveau-Stufen. Diese dient ihnen als kognitive Lernkarte.

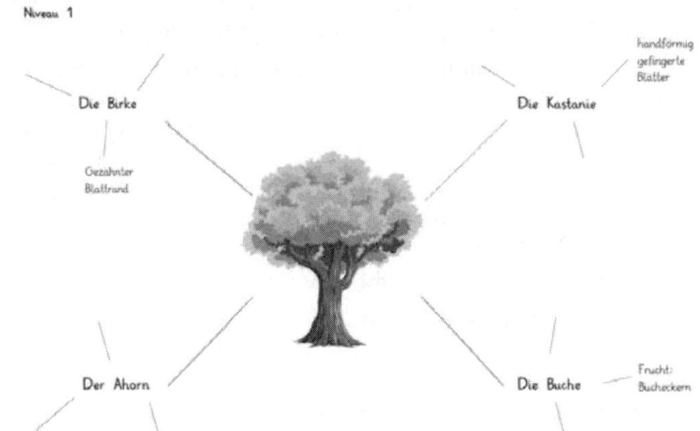


In der Vertiefungsphase führen die Kinder das Partnerinterview durch.

**Partnerinterview Laubbäume**

| Partner A | Partner B |
|---|---|
| 1. Wodurch kann man die Laubbäume voneinander unterscheiden? | |
| | 2. Welche Frucht trägt die Birke? |
| 3. Warum werfen die Laubbäume im Winter ihre Blätter ab? | |
| | 4. Erkläre, warum die Blätter im Herbst bunt werden. |
| 5. Zu welchem Baum gehören handförmig gefingerte Blätter? | |
| | 6. Welche Blätter kennst du? |
| **Eure Fragen:** | |

**Welche Fragen habt ihr noch an das Thema? Überlegt gemeinsam und notiert sie in der Tabelle.**

Zum Abschluss wird ein Zuordnungsspiel gespielt. Die Lehrkraft hält eine Frucht oder ein Blatt hoch und die Kinder müssen den zugehörigen Baum nennen. Dazu wird die Klasse in der Hälfte geteilt.

**Partnerinterview in der Sekundarstufe**

In der Sekundarstufe lässt sich das Partnerinterview in allen Klassenstufen und auch in fast allen Fächern einsetzen. Auch im musisch-ästhetischen Bereich ist dies möglich, so können zum Beispiel im Sport Übungen zuerst in Einzelarbeit trainiert werden, dann mit dem Partner wechselseitig vorgestellt und ausgeführt werden. In Musik oder Kunst können in praktischen Lernsituationen zum Beispiel Liedtexte erlernt, Maltechniken gegenseitig vorgestellt werden und dergleichen mehr.

In der Sekundarstufe dürfen die Fragen auch schon etwas komplexer und tiefgründiger sein. Hier können die Lernenden auch dazu angeregt werden, sich über einzelne Fragen etwas länger Gedanken zu machen und die eigenen Antworten zu notieren. Neben dem Meinungsaustausch zu bestimmten inhaltlichen Themenstellungen, kann das Partnerinterview auch zur Wiederholung und zur Übung von Wissen eingesetzt werden. Auch das Vorwissen kann hiermit gut abgeprüft werden. Im Partnerinterview kann gut differenziert werden. So kann die Klasse in mehrere Niveaugruppen eingeteilt werden, die Niveaugruppe 1 erhält dann komplexere und vertiefende Fragen, während die Niveaugruppe 3 wiederholende Fragestellungen erhalten. Ebenso können die Lernenden entsprechend beim Geben der Antworten mit verschiedenen Arten von Hilfestellungen unterstützt werden. So können im freien Feld des Partnerinterviews Stichworte zur Lösungsfindung enthalten sein, die gesamte Antwort bereits notiert sein oder aber auch Hinweise gegeben werden, wie man zur richtigen Lösung findet.

Das Partnerinterview kann im Rahmen der Freiarbeit, des Projektunterrichts, der Werkstattarbeit, aber auch in ganz normalen Einzelstunden eingesetzt werden.

Das vorliegende Beispiel stammt aus dem Englischunterricht einer 8. Klasse und wurde im Rahmen einer Unterrichtsstunde umgesetzt. Dazu erhielten die Lernenden auf der einen Seite Fragen, die sie mit Hilfe eines Sachtextes beantworten sollten und diese Antworten wurden dann im Rahmen des Partnerinterviews erarbeitet.

**Beispiel von Yannick Spohn**

| **Fach:** Englisch | **Klassenstufe:** 8 | **Unterrichtseinheit:** Auseinandersetzung mit der amerikanischen Geschichte am Beispiel des Pfads der Tränen. | **Thema:** Umgang mit den Ureinwohnern Amerikas. |
|---|---|---|---|

**Art der kooperativen Methode:**
Partnerinterview im Rahmen einer X Sandwich-Stunde

**Ziele der kooperativen Methode:**
Mit Hilfe des Partnerinterviews sollen die SuS
- die historischen Gegebenheiten des Pfads der Tränen beschreiben.
- sich über den Pfad der Tränen in der Zielfremdsprache äußern.

**Einbettung der kooperativen Methode in die Unterrichtsstunde**:
Als Einstieg beschreiben sich die SuS zunächst kooperativ die beiden Bilder. Anschließend überlegen und äußern die SuS in einer Placemat Vermutungen, welche Ereignisse konkret dargestellt sein könnten:

Die Erarbeitung erfolgt in einem Partnerinterview. In der Aneignungsphase lesen die SuS einen didaktisierten Sachtext, der qualitativ in drei Niveaus differenziert wurde.

**didaktisierter Sachtext (G-Niveau):**

Native Americans were living in the south-east of the USA for thousands of years before the white settlers arrived in the early 1800s. The Cherokees were the main tribe around Guntersville. But when the white settlers came, everything changed for them and for the other tribes.

**The Trail of Tears**

*The Indian Removal Act*[1] ***was passed***[2] by Congress in 1830. The government of the United States forced[3] Native Americans to leave their homes in the Southern United States to live in Indian areas in Oklahoma. The removal began in 1831 and ended in 1838. About 100,000 people had to leave their homes behind.
The march to their new homes was dangerous. It took them several months to travel around 1,000 miles across mountains and wilderness. About 15,000 died from starvation and the cold.

**The gold rush**

In 1829 the government of the United States found gold on Indian land in Georgia. The government passed the Indian Removal Act because it wanted to make a lot of money.

**Legacy**

The Trail of Tears is known worldwide as one of the darkest and most shameful events of American history. Nowadays Native Americans still live in special *reservations*[4] in the USA.

Die SuS erhalten zusätzlich ihrem Niveau entsprechende Aufgaben:

*Arbeitsblatt (G-Niveau):*

**Work sheet**

## The Trail of Tears

Read the text and cross [x] the best option: a), b), or c). Sometimes more than one option is right.

1 Native Americans have lived
- [ ] a) in the south-east of the USA for thousands of years.
- [ ] b) in the north-east of the USA for thousands of years.
- [ ] c) together with white settlers since the 1700s.

2 The white settlers arrived
- [ ] a) in the early 1900s.
- [ ] b) in the early 1800s.
- [ ] c) in the late 1800s.

3 After the Indian Removal Act
- [ ] a) Native Americans were forced to leave their homes.
- [ ] b) Native Americans got back their lands.
- [ ] c) Native Americans had to leave Oklahoma.

4 About 100,000 people were on the road
- [ ] a) between 1700 and 1707.
- [ ] b) during the removals.
- [ ] c) between 1831 and 1838.

5 During the removals
- [ ] a) 15,000 Native Americans died.
- [ ] b) people travelled about 1,000 miles.
- [ ] c) Native Americans had to cross the wilderness.

6 The government of the United States
- [ ] a) passed the Indian Removal Act.
- [ ] b) wanted to make lots of money.
- [ ] c) didn't find gold on Indian land.

7 The Trail of Tears is
- [ ] a) a festival in the USA.
- [ ] b) a shameful part of American's history.
- [ ] c) known worldwide.

8 Today the Native Americans
- [ ] a) live in their old lands.
- [ ] b) live in reservations.
- [ ] c) don't live in the USA anymore.

Die SuS kontrollieren ihre Ergebnisse durch Selbstkontrolle:
*Lösungsblatt (G-Niveau)*
*Die richtigen Kästchen auf dem Arbeitsblatt sind auf dem Lösungsblatt angekreuzt.*

In der Austauschphase führen die SuS dann das Partnerinterview durch.
*Arbeitsblatt-Partnerinterview (G-Niveau):*

Partner interview

# The Trail of Tears

**How to do the partner interview:**

1) Partner A starts asking the first question.
2) Partner B answers the question. Partner A can add some information if he / she likes to.
3) Partner B asks the second question.
4) …

| Partner A | Partner B |
|---|---|
| **1 How long did Native Americans live in the south-east of the USA?** | *The Native Americans lived in the south-east of the USA …* |
| *The white settlers arrived in the south-east of the USA …* | **2 When did the white settlers arrive in the south-east of the USA?** |
| **3 What did happen to the Native Americans after the Indian Removal Act?** | *They had to …* |
| *They died from …* | **4 How did the Native Americans die on the march to Oklahoma?** |
| **5 Why was the march to Oklahoma dangerous?** | *It was dangerous because …* |
| *They forced them to leave because …* | **6 Why did the government force the Native Americans out of their lands?** |
| **7 Where do the Native Americans live today?** | *They live …* |
| *It is remembered …* | **8 How is the Trail of Tears remembered today?** |

In der Vertiefungsphase stellen die SuS Vermutungen zu der Fragestellung „Why do people have to leave their countries nowadays?“ auf.

**Partnerinterview in der Erwachsenenbildung**

Auch in der Erwachsenenbildung kann das Partnerinterview eine bedeutsame Rolle für die Auseinandersetzung mit Inhalten spielen. Hier kommt es zur Überprüfung der Vorkenntnisse, zur Übung und Wiederholung von Lerninhalten, zur Verarbeitung von Inhalten und auch zur Vertiefung komplexer Inhalte zum Einsatz.

Es lässt sich in fast allen Themengebieten entsprechend aufarbeiten und einsetzen. Nach bisherigen Erfahrungen erzeugt das Partnerinterview bei den Lernenden hohe Lernzuwächse und wird von diesen sehr geschätzt. Die Lernenden können sich hier kooperativ mit anderen austauschen und sich so immer wieder vergewissern, ob sie die Inhalte richtig verstanden und gut aufgearbeitet haben.

Hier dürfen die Fragen durchaus komplex und auch vielschichtig sein. Ganz besonders wichtig ist hierbei, dass die Teilnehmer genügend Zeit haben, sich über ihre Fragen selbst zum Experten zu machen, um sich dann auch wirklich mit einem Lernpartner zielführend über die Inhalte auseinandersetzen zu können.

Das folgende Beispiel stammt aus einem Qualifikationskurs für ehrenamtliche Begleiter im Rahmen der Hospizarbeit. Das Thema gehört zu einem sensiblen Arbeitsbereich, daher muss auch das Partnerinterview entsprechend gut vorbereitet sein.

**Beispiel von: Bettina Dennig**

| **Fach:** | **Kurs:** | **Unterrichtseinheit:** | **Thema:** |
|---|---|---|---|
| Qualifikation ehrenamtlicher Begleiter*innen in der Hospizarbeit | Grundkurs | Spiritualität/Religion/Kultur | Die Spirituelle Dimension in der Hospizarbeit |

**Art der kooperativen Methode:**
Partnerinterview im Rahmen einer X Sandwich-Stunde

**Ziele der kooperativen Methode:**
Ein wichtiger Aspekt unserer Qualifizierungskurse ist die Bearbeitung der eigenen Endlichkeit. Der sensible Umgang mit diesem Thema erfordert das Arbeiten in kleinen Sozialformen, die es den Teilnehmer*innen ermöglichen ihre Hemmschwelle zu überwinden. Zudem sollen Vorwissen und eigene Erfahrungen zum Thema eingebracht und mit neu erlerntem Unterrichtsstoff verknüpft werden.

**Mit Hilfe des Partnerinterviews** sollen die Kursteilnehmer*innen sich ihres eigenen kulturellen/religiösen Hintergrundes bewusstwerden und die Erkenntnis der sogenannten „spirituellen Suchbewegung“ gewinnen. Ebenso sollen die Kursteilnehmer*innen eine vorbehaltlose Neugier auf das Gegenüber, Offenheit, Wertschätzung, Flexibilität und eine fragende Haltung entwickeln oder bewahren.

**Der Inhalt:**
„Spirituelle Suchbewegung“ Traugott Roser Professur für Spiritual Care Ludwig Maximilians Universität München Vortrag Roser \(2\) [Schreibgeschützt] (uni-muenchen.de)

In postmodernen Gesellschaften besteht individuelle Spiritualität, häufig aus einem Patchwork verschiedener Kultureller, ethnischer und religiöser Einflüsse, die im Lauf einer Biographie an Bedeutung gewinnen und wieder verlieren. So entwickelt sich eine einzigartige Ausprägung von Spiritualität, die in Lebenskrisen herausgefordert wird.
Das „spirituelle Dreieck“: Wer bin ich (Identität)
Wozu/für wen lebe ich (Sinn und Beziehung)
Wo komme ich her/wo gehe ich hin (Transzendenz)
Zu meiner Identität gehören meine Werte: wo sehe ich meinen Platz in der Welt? Wie gehe ich mit Menschen um, die etwas anderes glauben, gar nicht glauben oder eine andere Art von Spiritualität leben
Mittels eines Erfassungsbogens zur eigenen Spiritualität: „Mein spirituell/religiöses Profil“ entstanden aus dem Anamneseinstrument:

**SPIR** Frick, E., Weber, S. und Borasio, G. D.: „SPIR-Halbstrukturiertes klinisches Interview zur Erhebung einer spirituellen Anamnese“, 2002
S = spirituelle Überzeugung (würden sie sich als spirituellen Menschen bezeichnen?)
P = Platz im Leben (sind diese Überzeugungen wichtig für ihr Leben, die gegenwärtige Situation?)
I = Integration (gehören sie einer spirituellen oder religiösen Gemeinschaft an?)
R = Rolle der Pflegenden (Wie soll ich als … damit umgehen, wünschen sie ein erneutes Gespräch?)
wird das Partnerinterview durchgeführt.

**Einbettung der kooperativen Methode in die Unterrichtsstunde**:
Im Anschluss an eine Murmelphase zur Frage „Was trägt, beseelt mich“ führt ein Lehrvortrag mittels Flipchart und Moderationswand ins Thema „Spiritualität/Religion/Kultur“ ein. Dabei werden das spirituelle Dreieck und das Anamneseinstrument SPIR aufgezeigt.
Die Kursteilnehmer*innen erhalten diese Inhalte per Handout.
Diese kollektive Phase umfasst 10 Minuten.
Die individuelle Lernphase wird durch die Anmoderation der Methode eingeleitet. Die Kursteilnehmerinnen erhalten Ihr eigenes Anamneseinstrument „Mein spirituell/religiöses Profil“ und eine Arbeitsanweisung mit Fragen, die in der Partnerarbeit wechselseitig beantwortet werden sollen.

Das Partnerinterview erfolgt „arbeitsgleich“, was bedeutet, die Partner gehören ursprünglich der gleichen Religion an. Bei ungleicher Verteilung der Religionen oder Teilnehmer*innenzahl werden 3er- Gruppen gebildet.

Einzelarbeit: ausfüllen des Anamnesebogens (10 Minuten)
Partnerarbeit: Gespräch zur Vertiefung. Dabei werden die Fragen, die auf der Arbeitsanweisung stehen, im Wechsel beantwortet (10 Minuten)

In der folgenden Kollektiven Lernphase werde im Plenum eventuelle aufgetretene Fragen bearbeitet. Eine Runde, in der jede*r Kursteilnehmer*in einen Resümee- Satz formulieren kann beendet diese Arbeitseinheit und der/die Referent*in leitet zur Pause und/oder zum zweiten Kurzvortrag über.

**Arbeitsauftrag Partnerinterview Einzelarbeit:**
Fülle den Arbeitsbogen „Mein spirituell/religiöses Profil“ aus.
Dauer: 10 Minuten
Finde dich im Gruppenraum, an der Stelle mit dem Schild deiner „ursprünglichen“ Religion ein (z. B. katholisch)
Suche dir dort einen Partner/eine Partnerin, Dreiergruppe bei ungleicher Anzahl und nehmt dann, in einem der vorbereiteten Räume, zum Paar-/Dreiergespräch Platz.

**Paar-/Dreier- Aufgabe:**
Austausch:

*Mit welchen Inhalten einer Religion/Spiritualität bin ich aufgewachsen, Prägung? Regeln, Rituale, Bräuche?*
*Was beeinflusst davon mein Leben heute und was hat sich verändert?*

Dauer: 10 Minuten

**Kommt zurück ins Plenum**

### 5.2.2 Multiinterview

Das Multiinterview (von Diethelm Wahl in Anlehnung an das Gruppenturnier entwickelt: Wahl 1994, 2020) ist eine Variante des Partnerinterviews. Hier tauscht man sich nacheinander mit mehreren Personen aus, immer dann, wenn die Frage beantwortet oder die Aufgabe gelöst ist. Jede Person ist zunächst Expertin für eine Aufgabe. In der zur Verfügung gestellten Zeit können mehrere Fragen beantwortet, also Austauschrunden durchgeführt werden. Beim Multiinterview wird im eigenen Tempo bei der Bearbeitung jeder Frage oder Aufgabe das Gegenüber gewechselt.

Die Lehrperson muss vorab genau überlegen, wie viele Aufgaben gegeben werden, wo differenziert werden kann und wie ein Wechsel der Partner stattfindet. Wenn so viele Aufgaben zur Verfügung stehen wie Lernende im Raum sind, dann kann jede Person eine Aufgabe zugeteilt werden und diese bearbeiten. Dies geht bei Übungsaufgaben recht gut. Es kann dann entsprechend differenziert werden, in dem zum Beispiel die schwächeren Lernenden leichtere Übungsaufgaben (gekennzeichnet durch zum Beispiel rotes Papier) erhalten, die mittelstarken Lernenden erhalten ihre Aufgaben auf grünem Papier, die leistungsstarken auf blauem Papier. Der Austausch findet nun innerhalb der einzelnen Farbgruppen statt.

Wenn es nicht möglich ist, so viele Aufgaben zu stellen, wie Lernende im Raum sind, dann kann die Gruppe auch in mehrere Untergruppen gegliedert und in jeder Gruppe die gleichen Aufgaben bearbeitet werden. Hier kennzeichnen dann die Farbblätter, wer zu welcher Gruppe gehört.

Auch das Multiinterview besteht aus drei Phasen:

- Aneignungsphase: Die Lernenden befassen sich mit der ihnen zugeteilten Aufgabe und versuchen diese zu lösen. Dazu können sie Unterlagen nutzen oder andere Personen um Rat fragen. Auch die Lehrperson kann in dieser Phase in Einzelfällen unterstützen. Sie machen sich zum Experten über ihre Aufgabe bzw. Frage. Auch hier kann wieder mit Lösungsblättern, Stichworte oder anderen Hilfestellungen die Lösung der Aufgabe unterstützt und die Sicherheit für die Richtigkeit der Antwort gestärkt werden.
- Austauschphase: die Lernenden suchen sich ein Gegenüber und stellen dieser Person ihre Frage. Sie ergänzen deren Antwort und erhalten ihrerseits nun die Frage des Gegenübers. Nach Beantwortung derselben, wird auch diese Antwort durch den Experten ergänzt. Wenn die Aufgaben gelöst sind, dann suchen sich die Lernenden jeweils neue Partner und die Übung beginnt von vorne. Somit entstehen immer wieder neue Paarungen. Nach einer vorgegebenen Zeitspanne, wird das Multiinterview beendet.
- Vertiefungsphase: Fragen bzw. Aufgaben, die fehlerhaft beantwortet oder nicht beantwortet werden konnten, werden ins Plenum eingebracht und dort gemeinsam besprochen.

Auch im Multiinterview können wichtige kommunikative und kooperative Kompetenzen wie genaues Zuhören, genaue sprachliche Formulierung und das Einge-

hen auf den Partner geübt werden. Inhaltliche Ziele beziehen sich auf die Bearbeitung von Problemen, das Wiederholen von Lerninhalten und auch das Erfassen von Vorwissen und Interessen. Somit dienen diese Methoden der Verarbeitung und Vertiefung von Lerninhalten.
Alle Lernenden kommen zum Sprechen und haben in etwa die gleichen Redeanteile. Besonders wichtig ist, dass die Lernenden ihrem Arbeitstempo folgen können. Wie auch in den anderen Interviewformen sind die Paare hier sehr aktiv, was die Motivation steigert. Die Vorbereitung in Einzelarbeit, eventuell auch mit Hilfestellungen ermöglicht, dass sich alle Lernenden entsprechend einbringen können.
Aufgrund der starken Strukturierungen lässt sich das Multiinterview bereits zu Beginn der Einführung kooperativen Lernens einsetzen. Allerdings sollte der Austausch mit einem Partner zuvor in einem Partnerinterview geübt werden. Die Gesamtorganisation des Multiinterviews ist etwas aufwändiger, die Lernenden sollten schon ein wenig in kooperativen Lernformen trainiert sein.
Das Multiinterview kann zu Beginn eines Lernprozesses durchgeführt werden, da dadurch Vorkenntnisse aktiviert und wiederholt sowie Interessen geweckt werden können. Am Ende eines Themenbereichs können Lernlücken geschlossen, erworbenes Wissen vertieft und wiederholt sowie ein Wissenstransfer vorbereitet werden.
Das Multiinterview kann auch als Feedbackmethode eingesetzt werden und um die Stimmung in einer Gruppe einzufangen. Hierfür erhalten die Lernenden jeweils Fragen zum Ablauf des Unterrichts, stellen sich diese gegenseitig vor und bringen die Ergebnisse ins Plenum ein.
Die Methode kann in allen Alters- und Schulstufen eingesetzt werden.

**Multiinterview in der Grundschule**

Das Multiinterview kann in der Grundschule gut eingesetzt werden, allerdings bedarf es dafür eines sehr geregelten und gut organisierten Ablaufs sowie einer klaren Struktur und Organisation. Ansonsten läuft es Gefahr in einem Durcheinander zu enden. Es muss den Lernenden hier ganz deutlich gemacht werden, dass sie sich zuerst alleine mit der gestellten Aufgabe beschäftigen, dann sich über die jeweiligen Fragestellungen mit einem Partner austauschen und schließlich einen neuen Partner suchen, mit dem der Austausch wieder von vorne beginnt. Gerade in der Grundschule kann das Multiinterview sehr gut als Übungs- und Wiederholungsmethode durchgeführt werden und kann somit Abwechslung in den Übungsalltag bringen. Hier lässt sich auch sehr gut differenzieren. Man kann zum Beispiel über drei verschieden farbige Aufgabenblätter niveaudifferenziert die Klasse einteilen: die roten Arbeitsblätter beinhalten Aufgaben mit dem höchsten Schwierigkeitsgrad, die gelben mit dem mittleren und die blauen mit dem niedrigsten Schwierigkeitsgrad. Dann können die Lernenden in Gruppen eingeteilt werden, zum Beispiel arbeiten die acht stärksten Lernenden in einem Multiinterview mit den roten Blättern, die mittelstarken Lernenden mit den gelben Blättern usw. Somit kann man den Lernenden sehr gut gerecht werden.

Aber auch zu einem Meinungsaustausch ist das Multiinterview vielfältig einzusetzen. Es lässt sich sowohl in einer Übungsstunde, aber auch im Rahmen der Wochenplanarbeit oder auch der Freiarbeit sinnvoll nutzen.

**Grundschule: Beispiel von Silke Traub**

| **Fach:** Sport | **Klassenstufe:** 1–4 | **Unterrichtseinheit:** Aufwärmübungen vor jeder praktischen Einheit notwendig | **Thema:** Gemeinsames Aufwärmen |
|---|---|---|---|

**Art der kooperativen Methode:**
Multi-Interview im Rahmen einer
X Sandwich-Stunde X Stationenarbeit/Wochenplan X Freiarbeit X Projektarbeit

**Ziele der kooperativen Methode:**
Die SuS können sich spielerisch aufwärmen und dabei ihren gesamten Körper nutzen.
Sie können sich gegenseitig ermutigen, korrigieren.
Sie entwickeln Freude an der Bewegung.

**Einbettung der kooperativen Methode in die Unterrichtsstunde**:
Zu Beginn einer jeden Sporteinheit sollen sich die SuS aufwärmen, um einer Verletzungsgefahr vorzubeugen und sich auf die nachfolgende Unterrichtseinheit einlassen zu können. Das Multiinterview steht hier am Anfang einer jeglichen praktischen Sporteinheit und dient dem besseren Aufwärmen.

Die Kinder ziehen jeweils eine Karte mit einer Aufwärmübung. Diese führen sie zunächst in einer Einzelarbeit aus und überlegen sich hierbei, wie sie die Aufgabe am besten umsetzen können.
Dann treffen sich immer zwei SuS zu einem Tandem. Die erste Tandemperson stellt ihre Aufgabe dem Gegenüber, welcher dann die Aufgabe auszuführen hat. Dabei korrigiert der Experte und macht die Übung dann seinerseits vor. Anschließend führen sie die Aufgabe gemeinsam aus. Dann stellt Partner B seine Aufgabe, die Partner A zunächst ausführt, dann dazu eine Rückmeldung erhält. Partner A führt die Aufgabe dann ebenfalls aus und dann stellen sich beide Partner der Aufgabe.
Anschließend erfolgt ein Tandemwechsel, Person A geht mit Person E zum Beispiel zusammen, Person B mit Person R usw.
Es werden vier bis fünf Durchgänge praktiziert.

Beispiele für die Multi-Interviewkarten:

| Trabe wie ein Pferd und laufe im Kreis | Stolziere wie ein Pfau auf und ab | Strecke dich so hoch wie eine Giraffe und bewege dich so einmal und die eigene Achse |
|---|---|---|
| Stehe wie ein Flamingo auf einem Bein und versuche mit den Händen auf den Boden zu kommen | Strecke dich so hoch wie eine Giraffe und bewege dich so einmal und die eigene Achse | Springe wie ein Frosch |

Hier können auch Karten in einer Farbe ausgeteilt werden, die Bewegungsübungen darstellen, ein anderes Kartenset beinhaltet Dehnungsübungen oder Geschicklichkeitsübungen oder dergleichen mehr. Dann würden die Tandems nach den Kartensets zusammengehen, so dass immer von jedem Kartenset eine Person mit einer anderen zusammen ist.

**Multiinterview in der Sekundarstufe**

In der Sekundarstufe lässt sich das Multiinterview vielfältig einsetzen: als Wiederholungs- und Übungsmethode, als Methode zur Verarbeitung von neu erworbenem Wissen und der entsprechenden Vernetzung und als Austauschmethode zu bestimmten Sachthemen oder auch zum Austausch von Meinungen. Voraussetzung sind klare Arbeitsanweisungen und eine gute Organisation der einzelnen Phasen. Ebenfalls bietet sich das Multiinterview als Differenzierungsmethode an, um im jeweiligen eigenen Lernprozess üben und vernetzen zu können. Hierzu kann die Klasse in drei Niveaustufen eingeteilt werden und jede Gruppe arbeitet dann untereinander auf ihrem Niveau mit Hilfe des Multiinterviews. Die Niveaus können mit Hilfe verschieden farbiger Arbeitsblätter entsprechend sichtbar gemacht werden. Auch in der Freiarbeit kann das Multiinterview genutzt werden, wobei hier nicht mehr als sechs Lernende miteinander arbeiten sollten.

**Sekundarstufe: Beispiel von Silke Traub:**

| **Fach:** | **Klassenstufe:** | **Unterrichtseinheit:** | **Thema:** |
|---|---|---|---|
| Mathematik | 6 | Bruchrechnen | Verdoppeln und Halbieren von Brüchen |

**Art der kooperativen Methode:**
Multi-Interview im Rahmen einer X Sandwich-Stunde X Freiarbeit

**Ziele der kooperativen Methode:**
Die SuS üben das Verdoppeln und Halbieren von Brüchen;
Sie können damit sicher umgehen.

**Einbettung der kooperativen Methode in die Unterrichtsstunde**:
Der Übungsphase voraus geht die Erarbeitung der Regeln zur Verdoppelung und Halbieren von Brüchen. Die SuS haben bereits eine Vorstellung von Bruchzahlen als Anteile eines Ganzen und können mit dem Begriff des Bruchrechnens etwas anfangen. Nach einer Einleitung und einem Input der Lehrkraft wie Brüche verdoppelt bzw. halbiert werden und der Durchführung einiger Beispielaufgaben, beginnt das Multi-Interview. Hierfür erhalten die SuS auf einer Karteikarte jeweils mehrere Aufgaben mit den Lösungswegen. Sie machen sich in einer Einzelarbeit zum Experten über ihre Aufgaben und prägen sich die Lösungen ein. Dann beginnt die Austauschphase. Jeweils zwei SuS treffen sich zu einem Tandem und stellen sich gegenseitig ihre Aufgaben. Diese werden dann von der jeweils anderen Person bearbeitet und das Ergebnis verkündet. Der Experte korrigiert und bestätigt die richtige Antwort und der Lösungsweg wird nochmals gemeinsam reflektiert.

Dann wechseln die Personen den Tandempartner und gehen mit einer weiteren Person zu einem neuen Tandem zusammen. Diese stellen sich wieder die jeweiligen Aufgaben, bestätigen oder korrigieren die Antwort und reflektieren die Lösungswege. Im Anschluss werden die Aufgaben ins Plenum eingebracht, deren Lösungswege noch nicht klar geworden sind. 3 bis vier Runden sind hier sinnvoll:
Beispiele für Kärtchen:

| | | |
|---|---|---|
| **Das Doppelte von 1/4**<br>Berechne und gib das Ergebnis als gekürzten Bruch an | **Das Doppelte von 101/734**<br>Berechne und gib das Ergebnis als gekürzten Bruch an | **Die Hälfte von 2/3**<br>Berechne und gib das Ergebnis als gekürzten Bruch an |
| **Das Hälfte von 3/8**<br>Berechne und gib das Ergebnis als gekürzten Bruch an | **Das Doppelte von 20/5**<br>Berechne und gib das Ergebnis als gekürzten Bruch an | **Das Hälfte von ¼**<br>Berechne und gib das Ergebnis als gekürzten Bruch an |

Die SuS können mehrere Aufgaben erhalten und dann werden weniger Runden durchgeführt oder jeder Lernende erhält eine Aufgabe. Hier kann auch differenziert werden, in dem das Multi-Interview in drei Gruppen durchgeführt wird: Gruppe A mit blauen Karteikarten hat leichtere Aufgaben, Gruppe lila hat schwierigere Aufgaben.
Die Lernenden können dann von der Lehrperson den Gruppen zugewiesen werden und es wird dann nur innerhalb einer Gruppe gewechselt, oder die Lernenden suchen sich ihren Schwierigkeitsgrad selbst aus.

**Multiinterview in der Erwachsenenbildung**
Auch in Fort- und Weiterbildungen sowie in Kursen und Seminaren für Erwachsene lässt sich das Multiinterview gut einsetzen, vor allem als Vertiefung von Wissen und dessen Vernetzung und als Austauschmethode über Sachwissen und Problemstellungen.
Auch hier muss die Methode gut strukturiert und klar organisiert werden, damit die Lernenden genau wissen, was sie in welcher Phase zu tun haben und wie der Austausch vonstattengeht. Hier ist auch der Hinweis angebracht, dass sich innerhalb einer Gruppe nicht alle mit allen austauschen müssen, sondern dass innerhalb eines vorgegebenen Zeitrahmens mindestens 3–4 Runden durchgeführt werden sollten.

## Erwachsenenbildung: Beispiel von Simone Engels:

| **Fach:** | **Klassenstufe:** | **Unterrichts-einheit:** | **Thema:** |
|---|---|---|---|
| Schlaf und Schlafmedizin | Einführung | Grundlagen | Entwicklung und Definition der Schlafmedizin, Physiologische Grundlagen des Schlafes |

**Art der kooperativen Methode:**
Multiinterview im Rahmen einer X Sandwich-Stunde

**Ziele der kooperativen Methode:**
Die Schlafmedizin gewinnt an enormem Ansehen im medizinischen Bereich. Ziel ist es, den Schlaf als Gut für Gesundheit und Schaffenskraft zu behüten und auf Schlafstörungen aufmerksam zu machen.
Schlafstörungen können unbehandelt zu Folgeerkrankungen führen. Betroffene Patienten können in einem Schlaflabor untersucht und behandelt werden.
Aufgrund der enormen Bedeutung des Schlafes ist es wichtig, dass das Personal über ein sehr gutes Grundwissen über den Schlaf sowie Schlafstörungen und deren Diagnostik verfügt.
In dieser Weiterbildung soll medizinisch, technisches und pflegerisches Personal auf die Arbeit in einem Schlaflabor vorbereitet werden.

**Einbettung der kooperativen Methode in die Sandwichstunde**:
In den ersten beiden Tagen der Weiterbildung erhalten die Teilnehmerinnen und Teilnehmer grundlegende Informationen zur Schlafmedizin, dem Schlaf und der Arbeit im Schlaflabor. Dieses Wissen sollen sie in einem Multiinterview vertiefen.
Für die Durchführung des Multiinterviews wurden orientierend an der Gesamtzahl der Teilnehmenden und der Themenfelder zweimal acht Fragekärtchen mit jeweils einer Frage erstellt.

**Beispiel-Fragekärtchen**
**Gruppe A**

| MULTI-INTERVIEW<br>1<br>Definieren Sie den Begriff Schlafmedizin und skizzieren Sie deren Entwicklung. | MULTI-INTERVIEW<br>2<br>Dem Schlaf werden verschiedene Funktionen zugeordnet.<br>Um welche handelt es sich dabei und erläutern Sie diese kurz. | MULTI-INTERVIEW<br>3<br>Beschreiben und definieren Sie bitte die Schlafstadien. | MULTI-INTERVIEW<br>4<br>Wie verändert sich der Schlaf mit zunehmendem Alter? |
|---|---|---|---|
| MULTI-INTERVIEW<br>5<br>Nennen Sie Ursachen für gestörten Schlaf und deren Auswirkungen auf die Gesundheit. | MULTI-INTERVIEW<br>6<br>Nennen Sie Ursachen einer schlafbezogenen Atmungsstörung. | MULTI-INTERVIEW<br>7<br>Welche Aufgabe hat ein Schlaflabor wie läuft eine Nacht für den Patienten im Schlaflabor ab? | MULTI-INTERVIEW<br>8<br>Beurteilen Sie Ihren Schlaf (Dauer, Veränderungen, Schlafstörungen). |

**Gruppe B**

| MULTI-INTERVIEW | MULTI-INTERVIEW | MULTI-INTERVIEW | MULTI-INTERVIEW |
|---|---|---|---|
| 1 | 2 | 3 | 4 |
| Definieren Sie den Begriff Schlafmedizin und skizzieren Sie deren Entwicklung. | Dem Schlaf werden verschiedene Funktionen zugeordnet. Um welche handelt es sich dabei und erläutern Sie diese kurz. | Beschreiben und definieren Sie bitte die Schlafstadien. | Wie verändert sich der Schlaf mit zunehmendem Alter? |
| MULTI-INTERVIEW | MULTI-INTERVIEW | MULTI-INTERVIEW | MULTI-INTERVIEW |
| 5 | 6 | 7 | 8 |
| Nennen Sie Ursachen für gestörten Schlaf und deren Auswirkungen auf die Gesundheit. | Nennen Sie Ursachen einer schlafbezogenen Atmungsstörung. | Welche Aufgabe hat ein Schlaflabor wie läuft eine Nacht für den Patienten im Schlaflabor ab? | Beurteilen Sie Ihren Schlaf (Dauer, Veränderungen, Schlafstörungen). |

*Ablauf:*
Die Teilnehmenden werden in zwei Gruppen aufgeteilt. Jede Gruppe erhält einen Fragekartensatz (Gruppe A – gelb, Gruppe B – blau).

Jedes Gruppenmitglied erhält ein Fragekärtchen.

Zunächst beschäftigt sich jeder mit seiner eigenen Frage. Mit Hilfe von Unterlagen oder Aufzeichnungen beantwortet jeder seine Frage. Die entsprechenden Antworten können auf den Fragekärtchen stichpunktartig notiert werden.
Nach der Aneignungsphase folgt die Austauschphase. Dazu gehen alle Mitglieder mit den gelben Fragekärtchen zu einer Gruppe zusammen und alle Mitglieder mit den blauen Fragekärtchen zu einer Gruppe zusammen.

Jede Person sucht sich nun innerhalb der Gruppe einen Gesprächspartner und stellt diesem seine Frage. Der Gesprächspartner beantwortet die Frage. Die Antwort wird vom Fragenden überwacht und gegebenenfalls gecoacht. Dann wechseln die Rollen.
Bei der Beantwortung der Fragen sollte darauf geachtet werden, dass sich die Gesprächspartner in Ihren Ausführungen nicht verlieren, um Verzögerungen zu vermeiden.

Sobald beide Personen mit dem Austausch fertig sind, schauen diese sich nach einem anderen Pärchen um, welches ebenfalls mit dem Austausch fertig ist. Beide Pärchen finden sich in neuen Konstellationen zusammen und beginnen den Austausch von Neuem. Eine Person stellt die Frage, die andere Person antwortet, danach erfolgt der Rollentausch.

Das Multiinterview ist beendet, wenn mit allen Gruppenmitgliedern der Austausch erfolgt ist oder die vorgegebene Zeit abgelaufen ist.

Im Plenum berichten die Lernenden über die Austauschphase, Lernlücken können geschlossen werden.

### 5.2.3 Partnerpuzzle

Das Partnerpuzzle entspricht in Zielsetzung und Ablauf dem Gruppenpuzzle, außer dass bei ersterem zwei Partner zusammenarbeiten, im Gruppenpuzzle sind es drei bis fünf.
Das Partnerpuzzle ist eine kooperative Methode aus dem Bereich des Lernens durch Lehren und dient der Wissensaneignung.
Es werden drei Phasen unterschieden:
Jeweils zwei Lernende bilden eine Stammgruppe. Sie erhalten unterschiedliche Texte, Informationspapiere, Themengebiete, der eine Themengebiet A, der andere Themengebiet B.

Aneignungsphase: Zunächst bearbeiten sie in Einzelarbeit ihr Thema, versuchen dieses zu verstehen und Aufgaben zu bearbeiten. Dann versammeln sie sich zu sogenannten Expertenpaaren. A sucht sich einen Partner, der ebenfalls A bearbeitet hat, aber einem anderen Stammpaar angehört und B genauso. Diese Expertensuche darf nach Vorliebe der Lernenden erfolgen. Experten, die zusammenarbeiten sollen, können aber auch von der Lehrperson eingeteilt oder durch Symbole per Zufall zusammengebracht werden. Das Expertenpaar bespricht nun sein Themengebiet miteinander, löst die Arbeitsaufgaben und überlegt sich, wie es im Stammpaar dem Partner den Inhalt weitergeben könnte.
Austauschphase: Danach treffen sich die Stammpaare wieder und berichten sich gegenseitig von ihrem Themengebiet. Anschließend diskutieren sie beide Textteile und erstellen gemeinsam ein Thesenpapier, ein Ergebnisblatt, oder fertigen eine Mindmap zu beiden Themengebieten an.
Vertiefungsphase: Daran anknüpfend können beide Themen im Plenum nochmals diskutiert und ein einheitliches Ergebnispapier kann erstellt werden.

Genauere Hinweise und Überlegungen können dem Gruppenpuzzle entnommen werden.
Huber, Konrad, Wahl gehen davon aus, dass die Partnerpuzzlemethode effektiver sein könnte, da die Partnerarbeit für Lernende mit wenig kooperativer Erfahrung zunächst einfacher ist. Es werden bei der Partnerarbeit weniger Anforderungen an die Lernenden gestellt. Bei Kleingruppenmethoden passiert es eher, dass einzelne Lernende weniger oder gar nicht am Austausch beteiligt sind, bei der Partnerarbeit ist diese Gefahr geringer. Das Arbeiten in Paaren ist im Klassenzimmer leichter zu organisieren als das Arbeiten in Gruppen. Es ist im Übrigen eine gute Verständlichkeit gegeben, weil eine geringere räumliche Distanz vorhanden ist (Huber, Konrad, Wahl 2001).

### Partnerpuzzle in der Grundschule

Das Partnerpuzzle ist in der Grundschule gut einsetzbar, um Themengebiete zu erweitern, zu vertiefen und zu vernetzen. Außerdem dient es der Vermittlung von Sachwissen aus Texten oder anderen Medien. Gerade in der Grundschule ist es besonders wichtig, den Lernenden Strategien zu vermitteln, welche ihnen helfen, sich zum Experten über das eigene Themengebiet zu machen und zu lernen, wie man dieses Wissen dann an andere vermittelt. Hierzu sollte die Lehrperson in der Vorbereitung des Puzzles genaue Arbeitsanweisungen geben, was man tun muss, um sich einem Themengebiet anzunähern und auch wie einem das gelingt. Außerdem braucht es Hilfestellung durch Aufgabenstrukturen, um die Lernenden beim Austausch zu unterstützen. Zur Differenzierung können schwächeren Lernenden noch mehr Hilfestellungen gegeben werden wie zum Beispiel Zwischenüberschriften im Text oder fettgedruckte Begriffe, die besonders bedeutsam sind. Stärkere Lernende können sich selbstständiger die Texte erarbeiten. Die Texte sollten hierbei übersichtlich gestaltet und nicht zu umfangreich sein. Das Partnerpuzzle kann vor allem während einer Unterrichtsstunde eingesetzt werden.

**Grundschule: Beispiel von: Juljana Ziegler**

| **Fach:** | **Klassenstufe:** | **Unterrichtseinheit:** | **Thema:** |
|---|---|---|---|
| **Deutsch** | 3/4 | Leseverstehen vertiefen | Informationen aus einem Sachtext entnehmen und einen Steckbrief erstellen |

**Art der kooperativen Methode:**
Partnerpuzzle im Rahmen einer X Sandwich-Stunde

**Ziele der kooperativen Methode:**
Mit Hilfe des Partnerpuzzles sollen die SuS
- Informationen aus einem Sachtext zum Südpol bzw. zur Wüste entnehmen
- Mit Hilfe des Sachtextes einen Steckbrief erstellen
- Sich gegenseitig über die Steckbriefe informieren
- eine Mindmap erstellen
- Kooperativ zusammenarbeiten

**Einbettung der kooperativen Methode in die Unterrichtsstunde**:
Zu Beginn der Stunde wird ein Bild von einer Wüste und ein Bild des Südpols gezeigt. Die SuS dürfen sich im Plenum frei äußern. Wissen die SuS, wo solche Orte liegen? Was ist an diesen Orten besonders?
Anschließend sollen die SuS das Partnerpuzzle durchführen.
Hierzu erhält die eine Hälfte der Klasse den Sachtext zum Südpol (blaues Papier) und die andere Hälfte den zur Wüste (gelbes Papier).

*Die Lehrperson erläutert die Aufgabe:*
Lese dir zunächst deinen Sachtext gründlich durch. Wenn du damit fertig bist, dann gehe entsprechend des Symbols mit einem Partner zusammen, der das gleiche Symbol

und damit den gleichen Text hat. Sucht euch zu zweit einen Platz und füllt gemeinsam den Steckbrief aus. Klärt gemeinsam Unklarheiten und unbekannte Wörter im Text. Werdet zu Experten für euer Themengebiet!
Nach 15 Minuten geht ihr bitte mit dem Partner zusammen, der die gleiche Zahl am Text stehen hat, also die zwei, die eine 1 haben, die zwei, die eine zwei haben usw. Somit habt ihr einen Partner, der einen anderen Text bearbeitet hat. Stellt euch gegenseitig den Sachtext vor. Teilt jeweils euer Expertenwissen dem anderen mit!
Wenn ihr euch die Steckbriefe gegenseitig vorgestellt habt, dann folgt eine Vertiefungsaufgabe. Dafür legt ihr eine Mindmap zu dem Thema an, welches ihr nicht in eurem Steckbrief bearbeitet habt. Dein Expertenpartner kann dir dabei helfen oder am Ende noch wichtige fehlende Stichpunkte ergänzen. Die vier Phasen (Text lesen, Aneignungsphase durch Expertengruppe, Vermittlungsphase durch Puzzlegruppe und Vertiefungsaufgabe in der Puzzlegruppe) können den SuS durch Symbole als „Fahrplan" an der Tafel visualisiert werden.
Am Ende der Stunde können die Steckbriefe und Mindmaps zu den Themen ausgehängt werden und die SuS bewegen sich frei im Klassenzimmer, um die Ergebnisse der anderen zu betrachten.
Alternativ können auch einige Kinder ihre Ergebnisse mit Hilfe ihrer Mindmap oder ihrem Steckbrief präsentieren.

**Text 1 (blaues Papier): Ablauf der Aufgaben**

1. Lese den folgenden Text. 🔔 3
2. Gehe an die Haltestelle 1 an der Tür und finde dich mit einem Partner zusammen, der auch ein blaues Papier hat und der das gleiche Symbol auf dem Text hat. Sucht euch einen Arbeitsplatz aus.
3. Klärt gemeinsam Unklarheiten und unbekannte Wörter im Text und füllt gemeinsam den Steckbrief aus. (20 Minuten Zeit)
4. Geh mit dem Kind zusammen, welches dieselbe Zahl auf seinem Text hat wie du. Sucht euch einen gemeinsamen Arbeitsplatz aus.
5. Stellt euch gegenseitig euren Steckbrief vor.
6. Danach gehst du mit deinem Partner an das Lehrerpult und holst dir eine Vorlage der Mindmap zu dem Thema Wüste. Ihr sucht euch wieder zu zweit einen Arbeitsplatz aus.
7. Fülle die Mindmap alleine aus. Dein Partner kann dir bei Problemen helfen.

Lese in deiner Geschwindigkeit den folgenden Text durch.

**Der Südpol in der Antarktis**

Der Südpol ist der südlichste Punkt der Erdkugel. Er liegt unter dem ewigen Eis der Antarktis. So heißt das Gebiet um den Südpol, das sich aus Landes- und Meeresflächen zusammensetzt. Der Südpol selbst ist mit Gletschern vereist. Er ist der kälteste Ort Erde. Man hat dort schon 95 °C unter dem Gefrierpunkt gemessen. Ein Mensch ohne besondere Schutzkleidung würde dort in wenigen Minuten erfrieren. Es gibt daher in der Antarktis nur einige Forschungsstationen und keine Wohnsiedlungen.
Den Kaiserpinguinen macht das eisige Klima in der Antarktis nichts aus. Auch Wale können im Meer um den Südpol gut leben. Die Pottwale fressen sich an Tintenfischen satt, die Schwertwale auch an Robben und Pinguinen.

**Steckbrief Südpol in der Antarktis**

Name: ______________________________

Lage: ______________________________

Temperatur: ______________________________

Tiere: ______________________________

Nahrung der Tiere: ______________________________

Besonderheiten: ______________________________

Hilfestellung für schwächere SuS:
Schwächere Paare können sich Textfragmente holen und diese dem Steckbrief zuordnen.

Textfragmente:
Südpol, der Südpol ist der nördlichste Punkt der Erdkugel, man hat dort schon 95 °C unter dem Gefrierpunkt gemessen, den Kaiserpinguinen macht das eisige Klima nichts aus, auch Wale können im Meer um den Südpol gut leben, die Pottwale fressen sich an Tintenfischen satt, die Schwertwale auch an Robben und Pinguinen, es gibt keine Wohnsiedlungen.

Mindmap differenziert:

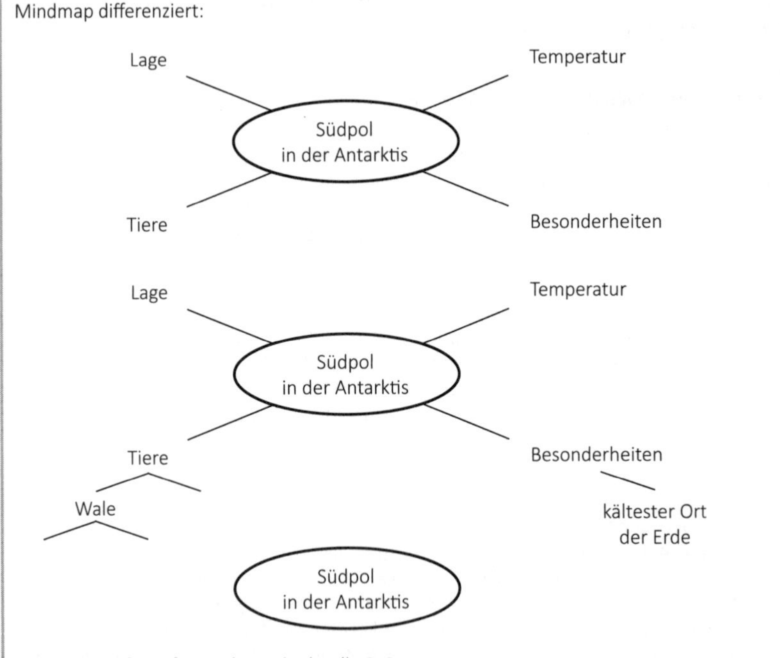


Erweiterungsfrage für starke und schnelle SuS:

Was weißt du noch über den Südpol?
Schaue in einem Lexikon/im Internet nach. Wenn du möchtest kannst du deinen Steckbrief erweitern

**Text 2 (gelbes Papier): Ablauf der Aufgaben** 🔔4

1. Lese in deiner Geschwindigkeit den folgenden Text.
2. Gehe an die Haltestelle 1 an der Tür und finde dich mit einem Partner zusammen, der auch ein gelbes Papier hat und der das gleiche Symbol auf dem Text hat. Sucht euch einen Arbeitsplatz aus.
3. Klärt gemeinsam Unklarheiten und unbekannte Wörter im Text und füllt gemeinsam den Steckbrief aus. (20 Minuten Zeit)
4. Geh mit dem Kind zusammen, welches dieselbe Zahl auf seinem Text hat wie du. Sucht euch einen gemeinsamen Arbeitsplatz aus.
5. Stellt euch gegenseitig euren Steckbrief vor.
6. Danach gehst du mit deinem Partner an das Lehrerpult und holst dir eine Vorlage zur Mindmap zu dem Thema Südpol in der Antarktis. Ihr sucht euch wieder zu zweit einen Arbeitsplatz aus.
7. Fülle die Mindmap alleine aus. Dein Partner kann dir bei Problemen helfen.
8. Lese den folgenden Text.

**Die Wüste**

Auf fast allen Kontinenten der Erde gibt es Wüsten. In Wüstengebieten fällt nur sehr wenig Regen. Deshalb sind diese Gebiete sehr trocken. Entgegen seinem Ruf ist das Klima in der Wüste aber nicht durchgehend heiß. Die Sahara ist die größte Wüste der Welt. Sie liegt in Nordafrika. Hier herrschen tagsüber bis zu 60 °C und in der Nacht um die 30 °C. Im Winter kann es nachts jedoch sogar Minusgrade geben.

Die Lebensbedingungen in der Sahara sind sehr hart, trotzdem gibt es Pflanzen und Tiere, die sich an das Leben dort angepasst haben. Sie müssen vor allem lange mit wenig oder ohne Wasser auskommen.

Der einzige große Fluss, der die Sahara durchquert, ist der Nil. Viele Wüstenpflanzen überstehen die Trockenzeit als Samen oder speichern Wasser, wie einige Kakteenarten. Ähnlich spezialisiert sind die Wüstentier: Kamele können auf einmal sehr viel Wasser trinken und es in ihrem Körper speichern.

**Steckbrief Wüste**

Name: ____________________

Lage: ____________________

Größe Wüste der Welt: ____________________

Ort der größten Wüste: ____________________

Temperatur: ____________________

Pflanzen und Tiere: ____________________

Besonderheiten: ____________________

Hilfestellung für schwächere SuS:
Schwächere Paare können sich Textfragmente holen und diese dem Steckbrief zuordnen.

Textfragmente:
Wüste, auf fast allen Kontinenten der Erde, die Sahara in Nordafrika ist die größte Wüste der Welt, es herrschen tagsüber bis zu 60 °C und in der Nacht um die 30 °C. Im Winter kann es nachts jedoch sogar Minusgrade geben, viele Wüstenpflanzen überstehen die Trockenzeit als Samen oder speichern Wasser, wie einige Kakteenarten, Kamele können auf einmal sehr viel Wasser trinken und es in ihrem Körper speichern, Pflanzen und Tiere müssen sehr lange mit wenig oder ohne Wasser auskommen.

Mindmap Vorlage differenziert:

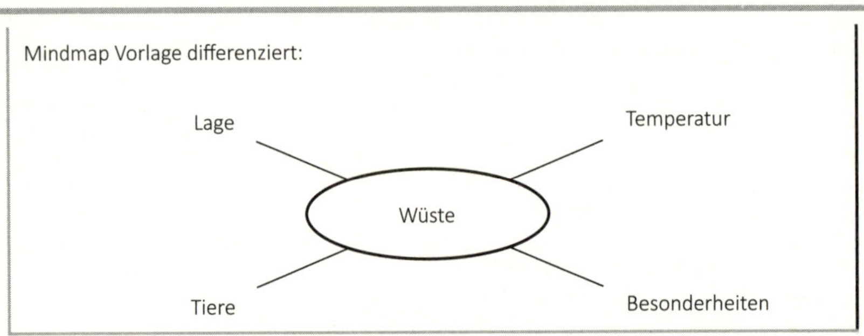


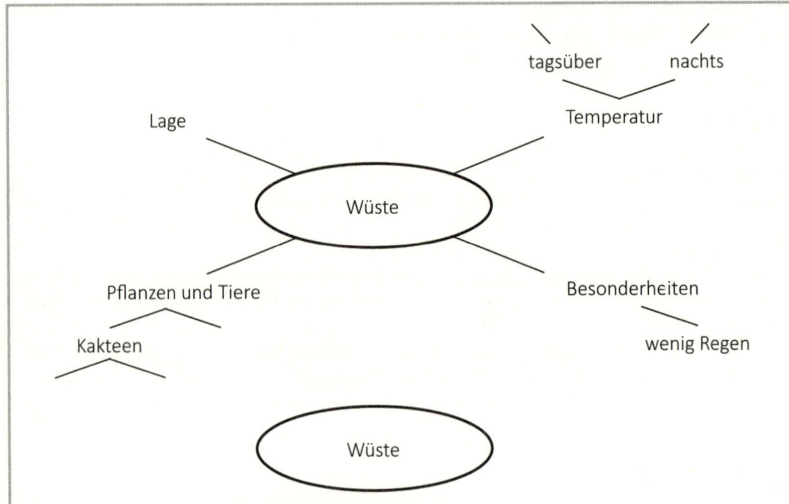


Wüste

**Erweiterungsfrage für starke und schnelle SuS:**
Was weißt du noch über die Wüste?
Schaue in einem Lexikon/im Internet nach. Wenn du möchtest kannst du deinen Steckbrief erweitern

Literatur/Textgrundlage Südpol und Wüste:
Praast, M., Mansour, S., Meeh, S., Stanzel, R., Wörner, M., Naumann-Harms, H. & Brunold, F. (2018). JoJo Sprachbuch 4. Berlin: Cornelsen Verlag.

### Partnerpuzzle in der Sekundarstufe

In der Sekundarstufe kann das Partnerpuzzle gut zur Vertiefung von Wissensinhalten, zu deren Vernetzung und zur Erarbeitung neuer Sachinhalte eingesetzt werden. Die Lernenden brauchen Strategien, um sich selbst Wissen zu einem Themengebiet aus verschiedenen Medien zu erarbeiten und dieses Wissen dann als Experte an andere weiterzugeben. Je nach Lernstand und der Fähigkeit zum selbstgesteuerten Lernen muss die Lehrkraft hier durch genaue Arbeitsanweisungen unterstützen und aufzeigen, wie man sich am besten zum Experten macht. Hilfreich ist es auch, wenn die Lernenden erfahren, wie man das Wissen entsprechend weitergibt. Das kann an einzelnen Beispielen auch vorgemacht werden. Schwächere Lernende brauchen die Hilfestellung eventuell über einen längeren Zeitraum hinweg, während stärkere Lernende selbst entscheiden können, wie sie sich zum Experten machen und sich das Wissen aneignen. Das Partnerpuzzle kann in etwa 30 Minuten in einer Unterrichtsstunde durchgeführt werden.

**Beispiel von Yannick Spohn**

| **Fach:** | **Klassenstufe:** | **Unterrichtseinheit:** | **Thema:** |
|---|---|---|---|
| Geschichte | 6 | Aufstieg und Fall des Römischen Reichs | Gründung und Expansion des Römischen Reichs |

**Art der kooperativen Methode:**
Partnerinterview im Rahmen einer X Sandwich-Stunde

**Ziele der kooperativen Methode:**
Mit Hilfe des Partnerpuzzles sollen die SuS

- selbstwirksam lernen.
- sich mit der Gründung und Expansion des Römischen Reichs beschäftigen.

**Einbettung der kooperativen Methode in die Unterrichtsstunde**:
Als Einstieg in die Einheit und die Stunde strukturiert die Lehrperson die Einheit mithilfe eines Advance Organizers und präsentiert diesen den SuS in einem mündlichen Vortrag.

Die Erarbeitung erfolgt in einem Partnerpuzzle. In der Aneignungsphase lesen die SuS einen didaktisierten Sachtext. Das Material ist in zwei Niveaus differenziert. Partner A informiert sich über die Gründung Roms und Partner B über die Expansion Roms.
*Material für das E-Niveau (Partner A):*

## Die Gründung Roms

**Die Sage**

Die Anfänge der Stadt – so berichtet eine römische Sage – gehen zurück auf die Zwillingsbrüder *Romulus und Remus*. Ihr Vater war Mars, der Gott des Krieges. Nach ihrer Geburt wurden die Zwillinge in einem Holztrog auf dem *Tiber ausgesetzt*.

Der Kriegsgott, der Vater der Kinder, lenkte jedoch den Trog in eine Felsenhöhle, die die Wolfsgrotte hieß. Dann schickte der Gott eine *Wölfin*, das Tier, das ihm heilig war. Die Wölfin beleckte die Kleinen mit sanfter Zunge und *säugte* sie.

Nach einigen Tagen kam ein *Hirte* vorbei. Er hörte das leise Wimmern, fand die Knaben und nahm sie mit nach Hause. Er nannte sie Romulus und Remus und erzog sie, als wären es seine eigenen Kinder. Als sie herangewachsen waren, beschloss Romulus und Remus an der Stelle, an der sie einst gefunden worden waren, eine *Stadt zu gründen*. Sie konnten sich aber nicht einigen, wer der Stadt den Namen geben sollte. Wie es üblich war, riefen sie die *Entscheidung der Götter* an. Eines Morgens setzte sich jeder auf einen Hügel und beobachtete den Flug der Vögel. Eben ging die Sonne auf, da rauschen *sechs Geier* an Remus vorüber. Voller Freude schickte er sofort einen Boten zu seinem Bruder hinüber. In diesem Augenblick aber flogen vor Romulus *zwölf Geier* vorbei. Gewiss, sie waren ihm später erschienen, aber es war die doppelte Zahl. *Wem gaben nun die Götter Recht?*

Romulus ließ sich auf keinen langen Streit ein. Er schritt sofort zur Tat. Der *Palatin*, ein Hügel, der dicht am Tiber lag, erschien ihm für eine *Siedlung* am geeignetsten. Um den Umfang der künftigen Stadt festzulegen, zog er mit einem Pflug eine *Furche*, die den Lauf der *Mauer* darstellte. Missmutig schaute ihm Remus zu: „Das soll eine Mauer sein?" rief er höhnisch und sprang über die Schollen hinweg, hinüber und herüber, mehrere Male. Da übermannte Romulus der *Zorn*. Er stieß seinem Bruder die *Lanze* in die Brust und rief aus: „So soll es jedem ergehen, der diese Mauer zu übersteigen wagt."

Nach der Sage soll die Gründung Roms durch Romulus im Jahre *753 v. Chr.* erfolgt sein.

**Aktuelle Forschungsergebnisse**

Archäologen fanden auf einem Hügel in Rom die Reste von einfachen Häusern aus dem *10. Jahrhundert v. Chr.* Sie waren mit einem Wall umgeben. Wenig später entstanden weitere kleinere Siedlungen in der Nähe.

Zum Schutz vor Eroberungen bildeten die Bewohner ein *Bündnis*. Sie kontrollierten schon bald den einzigen Transportweg der Gegend. So vergrößerten sie schnell ihren Einfluss, und Rom wurde zu einem wichtigen *Marktort*...

***Wie es mit Rom weitergeht, erzählt dir nachher dein Partner (B)...***

**Aufgaben**

***Aneignungsphase (Einzelarbeit!)***

1) ***Fasse*** die wichtigsten Punkte der Sage zur Gründung Roms in **eigenen Worten** ***zusammen***.
2) ***Vergleiche*** die Forschungsergebnisse und Sage.

***Austauschphase (Partnerarbeit!)***

3) ***Berichte*** deinem Partner (B) die **wichtigen Inhalte**, die du gelernt hast.

***Vertiefungsphase (Partnerarbeit)***

4) ***Ordnet*** **gemeinsam** die Kärtchen dem Zeitstrahl zu.

In der Vertiefungsphase berichten sich die SuS jeweils von ihrem Teilthema. Anschließend erstellen die Partner gemeinsam einen Zeitstrahl mithilfe von Begriffen.

## Von der Stadt zum Weltreich

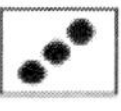

Anfangs war Rom nur ein kleiner Bauernstaat, nicht viel größer als das heutige Hamburg. 250 Jahre später beherrschte es ganz Italien. Mit seinen Siegen über Hannibal, den Feldherrn der großen Handelsstadt Karthago in Nordafrika, wurde Rom um 150 v. Chr. zur führenden Seemacht im Mittelmeer. Weitere Kriege folgten: Römische Truppen eroberten Spanien, Gallien, Griechenland, Kleinasien, Germanien, Britannien und Nordafrika.

Mithridates VI., König von Pontus am Schwarzen Meer, sagte über die Römer:

**Q1** Die Römer haben einen einzigen und uralten Grund dafür, mit allen Nationen und Völkern und Königen Krieg anzufangen: unermessliche Begierde nach Herrschaft und Reichtum. Sie führen ihre Waffen gegen alle Völker, die schärfsten gegen die, deren Niederlage die meiste Kriegsbeute einbringt. Dadurch, dass sie Krieg an Krieg reihten, sind sie groß geworden. Und so werden sie alles vernichten oder selbst zugrunde gehen.

Der römische Dichter Vergil schrieb:

**Q2** Du Römer, denke an deine Fähigkeiten:

- die Völker durch gerechte Herrschaft zu lenken.
- dem Frieden eine gerechte Ordnung zu geben.
- die Stolzen niederzuwerfen und
- die Unterworfenen zu schonen.

***Partner A wird dich zunächst über die Gründung Roms informieren…***

**Aufgaben**

***Aneignungsphase (Einzelarbeit!)***

1) ***Fasse*** die wichtigsten Punkte der Entwicklung Roms zum Weltreich in **eigenen Worten** ***zusammen***.
2) Welche Gebiete hatte Rom zu den folgenden Jahren erobert? (***siehe Rückseite, Q3***)
   c) 270 v. Chr.
   d) 14 n. Chr.
3) ***Vergleiche*** die Aussagen des Königs (**Q1**) und des römischen Dichters (**Q2**). Welche Vor- und Nachteile der römischen Herrschaft werden genannt?

***Austauschphase (Partnerarbeit!)***

4) ***Erzähle*** deinem Partner (A) die **wichtigen Inhalte**, die du gelernt hast.

***Vertiefungsphase (Partnerarbeit)***

5) ***Ordnet*** **gemeinsam** die Kärtchen dem Zeitstrahl zu.

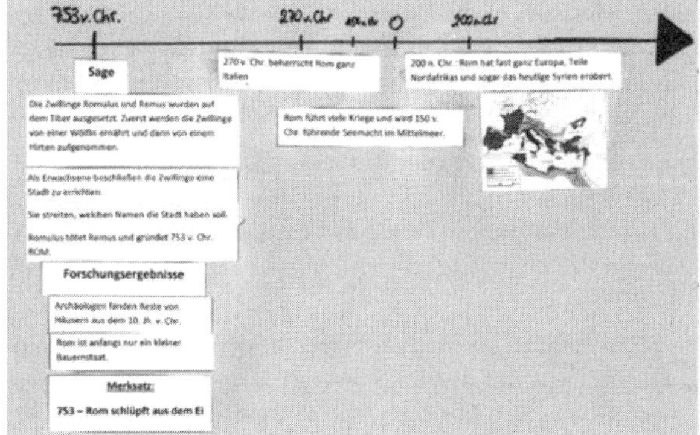


*Lösungsbeispiel (Zeitstrahl):*

**Partnerpuzzle in der Erwachsenenbildung**
Das Partnerpuzzle lässt sich in der Erwachsenenbildung vor allem zum Erwerb neuen Sachwissens oder zur Vertiefung und Erweiterung vorhandenen Wissens gut einsetzen. Aber auch hier müssen die Arbeitsanweisungen klar sein und Hilfestellungen gegeben werden, wie man sich am sinnvollsten zum Experten macht und dieses Wissen weitergibt. Gerade wenn eine Lerngruppe noch wenig Erfahrung mit selbstgesteuertem Lernen hat, muss dieses unterstützt werden. Das Partnerpuzzle kann hier lange Inputs vermeiden helfen, indem die Wissensvermittlung durch Selbstaneignung im Partnerpuzzle abläuft.

**Beispiel von: David und Marleen Hinderer**

| **Fach:** | **Kurs:** | **Unterrichtseinheit:** | **Thema:** |
|---|---|---|---|
| Bildungswissenschaften Modul 2: Grundlagen der Psychologie | Tutorium zur Vorlesung „Einführung in die Grundlagen der Psychologie“ | Motivationspsychologie | Leistungsmotivation und Leistungsmotiv |

**Art der kooperativen Methode:**
Partnerpuzzle im Rahmen einer X Sandwich-Stunde

**Ziele der kooperativen Methode:**
Ich beabsichtige so zu unterrichten, dass die Studierenden mithilfe des Partnerpuzzles …
… die Begriffe Leistungsmotivation und Leistungsmotiv beschreiben können.
… die Grundzüge der Leistungsmotivation nach Kurt Lewin, das Risikowahlmodell nach Atkinson, den Thematischen Apperzeptionstest und das Selbstbewertungsmodell nach Heckhausen darstellen und skizzieren können.
… die Bezugsnormen in Beziehung zum Selbstbewertungsmodell nach Heckhausen setzen können und beurteilen können, welche Bezugsnormen mit Blick auf das Selbstbewertungsmodell sinnvoll in der Schule einzusetzen sind.
… das Leistungsmotiv und die Leistungsmotivation miteinander vergleichen und deren Unterschiede herausarbeiten können.

**Einbettung der kooperativen Methode in die Unterrichtsstunde**:
Nach der Verortung des Themas im Advance Organizer gibt die Lehrperson einen kurzen Input zu Motiv und Motivation sowie zum Hintergrund der Motivationspsychologie Kurt Lewins.

Anschließend gibt die Lehrperson den Auftrag zum Partnerpuzzle:
**Schritt 1:** Findet euch zu zweit zusammen und teilt zu, wer Person A und wer Person B ist. (Person A: Leistungsmotivation, Person B: Leistungsmotiv)
**Schritt 2:** Beantworte die Fragen zu deinem jeweiligen Teil.
**Schritt 3:** Tauscht euch über beide Teile aus.

Anhand des Advance Organizers können im Plenum Fragen geklärt und die Verknüpfung beziehungsweise die Unterschiede der Leistungsmotivation und des Leistungsmotivs vertieft werden.

Literatur:
Leistungsmotivation Abbildung 1, 2, 7, 5, 8:
Lewin, K. (1982a). Die psychologische Situation bei Lohn und Strafe. In F. E. Weinert & H. Gundlach (Hrsg.), Psychologie der Entwicklung und Erziehung (Kurt-Lewin-Werkausgaben, Bd. 6, S. 113–168). Bern: Huber.

- Abbildung 1: S. 129
- Abbildung 2: S. 138
- Abbildung 5: S. 119
- Abbildung 7: S. 120
- Abbildung 8: S. 121

Leistungsmotiv Abbildung:
Brunstein, J. C. & Heckhausen, H. Leistungsmotivation. In Jutta Heckhausen und Heinz Heckhausen (Hrsg.), Motivation und Handeln (5. Auflage, S. 163–222). S. 167

## Partnerpuzzle

### Person B: Leistungsmotiv

1. Erkläre den Begriff Leistungsmotiv in Abgrenzung zur Leistungsmotivation.

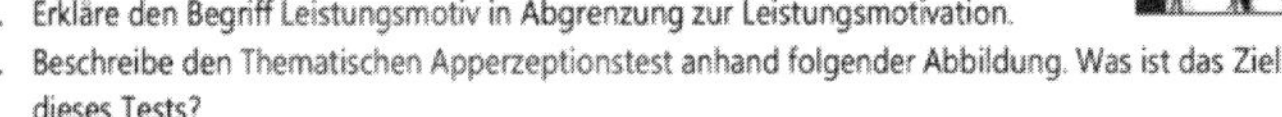

2. Beschreibe den Thematischen Apperzeptionstest anhand folgender Abbildung. Was ist das Ziel dieses Tests?
3. Selbstbewertungsmodell nach Heckhausen
   - Erstelle dir eine eigene Abbildung zum Selbstbewertungsmodell nach Heckhausen. Verwende dabei die Begriffe internale und externale Attribution, Misserfolg und Erfolg sowie misserfolgsvermeidend und erfolgszuversichtlich.
   - Wie sieht es mit der Selbstbewertung und der Wahl der Aufgabenschwierigkeit bei misserfolgsvermeidende und erfolgszuversichtliche Personen aus?
   - Welche Bezugsnorm (soziale/individuelle/sachliche) ist mit Blick auf das Selbstbewertungsmodell am geeignetsten in der Schule einzusetzen? Begründe deine Auswahl.

## Partnerpuzzle

Abbildung 7.

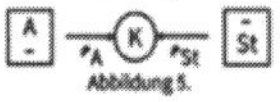

Abbildung 5.

### Person A: Leistungsmotivation

1. Erkläre den Begriff Leistungsmotivation in Abgrenzung zum Leistungsmotiv.
2. Lewins Motivationspsychologie
   - Erkläre folgende Begriffe: Zug des Ziels, positiver / negativer Aufforderungscharakter, Barriere, Resultante.
   - Um welche Konfliktsituation handelt es sich jeweils (Abbildung 7, 5 und 8)? Benenne und beschreibe sie.
   - Beschreibe die barrierelose Strafsituation (Abb. 1) und den „Kampf mit einem Erwachsenen" (Abb. 2).
3. Erkläre anhand folgender Abbildung das Risikowahlmodell nach Atkinson.

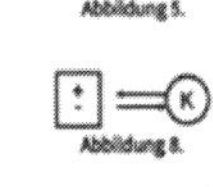

Abbildung 8.

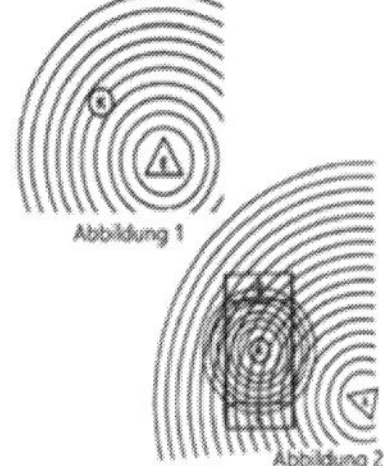

Abbildung 1

Abbildung 2

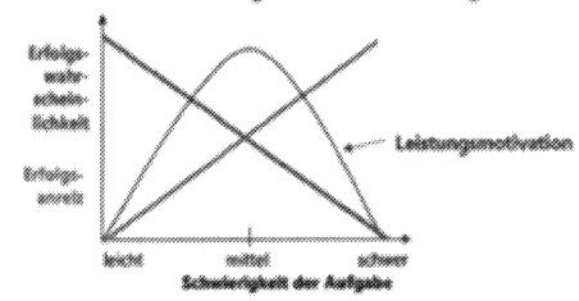

### 5.2.4 Lerntempoduett

Das Lerntempoduett wurde von Diethelm Wahl (2020) entwickelt. Wie der Name bereits verrät können die Lernenden bei dieser Methode vor allem im eigenen Lerntempo arbeiten. Da Lernen ein hochgradig individueller Prozess ist, ist das Lerntempoduett für alle Lernprozesse als kooperative Methode geeignet und sinnvoll. Hier können die Lernenden eine gewisse Zeit dem eigenen Lerntempo gemäß Aufgaben bearbeiten. Lerntempounterschiede sind relativ stark ausgeprägt (Traub 2021)

Für die zu vermittelnden Lerninhalte werden zwei Lerninhalte vorbereitet, am besten auf verschieden farbigen Papieren. Die eine Hälfte der Lernenden erhält den einen, die andere Hälfte den anderen Sachverhalt, Übung oder dergleichen. Alternativ können auch alle den gleichen Sachverhalt bearbeiten.

Aneignungsphase: Nun soll jede Person den Sachverhalt bearbeiten, die Übung ausführen oder die Aufgabe lösen und dazu eine geeignete Form der Verarbeitung verwenden (z. B. Mindmap, Struktur-Lege-Technik usw.) und sich so zum Experten über den eigenen Sachverhalt, die Übung, die Aufgabe machen.

Das Tempo wird hierbei von den Lernenden selbst bestimmt. Innerhalb eines Zeitraums sollten die Basisaufgaben bearbeitet werden, die Küraufgaben können darüber hinaus bearbeitet werden.

Austauschphase: Wer mit der Bearbeitung fertig ist, signalisiert dies nonverbal, z. B. durch Aufstehen und wartet, bis eine weitere Person aufsteht, die also in etwa im gleichen Lerntempo die Aufgabe bewältigt hat. Beide bilden dann ein Partnerpaar und tauschen nun mit Hilfe der Visualisierungen ihre Informationen aus. Bei der Paarbildung muss die Lehrperson darauf achten, dass tatsächlich das Lerntempo die Zuweisung bestimmt und nicht darauf gesetzt wird, so lange zu warten, bis jemand signalisiert fertig zu sein, mit wem man gerne arbeiten möchte. Die Paarbildung muss geräuschlos verlaufen und es muss auch deutlich gesagt werden, dass jede Person im eigenen Lerntempo arbeiten soll. Diese Vorgehensweise muss tatsächlich eingeübt werden.

Vertiefungsphase: Ist der Austausch beendet, lesen beide Partner den jeweils anderen Text bzw. bearbeiten die andere Aufgabe und suchen sich dann erneut eine Person, die wiederum im etwa gleichen Lerntempo gearbeitet hat, um die vermittelten Lernstoffe noch einmal tiefergehend zu verarbeiten, indem sie z. B. vorgegebene Fragen beantworten oder Probleme diskutieren. Wichtig ist, dass alle Lernenden in ihrem Lerntempo arbeiten können. Für schnelle Paare müssen entsprechende Zusatzaufgaben vorhanden sein. Damit können sie die Informationen individuell verarbeiten und gleichzeitig ihr Verständnis des Textes überprüfen.

Wie Erfahrungen in der Schule, aber auch in der Erwachsenenbildung nahelegen, ist diese Methode sehr effektiv und erfordert wenig Vorbereitung. Besonders hervorzuheben ist die eigenständige Auseinandersetzung mit einem Sachverhalt, die selbständige Aufnahme und Verarbeitung von Wissen und die Weitergabe des Gelernten an eine andere Person in Partnerarbeit. Die einfachste Version ist, wenn alle die gleiche Aufgabenstellung haben. Das Lerntempo bestimmt dann, wer mit wem die weiteren Aufgaben bearbeitet. Wenn die Lerngruppe zwei unterschiedliche Aufgaben zu bewältigen hat, dann wird das Tandem durch das Lerntempo und durch das Zusammenfügen beider Aufgabenstellungen bestimmt. Da die Lerntempounterschiede enorm hoch sind, ist es wichtig, mit Methoden zu arbeiten, die dieser Überlegung gerecht werden können. Ein Teil der Lernenden wird alle Phasen des Lerntempoduetts durchlaufen, andere Lernende werden nur die Phasen 1 und 2 oder eventuell noch Phase 3 bearbeiten. Dadurch hat jede lernende Person die Chance, wenigstens zeitweilig im eigenen Tempo zu arbeiten. Die Lernenden sind aktiv ins Lerngeschehen eingebunden, motiviert und erleben sich als selbstwirksam. Außerdem steigert sich der Lernerfolg, weil niemand unter- oder überfordert wird. Allerdings muss berücksichtigt werden, dass das Lerntempoduett bewusst davon ausgeht, dass nicht alle Lernenden den gleichen Wissensstand oder die gleiche Tiefe der Verarbeitung erreichen, sondern dass hier unterschiedliche Grade der Bearbeitung umgesetzt werden.
Das Lerntempoduett ist bei fast allen Lernhandlungen einsetzbar. Es kann zur Übung und zur Verarbeitung von Lerninhalten dienen, aber auch zur Aneignung und Vertiefung genutzt werden.

**Lerntempoduett in der Grundschule**

Für die Grundschule ist das Lerntempoduett eine schon sehr komplexe Methode mit Arbeitsschritten, welche genau strukturiert und möglichst mit Symbolen gekennzeichnet werden (wo wartet man auf den Partner? Wohin geht das Tandem? Wann kommt man zurück?). Auch die Arbeitsaufgaben müssen klar formuliert sein, so dass den Lernenden bewusst ist, was sie in den einzelnen Schritten zu erledigen haben. Besonders betont werden muss hier auch, dass die Lernenden im eigenen Lerntempo arbeiten sollen und dass es hier durchaus zu zeitlichen Verschiebungen kommt. Es ist nicht schlimm oder negativ anzusehen, wenn jemand länger braucht. Das muss man den Lernenden im Vorfeld unbedingt vermitteln. Das Lerntempoduett kann in einer normalen Stunde, aber auch in der Wochenplanarbeit eingesetzt werden. Auch hier kann differenziert werden, indem sich die Quantität und Qualität der Aufgaben verändert. Das Lerntempoduett lässt sich in allen Fächern einsetzen.

**Beispiel von Vivien Gatzke:**

| **Fach:** Mathematik | **Klassenstufe:** 4 | **Unterrichtseinheit:** Wiederholung der Themen für die Klassenarbeit | **Thema:** Sachrechnen mit Längen der Einheit Kilometer |
|---|---|---|---|

**Art der kooperativen Methode:**
Lerntempoduett im Rahmen einer X Sandwich-Stunde

**Ziele der kooperativen Methode:**
Mit Hilfe des Lerntempoduetts sollen die SuS
- sich gegenseitig beim Bearbeiten und Lösen der Aufgaben zum Thema Sachrechnen mit Längen der Einheit Kilometer helfen
- kooperativ zusammenarbeiten
- gemeinsam die Strategie beim Bearbeiten der Aufgaben üben und vertiefen

**Einbettung der kooperativen Methode in die Unterrichtsstunde**:
Zu Beginn der Stunde bearbeitet die Lehrperson gemeinsam mit den Schülerinnen und Schülern eine Aufgabe, welche dem Schema der Aufgaben auf dem danach folgenden Übungsblatt entspricht. Anschließend werden die Arbeitsblätter für das Lerntempoduett verteilt und die Aufgabenstellung erläutert:
Bearbeite zunächst nur die erste Aufgabe auf deinem Übungsblatt in Einzelarbeit. Wenn du fertig bist, stehst du leise auf und hältst dein Blatt nach oben, so dass jeder die Farbe deines Blattes sehen kann. Sobald eine Schülerin oder ein Schüler mit einer anderen Blattfarbe fertig ist und steht, setzt ihr euch gemeinsam an einen Tisch und bearbeitet die Aufgabe des jeweils anderen. Anschließend dürft ihr die restlichen Aufgaben des Arbeitsblatts bearbeiten und euch bei Problemen helfen. Zum Schluss sollt ihr eure Ergebnisse miteinander vergleichen.
Sobald die angegebene Bearbeitungszeit abgelaufen ist, setzen sich alle Schülerinnen und Schüler zurück auf ihre Plätze und gemeinsam werden die Ergebnisse besprochen, sowie auf Fragen und Probleme eingegangen.

**Übungsblatt 1 (orange)**

Aufgabe:

1. Bearbeite die erste Aufgabe in Einzelarbeit.
2. Wenn du fertig bist, stehe bitte auf und suche dir einen Partner der ebenfalls steht und dessen Blatt grün ist.
3. Bearbeite die erste Aufgabe auf dem Blatt deines Partners und vergleiche dein Ergebnis mit seinem. Wenn eure Ergebnisse unterschiedlich sind, versucht herauszufinden wo der Fehler liegt.
4. Bearbeitet nun die restlichen Aufgaben und helft euch, sollte es zu Schwierigkeiten kommen.
5. Vergleicht anschließend eure Ergebnisse.
6. Solltest du vor Ablauf der Zeit fertig sein, denk dir eine eigene Aufgabe aus und stelle sie deinem Partner

**Mit dem Fahrrad durch Karlsruhe – Sachrechnen**

**Nr. 1**

Familie Müller unternimmt eine Fahrradtour durch Karlsruhe. Sie starten an der Friedrich-Ebert-Grundschule und fahren die große Rundtour über den Schlossgarten, den Zoo, die Günther-Klotz-Anlage und zurück zur Friedrich-Ebert-Grundschule. Berechne die Länge der Tour.

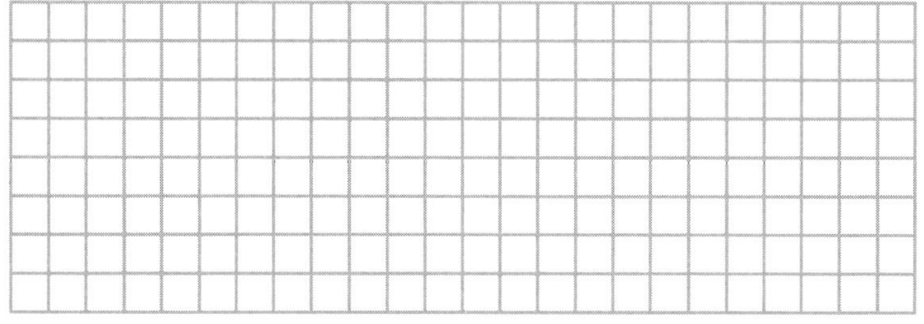

**Nr. 2**

Willi will die große Fahrradtour fahren. Er startet in der Günther-Klotz-Anlage und fährt über die Friedrich-Ebert-Schule zum SSC zum Turmberg, wieder zum Schlossgarten und über den Zoo wieder zur Günther-Klotz-Anlage. Berechne die Länge der Tour.

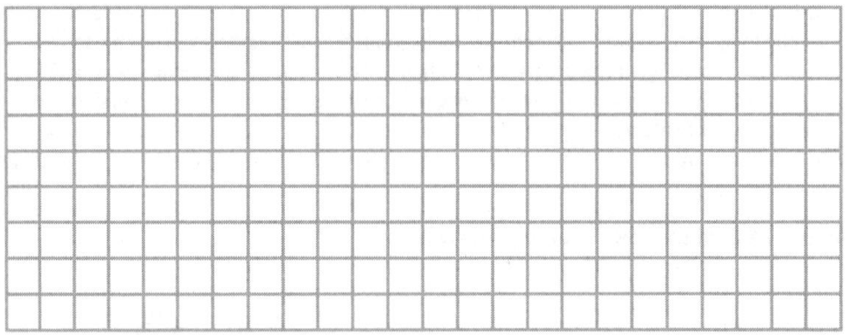

**Nr. 3**

Tom will mit Willi zusammen fahren. Die große Fahrradtour ist ihm aber zu anstrengend, so dass er erst ab dem Schlossgarten mitfährt und auch dort die Fahrradtour wieder beendet. Berechne die Länge der Tour.

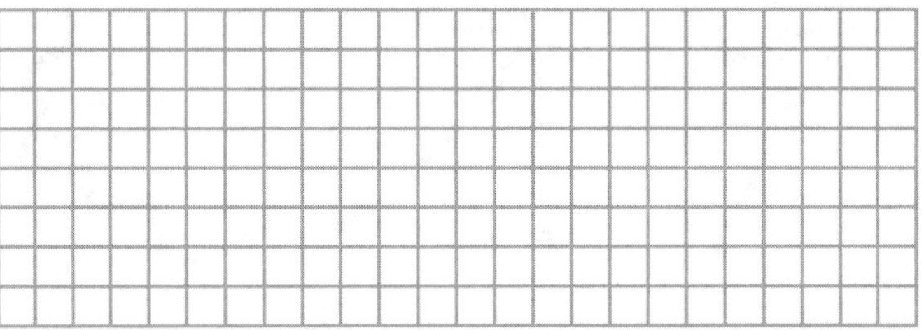

**Nr. 4**

An welchem Punkt steht das Schild?

| ← | | → | |
|---|---|---|---|
| Günther-Klotz-Anlage | 5,5 km | Turmberg | 12,2 km |
| Friedrich Ebert Grundschule | 3,9 km | Zoo | 2,7 km |

**Übungsblatt 2 (grün)**

Aufgabe:

1. Bearbeite die erste Aufgabe in Einzelarbeit.
2. Wenn du fertig bist, stehe bitte auf und suche dir einen Partner der ebenfalls steht und dessen Blatt orange ist.
3. Bearbeite die erste Aufgabe auf dem Blatt deines Partners und vergleiche dein Ergebnis mit seinem. Wenn eure Ergebnisse unterschiedlich sind, versucht herauszufinden wo der Fehler liegt.
4. Bearbeitet nun die restlichen Aufgaben und helft euch, sollte es zu Schwierigkeiten kommen.
5. Vergleicht anschließend eure Ergebnisse.
6. Solltest du vor Ablauf der Zeit fertig sein, denk dir eine eigene Aufgabe aus und stelle sie deinem Partner.

**Mit dem Fahrrad durch Karlsruhe – Sachrechnen**

**Nr. 1**

Familie Wagner unternimmt eine Fahrradtour durch Karlsruhe. Sie starten im Schlossgarten und fahren über den SSC zum Turmberg, von dort aus zum Zoo und wieder zurück zum Schlossgarten. Berechne die Länge der Tour.

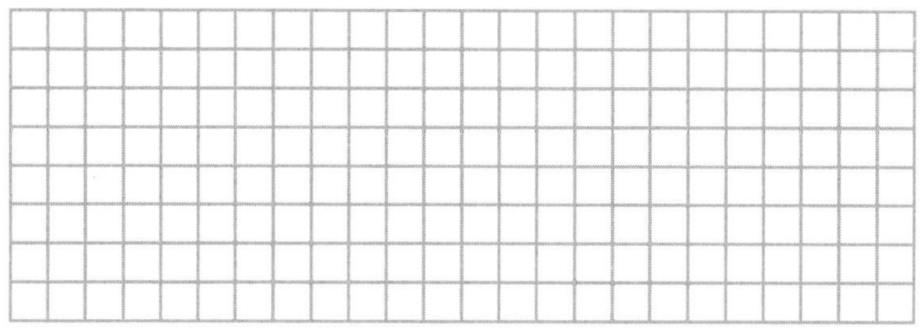

**Nr. 2**

Willi will die große Fahrradtour fahren. Er startet in der Günther-Klotz-Anlage und fährt über die Friedrich-Ebert-Schule zum SSC zum Turmberg, wieder zum Schlossgarten und über den Zoo wieder zur Günther-Klotz-Anlage. Berechne die Länge der Tour.

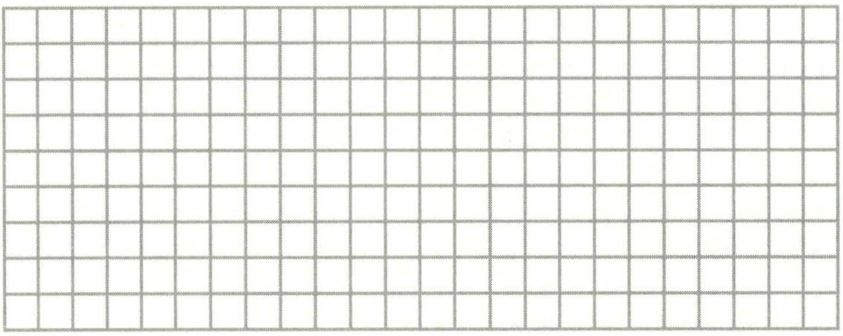

**Nr. 3**

Tom will mit Willi zusammen fahren. Die große Fahrradtour ist ihm aber zu anstrengend, so dass er erst ab dem Schlossgarten mitfährt und auch dort die Fahrradtour wieder beendet. Berechne die Länge der Tour.

**Nr. 4**

An welchem Punkt steht das Schild?

| ← | | → | |
|---|---|---|---|
| Günther-Klotz-Anlage | 5,5 km | Turmberg | 12,2 km |
| Friedrich Ebert Grundschule | 3,9 km | Zoo | 2,7 km |

**Lerntempoduett in der Sekundarstufe**
In der Sekundarstufe lässt sich das Lerntempoduett gut einsetzen, vor allem zur Vertiefung von Wissen und dessen Vernetzung oder zur Aneignung neuen Wissens sowie zum Üben von Inhalten. Wichtig ist dabei, dass die Lernenden im eigenen Lerntempo arbeiten können und dieser Vorteil muss den Lernenden absolut transparent gemacht werden. Desweiteren müssen die einzelnen Phasen genau besprochen und die Arbeitsanweisungen gut strukturiert und klar verständlich gegeben werden. Hilfestellungen für die einzelnen Aufgaben als Unterstützungssysteme sind vor allem für Lernschwächere notwendig. Differenzierungsmaßnahmen sind sinnvoll und sollten auf alle Fälle quantitativ und qualitativ eingesetzt werden. Das Lerntempoduett kann auch neben dem Einsatz im normalen Unterricht in der Freiarbeit genutzt werden, zum Beispiel mit der Wahl verschiedener Themen.

**Beispiel von Yannick Spohn**

| **Fach:** | **Klassenstufe:** | **Unterrichtseinheit:** | **Thema:** |
|---|---|---|---|
| Englisch | 7 | Nordirland | Sehenswürdigkeiten und interessante Informationen über Nordirland. |

**Art der kooperativen Methode:**
Lerntempoduett im Rahmen einer X Sandwich-Stunde

**Ziele der kooperativen Methode:**
Mit Hilfe des Lerntempoduetts sollen die SuS
ihrem Lerntempo entsprechend arbeiten.
historische und aktuelle gesellschaftliche Gegebenheiten Nordirlands beschreiben.

**Einbettung der kooperativen Methode in die Unterrichtsstunde**:
Als Einstieg ordnen sich die SuS in der „4-Ecken-Methode" entsprechend ihrer Konfession einer Ecke zu. Die Lehrperson stellt die Frage, wie sich die SuS fühlen würden, wenn sie nach ihrer Konfession getrennt würden und in eine andere Schule gehen müssten.
Die Erarbeitung erfolgt in einem Lerntempoduett. In der Aneignungsphase lesen die SuS einen didaktisierten Sachtext.

**didaktisierter Sachtext (G-Niveau):**

A Geography and society
Northern Ireland is the country north of Ireland. It's a very small country. Northern Ireland would fit three times into Baden-Württemberg in Germany!
The population of Northern Ireland is about 2 million people. The capital is Belfast. Northern Ireland isn't an independent country. It's part of the UK (United Kingdom). But it has its own flag.

B Life
Languages: In Northern Ireland you can hear and read three different languages. The main language is English that everybody in Northern Ireland speaks. But some people also speak Irish or Ulster Scots that is a Scottish dialect.

C What you need to visit
Titanic museum: You can find the Titanic museum in Belfast because the Titanic was built there. In the beautiful museum you'll learn lots of things about the Titanic and about ship building. Children (5–16) only pay £8.
Giant's Causeway: The Giant's Causeway is a place you must visit! It is a beautiful formation of rocks and it is a UNESCO world heritage.

Die SuS erhalten zusätzlich ihrem Niveau entsprechende Aufgaben:
*Arbeitsblatt (E-Niveau):*

**Task 1**

***Read*** the text and ***highlight*** the most important information.

**Task 2**

***Answer*** the questions.

More help → Tip card

1 **Where is Northern Ireland located?**
Northern Ireland is located north of Ireland.

2 **How many people live in Northern Ireland?**
The population ________________________________________.

3 **What's the capital of Northern Ireland?**
The capital ________________________________________.

4 **Is Northern Ireland an independent country or is it part of the United Kingdom?**
It ________________________________________.

5 **What are the three languages in Northern Ireland?**
The three languages ________________________________________.

6 **Where was the Titanic built?**
The Titanic ________________________________________.

7 **What is the Giant's Causeway?**
The Giant's Causeway ________________________________________.

**Task 3**

***Compare*** your answers with your partner. ***Agree*** on the answers.

**Task 4**

**Tell** your new partner your answers.

***Complete*** the mind-map together.

Sobald die SuS die Aufgabe 1 und 2 abgeschlossen haben, gehen sie zu einem vereinbarten Ort im Klassenzimmer („bus stop") und kontrollieren hier selbstständig die Lösungen. Während sie auf einen Partner warten, dürfen sie eine Zusatzaufgabe lösen, welche motivierend und kurzweilig gewählt ist.

*Beispiel für Zusatzaufgabe:*

## Word search (easy)

Find the 6 words about Northern Ireland

| U | X | A | R | T | Z | Z | G | B | E | L | F | A | S | T |
|---|---|---|---|---|---|---|---|---|---|---|---|---|---|---|
| N | C | K | L | F | M | R | D | X | D | B | I | E | I | U |
| I | F | M | P | R | O | T | E | S | T | A | N | T | N | H |
| T | G | N | R | A | K | E | I | C | H | A | N | T | G | V |
| E | H | B | Q | L | U | U | E | H | G | Y | R | F | G | F |
| D | U | C | Y | T | N | F | S | O | F | E | E | B | W | D |
| K | Z | T | A | I | S | M | E | O | U | F | T | D | Q | C |
| I | R | R | N | T | T | A | E | L | H | N | U | Q | A | X |
| N | D | G | K | A | P | S | L | U | B | B | M | E | S | X |
| G | D | E | T | N | R | L | E | N | V | V | T | T | C | S |
| D | E | G | Z | I | O | A | G | I | C | B | R | Z | M | A |
| O | G | D | A | C | J | B | H | F | L | D | O | I | L | W |
| M | U | D | A | C | A | T | H | O | L | I | C | O | P | Q |
| O | J | S | E | N | I | M | N | R | B | A | S | F | R | L |
| N | M | I | N | E | S | W | E | M | E | T | V | A | L | E |

Wenn ein Partner gefunden wurde, tauschen sich die SuS aus und erstellen eine Mindmap.

*Beispiel Mindmap:*

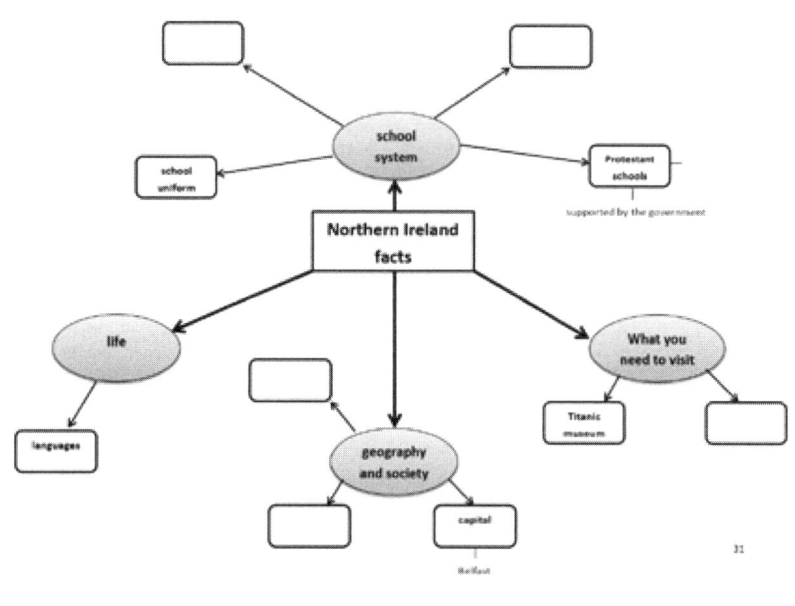

**Lerntempoduett in der Erwachsenenbildung**
Das Lerntempoduett ist eine sinnvolle Methode für die Erwachsenenbildung. Dort sind die Lerntempounterschiede in den verschiedenen Lerngruppen oft besonders hoch. Hier kann das Duett zum Erwerb neuen Wissens, aber auch zur Vertiefung und Vernetzung bereits bekannter Inhalte eingesetzt oder als Vorbereitung für Problembearbeitungen oder Fallarbeit genutzt werden.
Auch hier ist es bedeutsam, dass den Lernenden die einzelnen Phasen genau erklärt werden und sie wissen, welche Aufgaben sie wann zu bearbeiten haben. Es muss ebenfalls nochmals transparent gemacht werden, dass es das Ziel ist, wirklich im eigenen Lerntempo arbeiten zu können und hierfür muss auch genügend Zeit eingeplant werden. Das Lerntempoduett wird in der Regel von Erwachsenen in Kursen, Seminaren usw. sehr gerne angenommen, weil darin ein echter Mehrwert im Hinblick auf den eigenen Lernprozess für die Lernenden selbst erkennbar wird.

**Beispiel von Simone Engels**

| **Fach:** IT-Ausbildung Fachinformatiker für System-integration | **Klassenstufe:** Lernfeld 1 | **Unterrichtseinheit:** Der Betrieb und sein Umfeld | **Thema:** Marktarten, -formen und -segmentierung Anbieter und Nachfrageverhalten |
|---|---|---|---|

**Art der kooperativen Methode:**
Lerntempoduett im Rahmen einer X Sandwich-Stunde

**Ziele der kooperativen Methode:**
Mit Hilfe des Lerntempoduett sollen die Teilnehmerinnen und Teilnehmer
- sich in Ihrem eigenem Lerntempo mit den Marktstrukturen und den Auswirkungen intensiv auseinandersetzen
- Informationen austauschen und Aufgaben bearbeiten
- Ihr Verständnis von den Texten überprüfen

**Einbettung der kooperativen Methode in die Sandwichstunde**:
Die Ausbildung zum/r Fachinformatiker/in/Systemintegration umfasst mehrere Lernfelder. Neben den Bereichen einfache und vernetzte IT-Systeme, Öffentliche Netze und Dienste gehören auch die Themenfelder der Betrieb
und sein Umfeld sowie Geschäftsprozesse und betriebliche Organisation dazu. Damit sollen die Teilnehmer/innen Fachinhalte und betriebliche Zusammenhänge besser verstehen und das erworbene Wissen im betrieblichen Alltag bewusst umsetzen können. Am heutigen Ausbildungstag sollen sich die Teilnehmer/innen mit den Themen Marktarten, -formen und -segmentierung sowie dem Anbieter und Nachfrageverhalten selbständig auseinandersetzen. Zu diesen Themen wurden jeweils entsprechende Texte (A/B) ausgewählt und Aufgabenblätter erstellt.

## Arbeitsanweisung zum Lerntempo-Duett – Text A

Einzelarbeit:

Lesen Sie den Text der Seiten 20 – 25 und notieren Sie sich in Form von Stichpunkten die wichtigsten Informationen.

Fertigen Sie dazu eine Übersicht an.

Wenn Sie mit Ihrer Einzelarbeit fertig sind, begeben Sie sich bitte an die Ausgangstür und warten dort, bis ein/e Teilnehmer/in aufsteht, welche/r den zweiten Text gelesen hat.

**Für die Überbrückung der Wartezeit beantworten Sie bitte nachfolgende Fragen:**

- Haben Sie den Text gut verstanden oder hatten Sie Probleme mit dem Text?
- Waren die Informationen zum Thema ausreichend oder eher unzureichend?
- Ist in Ihrer Übersicht eine klare Struktur zu erkennen?
- Fassen Sie für sich noch einmal wichtige Aussagen zusammen.

Partnerarbeit

Informieren Sie Ihren Partner über den Inhalt Ihres Textes. Verwenden Sie dazu bitte Ihre Notizen und Ihre erstellte Übersicht.

## Nachbearbeitung der Texte

Einzelarbeit

Lesen Sie nach dem Austausch den anderen Text und beantworten Sie danach folgende Fragen für sich allein.

Erläutern Sie den Begriff des Marktes.
Nach welchen Kriterien werden die Märkte eingeteilt?
Nennen Sie Marktformen und beschreiben Sie ein bilaterales Oligopol.
Warum werden Märkte von den Unternehmen in Marktsegmente aufgeteilt?
Was verspricht sich ein Unternehmen von der Kundensegmentierung?

Wann wird von einem Käufer- und wann von einem Verkäufermarkt gesprochen?
Welche Möglichkeiten hat ein Anbieter einer Ware, seine Produkte am Markt zu verkaufen?
Wie lange ist ein Anbieter an sein Angebot gebunden?
Führen Sie eine Angebotskalkulation durch. Bedingungen: Einkaufspreis 380 Euro, Rabatt 3%, Skonto 2%, Versandkosten 10 Euro. Wie hoch ist der Bezugspreis?
Was versteht man unter Primärbedürfnissen?

Partnerarbeit:

Vergleichen Sie Ihre Antworten und ergänzen Sie gegebenenfalls.
Welche Fragen sollen im Plenum noch einmal geklärt werden?

**Beispieltext B mit dazugehörigem Arbeitsblatt**

Die Texte stammen aus:
Institut zur Entwicklung moderner Unterrichtsmedien e. V.: Lernfelder und Kompetenzen. Der Betrieb und sein Umfeld. 4. Auflage 2001

## Arbeitsanweisung zum Lerntempo-Duett – Text B

Einzelarbeit:

Lesen Sie den Text der Seiten 26 – 27 und notieren Sie sich in Form von Stichpunkten die wichtigsten Informationen.

Fertigen Sie dazu eine Übersicht an.

Wenn Sie mit Ihrer Einzelarbeit fertig sind, begeben Sie sich bitte an die Ausgangstür und warten dort, bis ein/e Teilnehmer/in aufsteht, welche/r den zweiten Text gelesen hat.

**Für die Überbrückung der Wartezeit beantworten Sie bitte nachfolgende Fragen:**

- Haben Sie den Text gut verstanden oder hatten Sie Probleme mit dem Text?
- Waren die Informationen zum Thema ausreichend oder eher unzureichend?
- Ist in Ihrer Übersicht eine klare Struktur zu erkennen?
- Fassen Sie für sich noch einmal wichtige Aussagen zusammen.

Partnerarbeit

Informieren Sie Ihren Partner über den Inhalt Ihres Textes. Verwenden Sie dazu bitte Ihre Notizen und Ihre erstellte Übersicht.

## Nachbearbeitung der Texte

Einzelarbeit

Lesen Sie nach dem Austausch den anderen Text und beantworten Sie danach folgende Fragen für sich allein.

Erläutern Sie den Begriff des Marktes.
Nach welchen Kriterien werden die Märkte eingeteilt?
Nennen Sie Marktformen und beschreiben Sie ein bilaterales Oligopol.
Warum werden Märkte von den Unternehmen in Marktsegmente aufgeteilt?
Was verspricht sich ein Unternehmen von der Kundensegmentierung?

Wann wird von einem Käufer- und wann von einem Verkäufermarkt gesprochen?
Welche Möglichkeiten hat ein Anbieter einer Ware, seine Produkte am Markt zu verkaufen?
Wie lange ist ein Anbieter an sein Angebot gebunden?
Führen Sie eine Angebotskalkulation durch. Bedingungen: Einkaufspreis 380 Euro, Rabatt 3%, Skonto 2%, Versandkosten 10 Euro. Wie hoch ist der Bezugspreis?
Was versteht man unter Primärbedürfnissen?

Partnerarbeit:

Vergleichen Sie Ihre Antworten und ergänzen Sie gegebenenfalls.
Welche Fragen sollen im Plenum noch einmal geklärt werden?

## 5.3 Gruppenkooperation

Wesentlich komplexer als Partnerkooperationen sind Kooperationen in Gruppen. Um diese erfolgreich zu bewältigen, benötigen die Lernenden und die Lehrenden grundlegende Methodenkompetenzen und sollten bereits erste Erfahrungen mit einfacheren kooperativen Lernszenarien vorweisen. Kooperation in Gruppen kann dann sinnvoll eingesetzt werden, wenn Lernende bereits erfolgreich in Partnerkooperationen arbeiten können. Neben den bekannten Formen, wie die themengleiche oder –differenzierte bzw. arbeitsgleiche oder arbeitsteilige Gruppenarbeit, die im herkömmlichen Unterricht als Sozialformwechsel gerne zwischendurch eingesetzt wird, gibt es Gruppenarbeitsformen, die vor allem dem Austausch von Meinungen und dem Lernen durch wechselseitiges Lehren gerecht werden können. Sie implizieren zwar auch einen Sozialformwechsel, aber weisen auch darüber hinaus weitere Ansprüche auf. So sollen neben sozialen Lernzielen und erhöhter Motivation auch Wissen vermittelt, Inhalte wiederholt und geübt und Sachverhalte eigenständig erarbeitet und geprüft werden. Diese kooperativen Lernformen gehen von ihren Ansprüchen also weit über einen Sozialformwechsel und den Wunsch nach mehr Abwechslung hinaus. Sie schaffen Lernumgebungen, die situiertes Lernen ermöglichen und sich vom angeleiteten Lernen zum selbstgesteuerten Lernen bewegen.

### 5.3.1 Gruppeninterview

Das Gruppeninterview ist die Schwestermethode des Partnerinterviews. Statt in Tandems schließen sich die Lernenden in Dreier- oder Vierergruppen zusammen und führen ein Interview zu komplexeren Aufgaben oder Fragestellungen. Auch hier werden drei Phasen unterschieden:

In Phase 1 (Aneignungsphase) machen sich die Lernenden über ihre jeweilige Aufgabe oder Fragestellung zum Experten. Dabei können sie sich auch mit Gruppenmitgliedern anderer Gruppen zusammenschließen, welche dieselbe Aufgabe oder Fragestellung bearbeiten. Sie bearbeiten die Aufgaben in Einzelarbeit oder eben mit einem Pendant einer anderen Gruppe zusammen, nutzen das im Unterricht erarbeitete Wissen und schlagen in Büchern oder Heften nach. Bei schwächeren Lernenden oder sehr anspruchsvollen Aufgaben können auch Musterlösungen zur Verfügung gestellt werden, die dann von den Lernenden genutzt werden können. Somit ist sichergestellt, dass in der folgenden Phase die Fragestellungen richtig beantwortet oder die exakten Lösungen korrekt weitergegeben werden. Die einzelnen Gruppenmitglieder können mit Mitgliedern anderer Gruppen, die über die gleichen Aufgaben verfügen, zusammensitzen und gemeinsam die Aufgaben bearbeiten.

In Phase 2 (Austauschphase) findet dann die Gruppenarbeit der sogenannten Stammgruppe statt. Die Mitglieder einer jeden Gruppe stellen sich abwechselnd ihre Aufgaben/Fragen und lassen sich diese zunächst von den anderen Gruppenmitgliedern erklären/lösen. Sie ergänzen deren Antworten und helfen bei Schwierigkeiten. Da es sich um Themen handelt, zu denen bei den Lernenden Vorwissen oder Meinungen

vorhanden sind, sollten alle Gruppenmitglieder etwas sagen können, bevor die jeweiligen Experten ergänzen. Sachverhalte und Lösungswege werden anschließend in der Gruppe gemeinsam analysiert und reflektiert, offene Fragen in Phase 3 mitgenommen. In Phase 3 (Vertiefungsphase) werden im Plenum noch offene Fragen geklärt, nicht gelöste Aufgaben besprochen und eventuell mit weiteren Methoden das erworbene Wissen nochmals vertieft. Hierzu bieten sich Ampelmethode, Mindmaps oder Struktur-Lege-Techniken an (vgl. Traub 2021).
Das Gruppeninterview ist die etwas komplexere Variante gegenüber dem Partnerinterview und bearbeitet im Vergleich zum Multi-Interview umfassendere Aufgaben.

**Gruppeninterview in der Grundschule**

Das Gruppeninterview eignet sich bedingt in der Grundschule ab Klasse 1, wobei es sicher effektiver ab Klasse 3 eingesetzt werden kann, da es doch eine komplexere Methode darstellt, die ein gewisses Maß an Einhaltung von Gesprächsregeln und Nutzung von Sozialkompetenzen erfordert. Auf jeden Fall sollten zuerst verschiedene Partnerinterviews durchgeführt werden, mit Hilfe derer die Gesprächsregeln eingeübt werden können, wie zum Beispiel gegenseitiges Zuhören oder sich gegenseitig Aussprechen lassen.
Wenn diese Regeln beherrscht werden, dann bietet sich das Gruppeninterview bereits gut zur Umsetzung in der Grundschule an, zum Beispiel zum Meinungsaustausch oder zur Wiederholung bestimmter Sachverhalte, aber auch zum Sammeln von Informationen und dem anschließenden Austausch derselben. Auch zur Problembearbeitung oder zum Aufstellen von Hypothesen ist das Gruppeninterview in der Grundschule geeignet.

**Beispiel von Silke Traub**

| **Fach:** | **Klassenstufe:** | **Unterrichtseinheit:** | **Thema:** |
|---|---|---|---|
| Sachunterricht | 1–2 | Naturphänomene beschreiben | Luft |

**Art der kooperativen Methode:**
Gruppeninterview im Rahmen einer
X Sandwich-Stunde X Stationenarbeit/Wochenplan X Freiarbeit

**Ziele der kooperativen Methode:**
Die SuS können ihr Wissen zu Eigenschaften von Luft vertiefen und vernetzen.
Die durchgeführten Experimente nochmals verbal beschreiben und ihr Wissen nutzen

**Einbettung der kooperativen Methode in die Unterrichtsstunde**:
Das Gruppeninterview kann hier im Rahmen einer Sandwichstunde, aber auch im Rahmen des Wochenplans, der Stationenarbeit oder der Freiarbeit eingesetzt werden.
Voraus geht allen Lehr-Lern-Konzepten, dass verschiedene Experimente zum Thema Luft durchgeführt und besprochen wurden.

Zum Beispiel:
- Luftballon fliegen lassen
- Stein auf den Boden fallen lassen
- Unter Wasser ein Glas befüllen und Bläschen beobachten
- Seifenblasen erzeugen usw.

In der Übungsphase geht es nun darum, diese Experimente nochmals zu versprachlichen und zu erklären.

Beispielaufgaben:

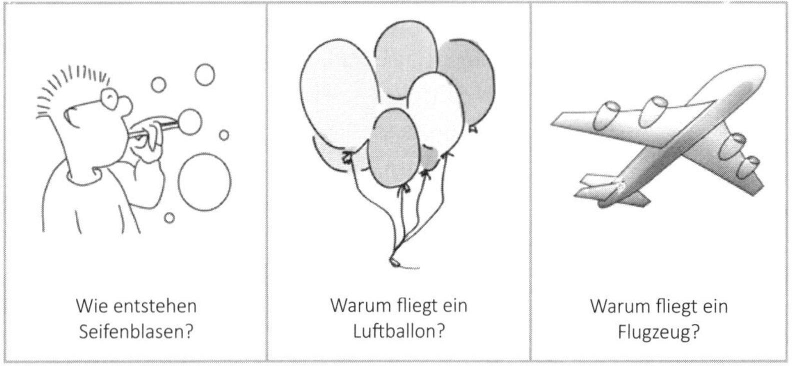


Jedes Kind bereitet sich auf das Gruppeninterview in einer Einzelarbeit vor und überlegt nochmals, was es im Experiment gesehen hat, was es sich notiert hat und welche Erklärung es dafür gibt. Stichworte für Erklärungen gibt es auf der Rückseite.
Dann stellt Kind 1 seine Frage den beiden anderen, die versuchen diese Frage zu beantworten, da sie die Experimente ja auch erlebt und die Erklärung notiert haben. Das Kind 1 als Experte ergänzt und erklärt nochmals. Danach wechseln die Rollen.

### Gruppeninterview in der Sekundarstufe

Auch in der Sekundarstufe lässt sich das Gruppeninterview gut umsetzen. Hier beherrschen die SuS schon relativ gut bestimmte Gesprächsregeln und besitzen bereits ausreichende Sozialkompetenzen, um das Gruppeninterview sinnvoll und effektiv einsetzen zu können. Neben dem Austausch von Meinungen und Sachverhalten, können hier auch Inhalte vertieft und explizit geübt werden. Dies ist in fast allen Fächern möglich. Das Gruppeninterview eignet sich auch gut zur Differenzierung, da sowohl die Aufgaben und Fragestellungen niveaudifferenziert ausgewiesen werden können und dann den starken und schwächeren Lernenden unterschiedliche Gruppeninterviewaufgaben gestellt werden als auch Hilfestellungen durch Tippkarten, Lösungshinweise usw. für schwächere Lernende gegeben werden können. Die Methode ist nicht zu zeitintensiv und lässt sich gut in ca. 15 Minuten durchführen. Idealerweise arbeiten drei bis vier SuS zusammen in einer Gruppe.

**Sekundarstufe: Beispiel von Silke Traub**

| **Fach:** Sport | **Klassenstufe:** 7–8 | **Unterrichtseinheit:** Ballspiele | **Thema:** Volleyball- Vertiefung der Technik |
|---|---|---|---|

**Art der kooperativen Methode:**
Gruppeninterview im Rahmen einer X Sandwich-Stunde

**Ziele der kooperativen Methode:**
Die SuS vertiefen und üben die verschiedenen Techniken beim Volleyballspiel

**Einbettung der kooperativen Methode in die Unterrichtsstunde**:
Baggern, Pritschen und die Aufschlagstechnik wurde bereits im Unterricht eingeführt und das Volleyballspiel als Mannschaftsportart ist den SuS bekannt, ebenso wie die Regeln und das Zusammenspiel.
Durch das Gruppeninterview sollen sich die SuS nochmals die Schlagtechniken bewusstmachen und diese verfeinern und gemeinsam üben.
Hierfür gehen die Lernenden in Dreiergruppen zusammen.

Jedes Gruppenmitglied erhält eine Karte mit einer Aufgabe:

Der Ball wird beim **Pritschen (oberes Zuspiel)** mit schüsselförmig gehaltenen Händen vor der Stirn gespielt. Die Handgelenke geben dabei etwas nach und der Ball liegt in den Händen. Dabei berühren nur die vorderen Fingerglieder den Ball

Übe zunächst mit einem Gruppenmitglied einer anderen Gruppe, die auch die Aufgabe Pritschen hat dieses und korrigiert euch gegenseitig!
Entwickelt zwei Übungen, die ihr nachher in eurer Stammgruppe durchführt!

Die Arme werden beim **Baggern** (unteres Zuspiel) zum sogenannten „Spielbrett“ – hierfür müssen die Schultern nach vorne gezogen, die Hände ineinander gelegt und anschließend beide Unterarme und Daumen parallel aneinander gelegt werden.

Übe zunächst mit einem Gruppenmitglied einer anderen Gruppe, die auch die Aufgabe Baggern hat dieses und korrigiert euch gegenseitig!
Entwickelt zwei Übungen, die ihr nachher in eurer Stammgruppe durchführt!

**Aufschlag von unten:** Die Beine sind leicht gebeugt, der linke Fuß steht beim Rechtshänder vorne, beim Linkshänder entsprechend umgekehrt. Während der Ball mit der linken Hand hüfthoch leicht vor dem Körper gehalten wird, schwingt der gestreckte Schlagarm lang nach hinten durch und das Gewicht verlagert sich auf den hinteren Fuß.

Übe zunächst mit einem Gruppenmitglied einer anderen Gruppe, die auch die Aufgabe Aufschlag hat diesen und korrigiert euch gegenseitig!
Entwickelt zwei Übungen, die ihr nachher in eurer Stammgruppe durchführt!

Zunächst schaut sich jede Person die Aufgabe an und liest die Erklärung durch. Danach verteilen sich alle in der Halle und üben das Baggern, Pritschen und den Aufschlag jeweils entsprechend der eigenen Aufgabe für sich. Dann bilden sich jeweils Tandems mit der gleichen Aufgabe und üben diese miteinander.

Schließlich geht es in die Stammgruppe. Dort fragt Person A, was die beiden anderen noch zum Pritschen wissen und wie das geht. Die beiden anderen machen die Technik vor und werden entsprechend korrigiert. So wird auch das Baggern und der Aufschlag nochmals vergegenwärtigt. Anschließend werden die Übungen der jeweiligen Experten gemeinsam durchgeführt.

### Gruppeninterview in der Erwachsenenbildung

Auch in der Erwachsenenbildung lässt sich das Gruppeninterview zur Verarbeitung von Sachverhalten, zum Aufstel-len von Hypothesen oder bei Fallbearbeitungen einsetzen. Die einzelnen Aufgaben sollten hier durchaus bereits etwas komplexer sein, so dass die Lernenden sich zunächst individuell mit der Aufgabenstellung sinnvoll auseinan-dersetzen und diese dann im Austausch mit anderen besprechen können. Hierfür ist die individuelle Auseinandersetzungsphase besonders wertvoll. Durch den anschließenden effektiven Austausch mit den jeweiligen Experten profitieren alle. Das Gruppeninterview ist zeitlich gut in Seminarveranstaltungen zu integrieren und lässt sich bei er-wachsenen Lernenden durchaus auch in einer 5-er Gruppe durchführen.

**Beispiel von Silke Traub**

| **Fach:** Bildungswissenschaften | **Kurs:** Tutorentraining | **Unterrichtseinheit:** Kooperatives Lernen | **Thema:** Grundlagen des kooperativen Lernens |
|---|---|---|---|

**Art der kooperativen Methode:**
Gruppeninterview im Rahmen einer XSandwich-Stunde

**Ziele der kooperativen Methode:**
Die angehenden Tutor*innen können zielgerichtet kooperatives Lernen in den Tutorien einsetzen.
Sie können anderen die Methode des kooperativen Lernens erklären
Sie beherrschen die Methode des kooperativen Lernens

**Einbettung der kooperativen Methode in die Unterrichtsstunde**:
Die Lernenden wiederholen und vertiefen die bereits in einem Vortrag der Lehrperson vorgestellten Grundlagen für das kooperative Lernen. Zunächst wird in der Lehrveranstaltung durch die Lehrperson erläutert, was das Konzept des kooperativen Lernens genau bedeutet, wodurch es sich vom herkömmlichen Gruppenunterricht abgrenzt und welche Forschungsergebnisse zugrunde liegen. Im Gruppeninterview werden diese Erkenntnisse vertieft, besprochen und erweitert. Später sollen die Lernenden dann eine kooperative Methode für ihre Tutorien entwickeln und diese mit den Studierenden durchführen.

*Aufgabe:*
Verteilen Sie die Aufgaben in Ihrer Gruppe, so dass sich jede Person über zwei Fragen zum Experten macht (Person A nimmt die Fragen unter A usw.). Dies geschieht zunächst in einer Einzelarbeit.

Stellen Sie dann Ihren Gruppenmitgliedern Ihre Frage und fordern Sie von diesen eine Antwort ein (jede Person muss antworten). Zuerst Person A mit Frage 1, dann Person B mit Frage 2, dann Person C mit Frage 3, dann wieder Person A mit Frage 4 usw.

Ergänzen Sie danach durch Ihr Expertenwissen
Rotieren Sie so in der Gruppe, dass alle Ihre Aufgaben den anderen stellen können.
Diskutieren Sie am Ende nochmals über die Inhalte und über die Methode Gruppeninterview

Arbeiten Sie in ihrem Arbeitstempo:

*Person A:*

1. Welche Maximen gelten für kooperative Lernmethoden?
4. Wie kann die Zusammenarbeit der Lernenden unterstützt werden?

*Person B:*

2. Wie definieren Sie kooperatives Lernen?
5. Grenzen Sie kooperatives Lernen vom herkömmlichen Gruppenunterricht ab!

*Person C:*

3. Welche Merkmale gelten für kooperatives Lernen
6. Welche Erwartungen sind mit kooperativem Lernen verbunden?

*Alle drei Partner*innen gemeinsam:*
Wie könnten Sie sich die Umsetzung kooperativen Lernens in Ihrem Kurs vorstellen?
Welche Fragen zur Definition kooperativen Lernens müssen noch beantwortet werden?

### 5.3.2 Gruppenpuzzle

Eine international bekannte Methode kooperativen Lernens, in der das Lernen durch Lehren eine zentrale Rolle spielt, ist die Gruppenpuzzle-Methode (Jigsaw). Sie wurde von Aronson/Steven/Snapp entwickelt und lässt sich in den traditionellen Unterricht einfügen (vgl. Aronson in Huber, Rotering-Steinberg, Wahl 1984, S. 48 ff.).

Sie lässt sich dann sinnvoll einsetzen, wenn es möglich ist, ein größeres Wissensgebiet in mehrere, in sich relativ geschlossene Teilgebiete aufzugliedern. Sie funktioniert nach dem Prinzip der sozialen Kohäsion. Lernende helfen einander, weil ihnen etwas an der Gruppe liegt. Es ist daher auch ein Anliegen der Methode, die sozialen Verhaltensweisen der Lernenden zu fördern.

Lernende nehmen Informationen auf und geben Informationen weiter. Umfangreiche Texte werden dabei in einer Gruppe in verschiedene Teilgebiete aufgeteilt, so dass jeder Lernende nur ein Teilgebiet selbst zu bearbeiten hat.

Diese Lernmethode fordert von den Lernenden Zusammenarbeit und gegenseitiges Unterstützen. Dabei sind die Lernenden voneinander abhängig, wenn es um die Erreichung der Ziele geht. Konkurrenzdenken ist hier fehl am Platz. Lernende mit eher niedrigem Selbstwertgefühl können dank des Erfolgserlebnisses dasselbe steigern.

Beim Gruppenpuzzle lassen sich drei Phasen unterscheiden:

Zunächst wird in die Methode eingeführt. Die Lehrperson organisiert heterogene Stammgruppen (3–5 Personen). Dann führt sie in die Thematik ein und stellt die einzelnen Teilgebiete und den Zusammenhang des Themas her. Sie erläutert, warum das Thema wichtig ist und wie es mit dem bisher Gelernten zusammenhängt. Die Lernenden erhalten in den Stammgruppen ihre Teilgebiete, so dass Person 1 das Themengebiet A bearbeitet, Person 2 Themengebiet B, Person 3 Themengebiet C und bei einer Vierergruppe Person 4 Themengebiet D.

1. Expertenphase: Zunächst beschäftigt sich jeder Lernende mit seinem Textteil. Die Lernenden sollten am Ende dieser Phase wissen, was sie mitteilen sollen, wie sie das am besten tun können und wie die Ergebnisse dieses Teilgebietes gesichert werden können. Hier kann die Lehrperson mehr oder weniger unterstützen, indem sie vorgibt, was zu tun ist oder indem sie die Lernenden selbst entscheiden lässt, wie sie die Aufgabe bewältigen.
2. Lernende mit den gleichen Themengebieten finden in einer Expertengruppe zusammen, also alle Lernende mit Themengebiet A, alle mit Themengebiet B usw. Sie arbeiten in diesen Gruppen am Thema und versuchen, die dazu gestellten Aufgaben zu lösen. Sie stellen sich gegenseitig Fragen, machen sich Notizen oder lösen anstehende Probleme. Wichtig ist dabei stets die Überlegung, wie sie anschließend als Experte ihr Wissen in der Stammgruppe weitergeben. Voraussetzung für den Erfolg ist die Offenheit der Lernenden. Sie müssen sich gegenseitig unterstützen und ihre Ideen einbringen, damit anschließend alle als Experten in der Stammgruppe arbeiten können. Hierfür sind die Unterstützungsstrategien wiederum sehr wichtig. Die Lernenden überlegen nun gemeinsam die Fragen,

was muss ich vermitteln, wie kann ich das am besten und wie kann ich die Ergebnisse sichern.

3. Austauschphase: Die Lernenden treffen sich wieder in ihren Stammgruppen. Dort berichten sie nacheinander über ihre Arbeit und ihre Ergebnisse der Expertengruppen. Dabei sind offen gebliebene Fragen zu klären, so dass am Ende einer jeden Darstellung jedes Mitglied der Stammgruppe das vorgetragene Teilgebiet verstanden hat und in den Gesamtzusammenhang einordnen kann. Hierzu werden zunächst die wesentlichen Informationen gegeben und Fragen der anderen Gruppenmitglieder beantwortet. Idealerweise hat der Experte vorbereitete Fragen oder Aufgaben, die die Gruppenmitglieder beantworten müssen, um zu zeigen, ob sie den Inhalt auch verstanden haben und ihn wiedergeben können. Danach werden die Ergebnisse nach Vorgabe des Experten verschriftlicht.
4. Vertiefungsphase: Das Gelernte wird nun überprüft. Die Experten erhalten Aufschluss darüber, wie sie das Teilgebiet vermittelt, die anderen Mitglieder der Gruppe, wie sie es verarbeitet haben. Dazu kann ein Test geschrieben werden, der Fragen zu jedem Teilgebiet enthält. Neben dem Test gibt es auch die Möglichkeit, eine Wandzeitung zu erstellen oder eine Mindmap anzufertigen. Möglich wäre auch nochmals, ein Zurückgehen in die Expertenphase, um sich nochmals über die Inhalte der Austauschphase zu verständigen. In einer kurzen Plenumsphase können einzelne Lernende die Ergebnisse nochmals berichten oder Fragen gestellt werden. Hier kann auch die Lehrperson noch ergänzen. Bestandteil dieser Evaluation ist auch eine Metakommunikation über die Gruppenarbeit, sowohl in der Experten- als auch in der Stammphase. So werden Defizite aufgegriffen und bearbeitet und bei einem erneuten Gruppenpuzzle ausgeschaltet.

Das Gruppenpuzzle bietet nicht nur Möglichkeiten an, wie das Lernen zu organisieren sei, es vermittelt bedeutsame, sinnvolle Lernerfahrungen. Dies gelingt nur, wenn die einzelnen Mitglieder der Gruppe von Ihrem Tun und der Bedeutung der Arbeit der anderen überzeugt sind. Diese Überzeugungen entwickeln sich über einen längeren Zeitraum hinweg, wenn Lernende an persönlich relevanten, authentischen und anregenden Aktivitäten teilhaben. Je mehr die Lernenden in das Gruppengeschehen integriert sind, je mehr Erfahrungen sie mit kooperativem Lernen haben und je mehr Methodenkompetenz sie besitzen, desto besser gelingt es ihnen, ihr Denken zu artikulieren, anderen zuzuhören, unterschiedliche Gedanken zu integrieren und nach Anwendungsmöglichkeiten zu suchen. Das Gruppenpuzzle soll den Informations- und Wissenserwerb in einem Team unterstützen. Obgleich das Wissen gemeinsam erarbeitet wird, hängt es von jedem Mitglied der Gruppe ab, wie effizient gearbeitet wird. Die Gruppe ist nur dann erfolgreich, wenn alle Mitglieder gut zusammenarbeiten und sich aufeinander verlassen können.
Das Gruppenpuzzle empfiehlt sich besonders für die Einführung neuer Themenbereiche und Unterrichtseinheiten.

Die Gruppenpuzzlemethode wurde ursprünglich entwickelt, um soziale Beziehungen zwischen den Lernenden zu verbessern und neben kognitiven auch soziale und personale Lernziele zu erreichen. Zur Effektivität der Gruppenpuzzlemethode für den Bereich sozialer und personaler Lernziele liegen leider viel weniger Studien vor als zur Auswirkung der Gruppenpuzzlemethode auf die Lernleistung.
Eine Studie konnte nachweisen, dass die Experten vor allem in ihren Spezialgebieten dazu gelernt haben und weniger in den Gebieten, die ihnen als Novizen präsentiert wurden (zitiert nach Wellenreuther 2015, S. 478)
Da der Austausch in den Stammgruppen oft nicht den erwünschten Erfolg bringt, wurde das Gruppenpuzzle optimiert:

1. Die Weitergabe des Wissens, bisher eindeutig ein Schwachpunkt, wird neuerdings systematisch vorbereitet. Haben die Experten ihr Wissen erarbeitet, so bereiten sie eine Präsentation vor, d. h. sie überlegen sich einen Einstieg und sie bereiten Visualisierungen vor.
2. Zusätzlich planen die Experten Verarbeitungsaufgaben. Das können Kontrollfragen, Übungsaufgaben, zu bearbeitende Fallbeispiele oder kognitive Landkarten sein. Auch Zusammenfassungen und Diskussionen können hier unterstützen, geleitet durch zentrale Aufgaben. Das bedeutet, dass die Arbeit in den Expertengruppen künftig zweistufig verläuft: erst die Sachfragen, dann die didaktische Planung.
3. Gruppenmethoden haben es an sich, dass die einen ihre Kräfte vornehm zurückhalten können, während andere überdurchschnittlich viel Aktivität zeigen. Um Gruppenarbeit für jedes Individuum attraktiv zu gestalten, wird beim Gruppenpuzzle II künftig jedem einzelnen Lernenden der persönliche Lernzuwachs zurückgemeldet. Dazu werden vor Beginn des Gruppenpuzzles die Vorkenntnisse erfasst. Am Ende des Gruppenpuzzles wird der Leistungsstand erneut festgestellt. Dabei wird die individuelle Bezugsnorm wirksam. Es werden Testfragen oder Aufgabenstellungen zu allen Textteilen gestellt.

Slavin hat dies noch dadurch ergänzt, dass zunächst auch allen Lernenden die gleichen Texte ausgehändigt werden könnten und diese als Hausaufgabe oder als Stillarbeit schon einmal gelesen werden sollten. Die Experten bekommen dann in der Expertenphase des Gruppenpuzzles spezifische Aufgabenstellungen, um die Inhalte zu erschließen und zu vertiefen. Die Basis für das Textverständnis wurde aber bereits durch das Lesen der Texte bei allen gelegt. Möglich wäre auch, dass die Inhalte bereits in einem Input durch die Lehrperson in den Grundlagen vermittelt werden und dass sich dann das Gruppenpuzzle als Sicherungs- und Vertiefungsphase anschließt und so den Experten und den Novizen die Möglichkeit gegeben wird, sich bereits vorab mit den Inhalten auseinandergesetzt zu haben.
Dadurch kann – wie neuere Untersuchungen zeigen, die Effektivität des Gruppenpuzzles deutlich verbessert werden.
Aronson fasst empirische Untersuchungen zur Jigsaw-Methode (Puzzle-Methode) zusammen. Demnach zeigte sich, dass die Lernenden in Jigsaw-Klassen ihre Einstel-

lung zur Schule im Lauf des Schuljahres verbesserten, während die Einstellung zur Schule bei Lernenden in traditionellen Klassen sank. Außerdem nahm das Selbstwertgefühl zu und der Wunsch gemeinsam mit Klassenkameraden zu lernen. Auch das Leistungsvermögen war in den Jigsaw-Klassen signifikant besser als in den Kontrollklassen (vgl. Aronson in Huber, Rotering-Steinberg, Wahl 1984, S. 52ff.).
In Slavins Überblicksstudie (1995) hat sich gezeigt, dass die Gruppenpuzzlemethode in 27% der Fälle (3 Studien) im Hinblick auf die Lernergebnisse dem normalen Unterricht überlegen war, in 46% der Fälle keine Unterschiede gegenüber dem normalen Unterricht auftraten (5 Studien) und in 27% der Fälle (3 Studien) der normale Unterricht besser war. Die Gruppenpuzzlemethode scheint also auf den ersten Blick für den Lernerfolg weder besser noch schlechter zu sein als normaler Unterricht. Wichtig ist allerdings, wie man sie einsetzt. Sie wurde häufig nicht optimal verwendet.

**Gruppenpuzzle in der Grundschule**

Auch für das Gruppenpuzzle in der Grundschule gilt: die Methode ist grundsätzlich einsetzbar, ist aber von der Organisation komplexer und verlangt den Lernenden schon einiges an Sozialkompetenzen und Methodenkompetenzen ab. Sie müssen bereits über bestimmte Strategien verfügen, um sich einmal zum Experten machen zu können, aber auch um sich gegenseitig auszutauschen. Daher bietet sich das Gruppenpuzzle erst etwa ab der 3. Klasse an, wenn die Kinder auch schon etwas besser lesen und schreiben können. Zuerst sollten die Kinder mit dem Partnerpuzzle vertraut gemacht werden, so dass sie erworbene Strategien bereits leichter auf das Gruppenpuzzle anwenden können.
Beim Gruppenpuzzle geht es um die Erarbeitung neuer Themengebiete oder auch um die Vertiefung von Wissen. Auch hier kann gut dahingehend differenziert werden, dass stärkere Lernende komplexere und tiefergehende Inhalte zur Bearbeitung erhalten, während schwächere Lernende eher übersichtlichere, bereits klar strukturierte und inhaltlich einfachere Themengebiete zur Erarbeitung erhalten. Das Gruppenpuzzle lässt sich in allen Fächern anwenden und bietet sich neben einer Einzel-bzw. Doppelstunde auch in der Freiarbeit an.

**Beispiel von Vera Bühler**

| **Fach:** Englisch | **Klassenstufe:** 4 | **Unterrichtseinheit:** Themenfeld: Essen, Trinken, Einkaufen | **Thema:** Breakfast in other countries |
|---|---|---|---|

**Art der kooperativen Methode:**
Gruppenpuzzle im Rahmen einer X Sandwich-Stunde

**Ziele der kooperativen Methode:**
Mit Hilfe des Gruppenpuzzles sollen die SuS

- Unterschiede zwischen dem Frühstück in verschiedenen englischsprachigen Ländern herausarbeiten

- sich auf Englisch gegenseitig Fragen stellen
- einen Text auf Englisch verstehen und Fragen dazu beantworten
- Kenntnisse zu Alltagsgewohnheiten und Traditionen der zielsprachlichen Kulturen vertiefen und erweitern (Bildungsplan, BW, Englisch 3/4, 3.2.3.1. soziokulturelles Wissen, interkulturelle Kompetenz)
- Alltagsgewohnheiten und Traditionen der zielsprachlichen Kulturen mit der eigenen Lebenswelt vergleichen (Bildungsplan BW, Englisch, 3/4, 3.2.3.1. soziokulturelles Wissen, interkulturelle Kompetenz)

**Einbettung der kooperativen Methode in die Unterrichtsstunde**:
Als Einstieg und Wiederholung wird „Obstsalat" gespielt, allerdings mit geänderten Regeln, sodass das Spiel „breakfast" heißt und die Frühstücksvokabeln der letzten Stunde wiederholt werden.

Anschließend werden die Kinder in Gruppen von je 3 SuS aufgeteilt, die mit Buchstaben gekennzeichnet sind. (Gruppe A, B, C, D, E).
In jeder Gruppe wird nun ein roter (Harry), ein blauer (Sam), ein gelber (Liam) Text verteilt.

Alle Kinder mit einem gleichfarbigen Text kommen zusammen (5er Gruppe).
Sie lesen ihren Text aufmerksam in Einzelarbeit durch und besprechen ihn anschließend gemeinsam. Dies kann auf Deutsch und/oder Englisch gesehen.
Nach ca. 15 Minuten klingelt eine Glocke. Nun kommen alle Kinder wieder zurück in ihre Stammgruppe/Buchstabengruppe.
Die Kinder stellen sich ihre Texte gegenseitig vor. Als Sicherung befragen sich die SuS gegenseitig zu ihren Texten. Die Fragen sind hierfür vorgegeben (Interviews zu A/B/C).

Nach dem gegenseitigen Interview dürfen die SuS ihr Frühstück als Reflexion im Vergleich zum britischen oder amerikanischen aufmalen. (Aufgabe 1) Anschließend vergleichen sie ihre Erkenntnisse und besprechen diese – wenn nötig – auf Deutsch (Reflexion). Diese Aufgabe kann je nach benötigter Zeit auch als Differenzierung verwendet werden.

Text A:

Hello! My name is Harry and I am from Bristol, England.

On weekends my family and I have a full English breakfast.

My parents drink tea. Me and my sister drink chocolate drink.

My parents eat muesli. I have scrambled eggs and bacon. My sister eats scrambled eggs only.

All of us love eating baked beans. Baked beans are beans in tomato sauce.

Sometimes, when I am very hungry, I also have toast with jam.

Text B:

Hello! My name is Sam and I am from America. I live in Chicago.

On weekends we have an American breakfast.

My parents drink coffee. My brother and I drink orange juice.

I love eating pancakes with maple syrup.
My parents have cereals or toast.
My brother likes fried eggs.

Sometimes, when I am very hungry I also eat some small sausages.

Text C:

Hello! My name is Liam and I am from Australia. I live in Melbourne.

On weekends I have breakfast with my mum.

My mum drinks coffee. I drink water for breakfast.

I love eating toast with vegemite. Vegemite is a bread-spread.(1) It tastes salty.
My mum likes eating yoghurt with fruit.

Sometimes, when I am very hungry I also eat some cereals.

(1) = Brotaufstrich

Interview zu A:

1. Where does Harry live?

_______________

2. When does Harry`s family have a full English breakfast?

_______________

3. What does Harry's sister eat?

_______________

4. What are baked beans?

_______________

Interview zu B:

1. Where is Sam from?

2. What does Sam eat for breakfast?

3. What does Harry's brother like?

4. What are Sam's parents drinking?

Interview zu C:

1. Where is Liam from?

2. What does Liam's mum eat for breakfast?

3. What is vegemite?

4. What is Liam drinking?

Aufgabe 1:

Male das Frühstück von Sam, Harry oder Liam auf. Male dein Frühstück daneben. Vergleiche dein Frühstück mit dem von Sam, Liam oder Harry.
Besprich dich anschließend mit deinen Partnern. Was ist dir beim Vergleichen aufgefallen? Was magst du, was nicht?

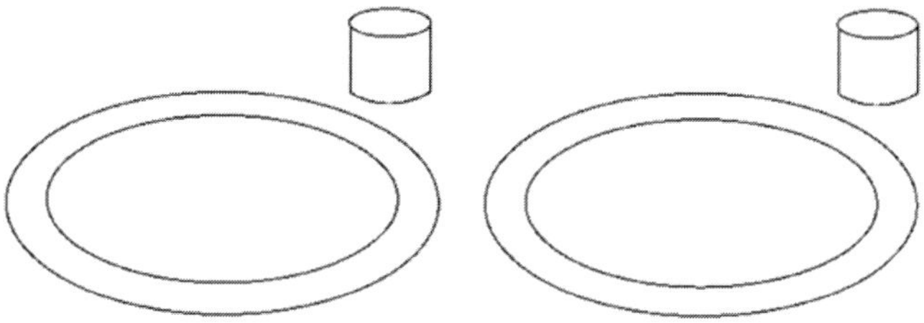

### Gruppenpuzzle in der Sekundarstufe

Das Gruppenpuzzle eignet sich in der Sekundarstufe zur Erarbeitung von Themengebieten, zum Austausch von Sachverhalten oder zur Vertiefung bereits erworbenen Wissens. Es bietet sich für alle Fächer an und kann quantitativ und qualitativ niveaudifferenziert eingesetzt werden. Die Lernenden sollten über Strategien verfügen, wie man sich selbst Inhalte aneignet und diese anderen vermittelt. Hier können die Arbeitsanweisungen der Lehrpersonen sehr unterstützend wirken. Bevor Lernende mit einem Gruppenpuzzle konfrontiert werden, sollten sie einige Partnerpuzzles durchgeführt haben, um langsam an die Methode herangeführt zu werden.

**Sekundarstufe 1: Beispiel von Yannick Spohn**

| **Fach:** | **Klassenstufe:** | **Unterrichtseinheit:** | **Thema:** |
|---|---|---|---|
| Gemeinschafts-kunde | 7 | Leben in der Gemeinde | Teilhabe und Mitbestimmung in der Gemeinde |

**Art der kooperativen Methode:**
Gruppenpuzzle im Rahmen einer X Sandwich-Stunde

**Ziele der kooperativen Methode:**
Mit Hilfe des Gruppenpuzzles sollen die SuS

- im selbstständigen und selbstwirksamen Arbeiten gefördert werden.
- Institutionen der Gemeinde und Möglichkeiten zur Teilhabe kennenlernen.

**Einbettung der kooperativen Methode in die Unterrichtsstunde**:
Anhand eines Fragebogens aktivieren die SuS ihr Vorwissen. Anschließend erarbeiten die SuS in Einzelarbeit die Teilthemen des Gruppenpuzzles (Partner A – Partner D). Danach tauschen sich die Experten in einer Expertenrunde aus und berichten darauffolgend ihren Gruppenmitgliedern von ihren Ergebnissen. In der Vertiefungsphase erstellen die Gruppen jeweils eine gemeinsame Mindmap. Die Ergebnisse werden durch Selbstkontrolle gesichert.

Beispiel für ein Aufgabenblatt für Partner A:

# A Der Gemeinderat

**1. Schritt: Mache dich zum Experten!**

- Lies dir den Text auf S. 128 einmal genau durch.
- Beantworte die Fragen zum Text.
- Schreibe dir wichtige Begriffe auf ein Extrablatt. Nutze deine Begriffe, um dein Expertenwissen an deine Gruppenpartner weiterzugeben!

Fragen zum Text

1 Wie arbeitet der Gemeinderat?

________________________________________

________________________________________

________________________________________

________________________________________

2 Nenne die wichtigsten Schritte (Phasen) einer Entscheidungsfindung.

________________________________________

________________________________________

3 Erläutere die Süddeutsche Ratsverfassung.

________________________________________

________________________________________

________________________________________

________________________________________

________________________________________

**2. Schritt: Teile dein Wissen und erfahre mehr über die anderen Themen!**

- Berichte deiner Gruppe möglich genau, was du erarbeitet hast.
- Höre deinen Partnern genau zu!

**3. Schritt: Erstellt gemeinsam eine Mindmap, um eure Ergebnisse zu sichern!**

- Tipps für die Erstellung:
  1. Das Thema zuerst in die Mitte schreiben (Nicht mehr als drei Wörter nutzen!)
  2. Vom Mittelpunkt werden Äste gezeichnet. Die Äste werden mit wichtigen Wörtern bezeichnet.
  3. Von den Ästen werden Zweige gezeichnet, welche die Wörter näher erklären.

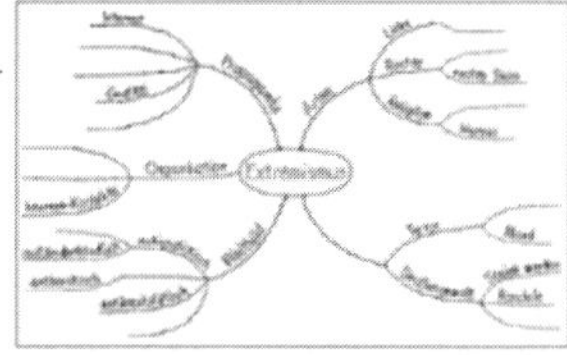

# B Der / die Bürgermeister/in

**1. Schritt: Mache dich zum Experten!**

- Lies dir den Text auf S. 131 einmal genau durch.
- Beantworte die Fragen zum Text.
- Schreibe dir wichtige Begriffe auf ein Extrablatt. Nutze deine Begriffe, um dein Expertenwissen an deine Gruppenpartner weiterzugeben!

Fragen zum Text

1 Welche Aufgaben hat ein Bürgermeister?

______________________________

______________________________

______________________________

______________________________

2 Wovon hängt es ab, ob er ehrenamtlich oder hauptamtlich arbeitet?

______________________________

______________________________

3 Erkläre, was eine Bürgersprechstunde ist.

______________________________

______________________________

______________________________

______________________________

______________________________

**2. Schritt: Teile dein Wissen und erfahre mehr über die anderen Themen!**

- Berichte deiner Gruppe möglich genau, was du erarbeitet hast.
- Höre deinen Partnern genau zu!

**3. Schritt: Erstellt gemeinsam eine Mindmap, um eure Ergebnisse zu sichern!**

- Tipps für die Erstellung:
  1. Das Thema zuerst in die Mitte schreiben (Nicht mehr als drei Wörter nutzen!)
  2. Vom Mittelpunkt werden Äste gezeichnet. Die Äste werden mit wichtigen Wörtern bezeichnet.
  3. Von den Ästen werden Zweige gezeichnet, welche die Wörter näher erklären.

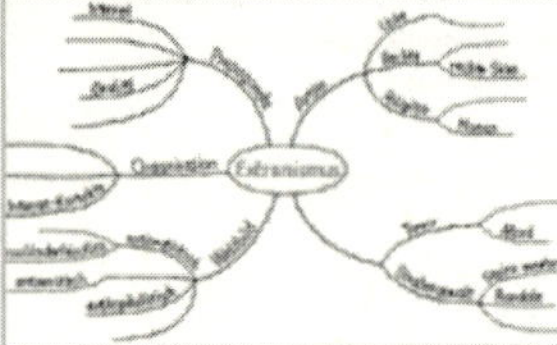

# C Bürger nehmen Einfluss

**1. Schritt: Mache dich zum Experten!**

- Lies dir den Text auf S. 132 einmal genau durch.
- Beantworte die Fragen zum Text.
- Schreibe dir wichtige Begriffe auf ein Extrablatt. Nutze deine Begriffe, um dein Expertenwissen an deine Gruppenpartner weiterzugeben!

Fragen zum Text

1 Was ist ein Bürgerbegehren?

________________________________________

________________________________________

________________________________________

2 Fasse die Schritte vom Bürgerbegehren bis zum Bürgerentscheid kurz zusammen.

________________________________________

________________________________________

________________________________________

________________________________________

________________________________________

3 Erkläre, warum ein solches Vorgehen als „direkte Demokratie" bezeichnet wird.

________________________________________

________________________________________

________________________________________

**2. Schritt: Teile dein Wissen und erfahre mehr über die anderen Themen!**

- Berichte deiner Gruppe möglich genau, was du erarbeitet hast.
- Höre deinen Partnern genau zu!

**3. Schritt: Erstellt gemeinsam eine Mindmap, um eure Ergebnisse zu sichern!**

- Tipps für die Erstellung:
  1. Das Thema zuerst in die Mitte schreiben (Nicht mehr als drei Wörter nutzen!)
  2. Vom Mittelpunkt werden Äste gezeichnet. Die Äste werden mit wichtigen Wörtern bezeichnet.
  3. Von den Ästen werden Zweige gezeichnet, welche die Wörter näher erklären.

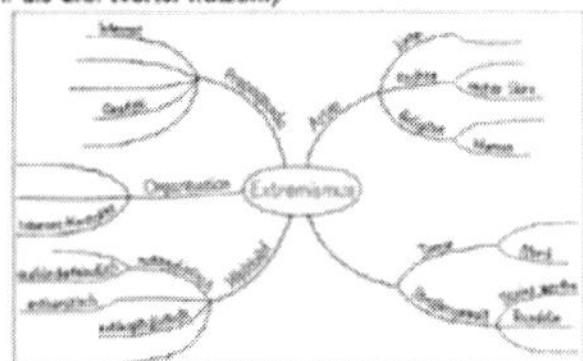

# D Die Bürgerversammlung

**1. Schritt: Mache dich zum Experten!**

- Lies dir den Text auf S. 133 einmal genau durch.
- Beantworte die Fragen zum Text.
- Schreibe dir wichtige Begriffe auf ein Extrablatt. Nutze deine Begriffe, um dein Expertenwissen an deine Gruppenpartner weiterzugeben!

Fragen zum Text

1 Wann wird eine Bürgerversammlung und von wem einberufen?

_______________________________________________

_______________________________________________

_______________________________________________

_______________________________________________

_______________________________________________

_______________________________________________

_______________________________________________

2 Welche Rolle spielt die Bürgerversammlung bei der Entscheidungsfindung?

_______________________________________________

_______________________________________________

_______________________________________________

_______________________________________________

**2. Schritt: Teile dein Wissen und erfahre mehr über die anderen Themen!**

- Berichte deiner Gruppe möglich genau, was du erarbeitet hast.
- Höre deinen Partnern genau zu!

**3. Schritt: Erstellt gemeinsam eine Mindmap, um eure Ergebnisse zu sichern!**

- Tipps für die Erstellung:
  1. Das Thema zuerst in die Mitte schreiben (Nicht mehr als drei Wörter nutzen!)
  2. Vom Mittelpunkt werden Äste gezeichnet.
     Die Äste werden mit wichtigen Wörtern bezeichnet.
  3. Von den Ästen werden Zweige gezeichnet, welche die Wörter näher erklären.

**Gruppeninterview in der Erwachsenenbildung**
In der Erwachsenenbildung bietet sich das Gruppenpuzzle vor allem dann an, wenn es darum geht, Inhalte nochmals zu vertiefen, durch weitere Informationen zu ergänzen oder sich neue Inhalte zu einem Thema anzueignen. Dadurch können die Lernenden sich nochmals selbst intensiv mit Inhalten befassen und auch eigene Schwerpunkte wählen, deren Bearbeitung sie besonders interessieren. Das Gruppenpuzzle kann hierbei auch den einen oder anderen Vortrag verkürzen oder ersetzen, so dass in einem Seminar oder Kurs genügend Zeit bleibt, um sich als Lernender selbstgesteuert mit einem Thema auseinanderzusetzen.

**Erwachsenenbildung: Beispiel von Silke Traub:**

| **Fach:** | **Kurs:** | **Unterrichtseinheit:** | **Thema:** |
|---|---|---|---|
| Bildungswissenschaften | Tutorentraining | Kooperatives Lernen | Effektivität von kooperativen Lernen |

**Art der kooperativen Methode:**
Gruppenpuzzle im Rahmen einer X Sandwich-Stunde

**Ziele der kooperativen Methode:**
Die Lernenden erfahren wie kooperatives Lernen sinnvoll aufgebaut werden muss und welche Unterstützungsmechanismen dabei greifen können.

**Einbettung der kooperativen Methode in die Unterrichtsstunde**:
Es handelt sich dabei um eine Tagesveranstaltung, die im Sandwichprinzip durchgeführt wurde. Die Lernenden haben dabei die Themen gruppendynamische Prozesse, Definition von kooperativem Lernen, empirische Befunde, Forschungsergebnisse und auch verschiedene Methoden des wechselseitigen Lehrens und Lernens kennengelernt.
Im nun folgenden Gruppenpuzzle sollen die Studierenden sich noch vertieftes Wissen über Unterstützungsmechanismen aneignen.
Dabei wird in Vierergruppen aufgeteilt und jedes Gruppenmitglied bekommt einen Textteil zunächst zum Lesen:

**Aufgabe:**
Wann ist kooperatives Lernen effektiv?

**1.** Die Rolle der Unterstützung aufgabenspezifischer Interaktionen
Unter aufgabenspezifischen Interkationen versteht man alle Interaktionen, die sich darauf beziehen, die gestellte Aufgabe zu bewältigen, z. B. sich Wissen anzueignen, indem man sich den Lernstoff wechselseitig erklärt. Aus der Perspektive der kognitiven Elaboration (Salvin, 1995) ist eine Unterstützung aufgabenspezifischer Interaktionen deshalb nützlich, da es für die Lerneffektivität wichtig ist, wie gut der Lernstoff elaboriert wird, d. h. mit dem bereits vorhandenen und neuen Wissensbestand verknüpft wird.

Aufgabenspezifische Interaktion kann man auf verschiedene Art und Weise unterstützen:
A: Durch Kompetenztraining: Wichtige Fertigkeiten für das Lernen können bereits vor dem Einsatz der Kooperativen Lernmethode geübt werden, wie z. B. das Erklären anhand von Schlüsselbegriffen oder das argumentative Begründen einer Meinung.

B: Durch Lernskripte: Ein Beispiel ist der Ansatz Kooperativer Lernskripte (O'Donnell & Dansereau, 1992), bei dem die Lernenden sehr detaillierte Vorgaben bekommen, wie sie beim Lernen vorgehen sollen. Für das Lernen von Texten wurde das sogenannte MURDER-Skript entwickelt. Die Lernenden sollen sich in eine gute Stimmung bringen (Mood) und danach die Hauptideen in einem Textabschnitt erfassen (Understand). Eine Person gibt dann den Textabschnitt wieder (Recall), während die anderen versuchen Auslassungen und Fehler zu identifizieren (Detect). Schließlich überlegen sich die Lernenden gemeinsam, wie sie sich den Abschnitt am besten merken können (Elaborate) und gehen zum nächsten Abschnitt weiter. Ganz am Schluss wird alles nochmal wiederholt (Review).

C: Durch Lernvorgaben: Lernvorgaben sich weniger detaillierte Vorgaben, was die Lernenden beim Lernen tun sollen als Lernskripte. Für das Lernen aus Texten können etwa Kärtchen mit Schlüsselbegriffen und Fragen zu einem Text vorgeben werden. Die Lernenden verwenden diese Kärtchen, um sich den Stoff anzueignen, ihn weiterzuvermitteln und ihr Verständnis zu vertiefen. Sie erklären den Lernstoff anhand der Schlüsselbegriffe und Überprüfen ihr Verständnis mit Hilfe der Fragen. Die Begriffskärtchen werden auch eingesetzt, um am Ende zu prüfen, ob alle Lernenden schon alle Begriffe erklären können und um die Kärtchen in eine Struktur zu legen und das Wissen so nochmals zu vernetzen.

D: Durch Reflexion der Lernprozesse: Wichtig ist, dass das Vorgehen beim Lernen immer wieder reflektiert wird: Was hat gut funktioniert? Was hat nicht so gut funktioniert und muss deshalb verändert oder eingeübt werden.

*Aneignungsphase:*
Lesen Sie den Text genau durch und fertigen Sie sich eine grafische Darstellung dazu an.
*Austauschphase:*
Stellen Sie Ihren Text mit Hilfe Ihrer Grafik den anderen Gruppenmitgliedern vor.
Hören Sie den anderen bei deren Vorstellung genau zu und stellen Sie Rückfragen.
*Vertiefungsphase:*
Bearbeiten Sie gemeinsam alle Texte, indem Sie zunächst Ihre Einzelgrafiken zu einer gemeinsamen Mindmap zusammenfügen.
Überlegen Sie dann, wie Sie in Ihren Tutorien konkret die Unterstützungsmechanismen angehen wollen.

Wann ist kooperatives Lernen effektiv?

**2.** Die Rolle der Unterstützung gruppenspezifischer Interaktion
Neben aufgabenspezifischen Interaktionen können auch gruppenspezifische Interaktionen unterstützt werden, d.h. die sozialen Interaktionen in der Gruppe. Eine solche Unterstützung sollte sich besonders nützlich für soziale Lernziele auswirken, d.h. z.B. für den Erwerb sozialer Kompetenzen und die Verbesserung der Beziehung der Lernenden. Gerade wenn Gruppen länger zusammenarbeiten hat es sich als nützlich erwiesen Gruppenbildungsmaßnahmen voranzustellen, d.h. Aktivitäten zu initiieren, damit sich die Gruppenmitglieder besser kennen lernen. Ebenso nützlich sind vorangestellte Kompetenztrainings, die auf den Erwerb sozialer Kompetenzen ausgerichtet sind, z.B. die Gruppe aufzustellen und evtl. Rollen zu vergeben, wer worauf in der Gruppe achten soll, z.B. die Rolle des Ermutigers, der darauf achtet, dass sich auch alle Gruppenmitglieder in die gemeinsame Arbeit einbringen.

Sinnvoll ist es auch von Zeit zu Zeit zu reflektieren, ob die Zusammenarbeit in der Gruppe gut funktioniert und ob sich alle wohl fühlen oder ob eventuell etwas verändert werden muss. Die Unterstützung gruppenspezifischer Interaktionen ist sicherlich wichtig, damit die Lernenden gut miteinander zurechtkommen, dürfte aber für das Erreichen kognitiver Lernziele alleine nicht ausreichend sein.

*Aneignungsphase:*
Lesen Sie den Text genau durch und fertigen Sie sich eine grafische Darstellung dazu an.
*Austauschphase:*
Stellen Sie Ihren Text mit Hilfe Ihrer Grafik den anderen Gruppenmitgliedern vor.
Hören Sie den anderen bei deren Vorstellung genau zu und stellen Sie Rückfragen.
*Vertiefungsphase:*
Bearbeiten Sie gemeinsam alle Texte, indem Sie zunächst Ihre Einzelgrafiken zu einer gemeinsamen Mindmap zusammenfügen.
Überlegen Sie dann, wie Sie in Ihren Tutorien konkret die Unterstützungsmechanismen angehen wollen.

Wann ist Kooperatives Lernen effektiv?

**3.** Die Rolle von Gruppenbelohnung auf der Basis individueller Lernleistungen
Die prototypische Methode Kooperatives Lernen, bei der Gruppenbelohnung, basierend auf individuellen Lernleistungen, eingesetzt wird, ist die Gruppenrallye (Wahl, 2004). Die Gruppenrallye ist besonders dann geeignet, wenn man etwas Üben möchte, z. B. Rechtschreibung, Bruchrechnen, Vokabeln, etc.
Bei der Gruppenrallye wird zunächst in Einzelarbeit der individuelle Leistungstand aller Lernenden festgestellt, indem z. B. ein Test geschrieben wird. Aufgrund dieses Tests werden leistungsheterogene Gruppen gebildet, d. h. in jeder Gruppe befinden sich Lernende, die in dem Test sehr gut, mittel gut und eher schlecht abgeschnitten haben. Die Gruppen erhalten nun Materialien anhand derer sie den Lernstoff in der Gruppe üben können. Die Materialien werden zur Verfügung gestellt und die Lernenden dürfen selbst aussuchen, welche der Materialien sie nutzen wollen. Nach der Übungsphase wird wiederum der individuelle Leistungsstand ermittelt und für die Einzelnen und die Gruppen der Lernzuwachs ermittelt. Im Plenum wird nun herausgestellt, welche Gruppen besonders gut abgeschnitten haben (= Gruppenbelohnung) und reflektiert, welche Strategien für das erfolgreiche Abschneiden verantwortlich waren.
Eine Überblicksstudie zur Effektivität Kooperativen Lernens von Slavin (1995) konnte zeigen, dass die Gruppenrallye und andere Kooperative Lernformen, die Gruppenbelohnung, basierend auf individuellen Lernleistungen, einsetzen in 78 % der Fälle effektiver bezogen auf kognitive Lernziele waren als ein lehrerzentrierter Unterricht. In 22 % der Fälle ergaben sich keine Unterschiede. Slavin (1995) erklärt dies durch die motivationale Wirkung der Gruppenbelohnungen. Da alle Gruppenmitglieder einen Lernzuwachs erreichen, motivieren sich die Lernenden gegenseitig und unterstützen sich auch in ihrem Lernen.

*Aneignungsphase:*
Lesen Sie den Text genau durch und fertigen Sie sich eine grafische Darstellung dazu an.
*Austauschphase:*
Stellen Sie Ihren Text mit Hilfe Ihrer Grafik den anderen Gruppenmitgliedern vor.
Hören Sie den anderen bei deren Vorstellung genau zu und stellen Sie Rückfragen.

*Vertiefungsphase:*
Bearbeiten Sie gemeinsam alle Texte, indem Sie zunächst Ihre Einzelgrafiken zu einer gemeinsamen Mindmap zusammenfügen.
Überlegen Sie dann, wie Sie in Ihren Tutorien konkret die Unterstützungsmechanismen angehen wollen.

Wann ist Kooperatives Lernen effektiv?

**4.** Die Rolle der Aufgabenspezialisierung für die Effektivität des Lernens

Unter Aufgabenspezialisierung versteht man, dass sich Lernende zunächst nur einen Teil des Lernstoffs aneignen. Die prototypische Methode Kooperativen Lernens, bei der Aufgabenspezialisierung eingesetzt wird, ist die Gruppenpuzzle-Methode (Aronson & Patnoe, 1997). Sie ist besonders dann geeignet, wenn Wissen und Fertigkeiten erworben werden sollen. Beim Gruppenpuzzle eignen sich die Lernenden in Expertengruppen einen Teil des Lernstoffs an. Danach werden Puzzlegruppen gebildet, bestehend aus jeweils einem Experten für jedes Teilgebiet. In diesen Gruppen vermitteln sich die Lernenden ihr Wissen wechselseitig.
Aus rollentheoretischer Sicht (Allen, 1983; Renkl, 1997) geht man davon aus, dass sich durch die Übernahme der Expertenrollen die Lernenden intensiver mit dem Lernstoff auseinandersetzen, um ihn später gut weitergeben zu können. Daher sollte diese Form des Lernens sehr effektiv sein. In seiner Überblicksstudie zur Effektivität Kooperativen Lernens konnte Slavin (1995) zeigen, dass das Gruppenpuzzle nur in 27 % der Fälle effektiver bezogen auf kognitive Lernziele war, als ein lehrerzentrierter Unterricht und in genauso vielen Fällen sogar weniger effektiv. In 46 % der Fälle fanden sie keine Unterschiede. Sieht man sich die einzelnen Untersuchungen nun genauer an, so kommt man zu dem Schluss, dass die Gruppenpuzzle-Methode besonders dann effektiver ist als ein lehrerzentrierter Unterricht, wenn die Lernenden unterstützt werden, wie sie bei der Wissensaneignung, bei der Weitergabe des Wissens und der Vertiefung des Lernstoffs vorgehen sollen, d. h. wenn ihre aufgabenspezifische Interaktionen unterstützt werden. Methoden des Wechselseitigen Lehrens und Lernens (WELL-Methoden) basieren dann auch genau auf diesen Grundprinzipien: Aufgabenspezialisierung und Unterstützung aufgabenspezifischer Interaktionen, um die Lernenden in allen Lernphasen (1) Aneignung des Expertenwissens, (2) Weitergabe des Wissens und (3) Vertiefung des Wissens zu unterstützen.

*Aneignungsphase:*
Lesen Sie den Text genau durch und fertigen Sie sich eine grafische Darstellung dazu an.
*Austauschphase:*
Stellen Sie Ihren Text mit Hilfe Ihrer Grafik den anderen Gruppenmitgliedern vor.
Hören Sie den anderen bei deren Vorstellung genau zu und stellen Sie Rückfragen.
*Vertiefungsphase:*
Bearbeiten Sie gemeinsam alle Texte, indem Sie zunächst Ihre Einzelgrafiken zu einer gemeinsamen Mindmap zusammenfügen.
Überlegen Sie dann, wie Sie in Ihren Tutorien konkret die Unterstützungsmechanismen angehen wollen.

### 5.3.3 Gruppenrallye

Die Gruppenrallye wurde von Slavin u. a. entwickelt (vgl. Slavin in Huber, Rotering-Steinberg, Wahl 1984, S. 60 ff.). In dieser Übungsmethode steht der individuelle Lernzuwachs im Vordergrund. Dieser geht in das Gruppenergebnis mit ein, so dass auch schwächere Lernende bei hohem Lernzuwachs einen großen Beitrag zum Gruppenerfolg leisten können.
Bei dieser Gruppenform arbeiten die Lernenden in heterogenen Gruppen zusammen. In einer Vierergruppe sitzen dann etwa ein auf diesem speziellen Gebiet sehr leistungsstarkes Mitglied, zwei durchschnittliche und ein schwächeres Mitglied zusammen. Die Zusammensetzung der Gruppe erfolgt in Abhängigkeit der früheren Leistungen und des Vorkenntnisstandes der Lernenden. Diese lassen sich erfassen, wenn zu Beginn der Rallye eine unbenotete Lernzielkontrolle durchgeführt wird. Dadurch wird auch deutlich, dass die Gruppenzusammensetzung nach Fach und nach einzelnen Inhalten wechselt. Ähnlich wie bei einer Rallye, bei der für die Teilnehmer unterschiedliche Bedingungen herrschen (abhängig vom Alter, von der PS-Klasse, vom Fahrzeugtyp), werden auch bei der Lernrallye die Lernergebnisse nach unterschiedlichen Maßstäben getrennt bewertet.
Die Gruppenrallye stellt eine sinnvolle Methode des Einübens von Lerninhalten dar. Sie ist deshalb nahezu in allen Fächern und Schuljahren in Übungsphasen angebracht.

Ablauf:
Die Methode der Gruppenrallye umfasst sechs Komponenten:

1. Vortest: Durch einen Test wird das individuelle Vorwissen der Lernenden erhoben. Dadurch können die Lerngruppen in der Gruppenarbeitsphase leistungsorientiert zusammengesetzt werden.
2. Wissensvermittlung im Plenum: Der Lehrperson führt zu Beginn auf die übliche Weise in das Thema ein. Dabei bedient sich die Lehrkraft aller Medien und Methoden, die auch sonst in einem eher lehrerzentrierten Unterricht üblich sind. Allerdings sollten dabei keine oder nur wenigen Arbeitsblätter eingesetzt werden, da die Lernenden im Anschluss an die Einführungsphase ausreichend Gelegenheit haben, sich selbstständig in der Gruppe mit dem Unterrichtsinhalt auseinander zu setzen. Unterrichtsgespräch und Lehrererklärung sind in dieser Phase sehr hilfreich.
3. Gruppenlernen: Jetzt arbeiten die Lernenden in den heterogen zusammengesetzten Gruppen, ideal sind Vierergruppen, vereinzelt können auch Gruppen mit fünf Lernenden besetzt sein. Die Hauptaufgabe der Gruppen besteht darin, die Lernarbeit der einzelnen Mitglieder zu unterstützen. Dazu erhält die Gruppe Arbeitsblätter zum Unterrichtsinhalt, die paarweise gelöst oder dazu verwendet werden, sich gegenseitig abzufragen oder komplexere Probleme in der Gruppe zu diskutieren. Die leistungsstärkeren Mitglieder der Gruppe unterstützen die schwächeren. Vorschriften, wie mit dem Material umgegangen werden soll fehlen, außer, dass kooperativ zu arbeiten ist. Der Hinweis, dass die Gruppenmit-

glieder ihr Bestes geben sollen, weil dies am ehesten zum Gruppenerfolg führen kann, ist angebracht. Die Lernenden sind dazu anzuhalten, die Arbeitsblätter nicht nur auszufüllen, sondern die Begriffe und Fertigkeiten tatsächlich zu lernen und dafür zu sorgen, dass alle in der Gruppe die Inhalte wirklich verstanden haben. Mit Hilfe von Antwortbögen kontrollieren die Schüler ihre Ergebnisse.
4. Test: Nach der Gruppenarbeitsphase wird erneut ein Test durchgeführt, der aus Fragen zum gerade bearbeiteten Material besteht. Die Fragen sollten sich sowohl auf den von der Lehrperson vermittelten Unterricht als auch auf die Inhalte der Arbeitsblätter der Gruppenarbeit beziehen. Der Test wird in Einzelarbeit durchgeführt.
5. Individuelle Verbesserungswerte: Jedes Mitglied kann für seine Gruppe in diesem Test eine maximale Punktzahl erwerben, wenn es sich im Vergleich zu der zurückliegenden Leistung (Vortest) verbessert hat. Man wertet also nur diejenigen Punkte, die es über seine frühere Leistung hinaus erreicht hat. Gemessen wird also der persönliche Lernzuwachs. Damit hat jeder Lernende die gleiche Chance, Punkte (Zuwachspunkte) zu holen.
6. Rückmeldungen für die Gruppe: Die Zuwachspunkte jeder Stammgruppe werden addiert und bekannt gegeben. Je besser die Lernenden in den Stammgruppen kooperieren, desto mehr lernen alle Gruppenmitglieder dazu und desto höher ist der Gruppenwert. Darüber hinaus kann über Rückmeldebögen erfasst werden, wie gut die Kooperation in der Gruppe war und warum eine Gruppe erfolgreicher war als die andere. Hier können auch Belohnungen für die Sieger der Gruppenrallye ausgegeben werden.

Die Vorteile der Gruppenrallye liegen darin, dass eine optimale Motivation dank der Berücksichtigung des persönlichen Lernzuwachses (individuelle Bezugsnorm) erreicht wird, was vor allem für schwächere Lernende sehr wichtig ist. Außerdem ist die Motivation, sich gegenseitig zu helfen, sehr hoch, da nur so ein gutes Gruppenergebnis erreichbar ist. Dies fördert die Integration von schwachen und abgelehnten Lernenden.

Für eine Gruppenrallye sind normale Arbeitsblätter und zwei unbenotete Leistungstests nötig. Die Methode stellt somit keine außergewöhnliche Belastung in der Vorbereitungszeit der Lehrperson dar.

Von zwölf Untersuchungen zur Gruppenrallye haben neun signifikant positive Leistungseffekte im Vergleich zu den Kontrollgruppen gebracht, zwei Studien zeigten keine Unterschiede. Dabei waren die Leistungseffekte vor allem auf das Belohnungssystem für die Gruppe und die individuelle Verantwortlichkeit zurückführbar. Auch im sozialen Bereich waren positive Einstellungen nach der Gruppenrallye messbar. Es liegen auch Befunde über positive Effekte auf das Selbstwertgefühl, auf leistungsbezogene schulische Normen und auf sinnvolle Aufgabenbearbeitung vor (vgl. Slavin in Huber, Rotering-Steinberg, Wahl 1984, S. 60 ff.; G. L. Huber 1985; Konrad & Traub 2019).

### Gruppenrallye in der Grundschule

Kinder lieben Wettbewerbe und deshalb ist die Gruppenrallye als Übungsform für die Grundschule sehr gut geeignet. Neben dem Wettbewerbscharakter sticht die Methode durch die Möglichkeiten der sinnvollen Differenzierung und des gegenseitig Helfens heraus. Beide Aspekte sind in dieser kooperativen Methode vereint. Sie lässt sich überall dort einsetzen, wo Inhalte geübt, trainiert oder vernetzt werden müssen. Dadurch kann sie in allen Fächern ab Klasse 1 gut genutzt werden. Sie lässt sich sowohl im normalen Unterrichtsbetrieb einsetzen (hierfür muss dann mindestens 45 Minuten angesetzt) werden, aber auch im Vorfeld einer Wochenplanarbeit oder in der Freiarbeit.

**Beispiel von Silke Traub**

| **Fach:** | **Klassenstufe:** | **Unterrichtseinheit:** | **Thema:** |
|---|---|---|---|
| Mathematik | 1–4 | Einmaleins | Übung des Einmaleins |

**Art der kooperativen Methode:**
Gruppenrallye im Rahmen einer X Sandwich-Stunde X Freiarbeit

**Ziele der kooperativen Methode:**
Übung des Einmaleins

**Einbettung der kooperativen Methode in die Unterrichtsstunde:**
Die Einführung ins Einmaleins ist komplett abgeschlossen und es geht nun um das Üben und Vertiefen sowie das Verständnis für die Rechenoperation.
Für eine Gruppenrallye muss eine gesamte Stunde angesetzt werden.
Die Lehrperson führt einen unbenoteten Test durch, in dem sie 20 Aufgaben zum Einmaleins stellt. Nach dem Ergebnis des Tests teilt sie die Lernenden in Gruppen ein, so dass die besten und die schwächsten Schülerinnen und Schüler auf die Gruppen verteilt sind und in allen Gruppen ungefähr gleich viele mittlere Lernende vorhanden sind. Diese Zuteilung erfolgt über eine Zahl, welche die Lehrperson jedem Kind zuweist. Alle mit der Zahl 1 bilden Gruppe 1, alle mit der Zahl 2 Gruppe 2. Nun erhalten die Lernenden Arbeitsblätter, Freiarbeitsmaterialien und kleine Kärtchen mit Übungen zum Einmaleins. Der Lehrer macht die Gruppen nochmals darauf aufmerksam, dass sie zusammen üben und sich gegenseitig helfen sollen.

Leistungstest 1: (20 Aufgaben)

| | | |
|---|---|---|
| 4x5= | 9x6= | 7x3= |
| 3x3= | 5x5= | |
| 2x8= | | |
| 7x6= | | |
| 4x4= | | |
| Usw. | | |

Danach werden die Gruppen eingeteilt und die Übungsblätter mit den Aufgaben an die Gruppe aufgeteilt:

Schreibe die Einerreihe, Zweierreihe usw. auf und fragt euch gegenseitig ab.

| 3x4= zerlege so: 4+4+4=12 |
|---|

Verfahre bei den anderen Aufgaben ebenso und vergleicht eure Ergebnisse in der Gruppe:

| 4x5; 6x7; 3x2... |
|---|

Stellt euch gegenseitig beliebige Aufgaben; Erklärt, wie ihr das Ergebnis errechnet
Zieht nacheinander ein Kärtchen und bearbeitet die Aufgabe:

| Vorderseite | Rückseite |
|---|---|
| 3x5= | 15 |
| 4x8= | 32 |

Weitere Aufgabenblätter sind möglich.

Nach ca. 30 Minuten wird der zweite Leistungstest geschrieben. Die Lernenden erhalten ihre Zusatzpunkte mitgeteilt, die dann entsprechend ausgewertet werden. Die Gruppe, welche die meisten Punkte erreicht hat, darf beschreiben wie sie miteinander gelernt haben und bekommt einen Gutschein für einmal keine Hausaufgaben machen.

### Gruppenrallye in der Sekundarstufe

In der Unterstufe der Sekundarstufe bietet sich die Gruppenrallye noch sehr gut an. Dort sind die Kinder noch an Wettbewerben interessiert, ab Klasse 8 nimmt hierfür das Interesse ab und es sollten andere Übungsformen genutzt werden. Von Klasse 5–7 kann man die Gruppenrallye sehr gut zum Wiederholen und Üben von Inhalten einsetzen. Dies ist in allen Fächern, in denen geübt werden muss, denkbar. Hier werden die Vorteile eine gut organisierten arbeitsteiligen Gruppenarbeit mit differenzierenden Übungsformen kombiniert. Die Gruppenrallye sollte für mindestens eine Unterrichtsstunde geplant werden, idealerweise wird hierfür eine Doppelstunde angesetzt.

**Sekundarstufe: Beispiel von Silke Traub**

| **Fach:** | **Klassenstufe:** | **Unterrichtseinheit:** | **Thema:** |
|---|---|---|---|
| Englisch | 5–6 | Vokabeln lernen | Wiederholung der Vokabeln |

**Art der kooperativen Methode:**
Gruppenrallye im Rahmen einer X Sandwich-Stunde x Freiarbeit

**Ziele der kooperativen Methode:**
Die SuS sollen die Vokabeln am Ende des Schuljahres noch einmal üben, um sie zu beherrschen

**Einbettung der kooperativen Methode in die Unterrichtsstunde**:
Hier wird am Ende des Schuljahres eine Gruppenrallye zum Vokabeltraining der 6. Klasse durchgeführt.

Zunächst wird durch einen Leistungstest die Gruppeneinteilung vorgenommen:

*Leistungstest:*
Frühling; Ostern Körper; nose, back, Orangesaft usw. – 20 Vokabeln werden abgefragt. Danach beginnt die Übungsphase in den heterogenen Lerngruppen. Dafür erhalten die Lernenden die Vokabeln thematisch sortiert.
Sie sollen sich diese einprägen, gegenseitig abfragen, ihren Karteikarten nutzen, auch gerne digitale Medien verwenden.

Zum Beispiel:

| **Jahreszeiten** | |
|---|---|
| der Frühling | Spring |
| der Sommer | Summer |
| der Herbst | Autumn |
| der Winter | Winter |
| die Fastenzeit | Lent |
| der Feiertag | holiday |
| das Jahr | year |
| die Jahreszeit | season |
| der Monat | month |

| **Der Körper** | | | |
|---|---|---|---|
| Rücken | back | Kehle/Rachen | throat |
| Ohr | ear | Fuß | foot |
| Nase | nose | Finger | finger |
| Mund | mouth | Fieber | fever |
| Körper | body | Bein | leg |
| Kopf | head | stomach | stomach |
| Knie | knee | Auge | eye |
| Hand | hand | Arm | arm |

Wichtig ist, dass die Lernenden sich gegenseitig mit Eselsbrücken, Bildern und dergleichen helfen, um sich die Vokabeln gut einprägen zu können.
Am Ende wird erneut ein Leistungstest geschrieben und die Gruppe mit den meisten Punkten zum Gruppenvokabelkönig gekrönt.

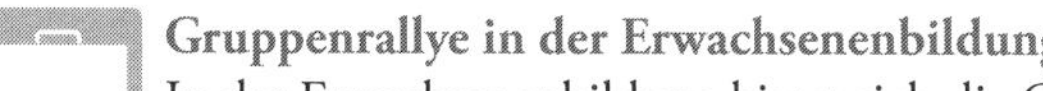

## Gruppenrallye in der Erwachsenenbildung

In der Erwachsenenbildung bietet sich die Gruppenrallye dann an, wenn es um Inhalte geht, die geübt werden müssen. Hier lässt sich dann zielführend eine Gruppenrallye durchführen. Dies ist zum Beispiel beim Sprachenerwerb in Fremdsprachenkursen an Volkshochschulen der Fall oder beim Üben der Verkehrsregeln, Verkehrsschilder in der Fahrschule oder auch, wenn es um das Erlernen bestimmter Abläufe in Ge-sundheitsberufen geht. Auch in der Erwachsenenbildung sollte für eine Gruppenrallye ca. 60 Minuten veranschlagt werden.

**Beispiel von Simone Engels**

| **Fach:** | **Klassenstufe:** | **Unterrichtseinheit:** | **Thema:** |
|---|---|---|---|
| Russisch | Grundkurs für Wiedereinsteiger | Wiedereinführung in die russische Sprache | Russisch verstehen, sprechen, lesen und schreiben |

**Art der kooperativen Methode:**
Gruppen-Rallye im Rahmen einer X Sandwich-Stunde

**Ziele der kooperativen Methode:**
Mit Hilfe der Gruppenrallye sollen die Teilnehmerinnen und Teilnehmer
- Ihre Russischkenntnisse auffrischen, ordnen und festigen
- Hören, Lesen, Schreiben und Sprechen trainieren
- Sicherheit in der Anwendung der russischen Sprache wiedererlangen

**Einbettung der kooperativen Methode in die Unterrichtsstunde**:
In diesem Kurs können Wiedereinsteiger ihre Russischkenntnisse, die sie vor längerer Zeit in der Schule oder in einem Sprachkurs erworben haben, erfolgreich auffrischen und anwenden.

Nach einführenden Worten zum Ablauf, den Inhalten und der Arbeitsweise wird der Wissensstand jedes einzelnen Teilnehmers ermittelt. Dies geschieht durch einen Test. Auf zwei A4-Seiten sind 30 russische Begrifflichkeiten ohne Hilfsmittel in die deutsche Sprache zu übersetzen. Dazu stehen 15 Minuten zur Verfügung. Danach werden die Testbögen eingesammelt und ausgewertet. Als Richtwert dient ein vor dem Start des Gruppenpuzzles individuell festgelegter Wert (zu erreichende Gesamtpunktzahl 30 Punkte). Dieser dient als Basiswert.

**Auszug aus Arbeitsblatt: Test Vorkenntnisse**

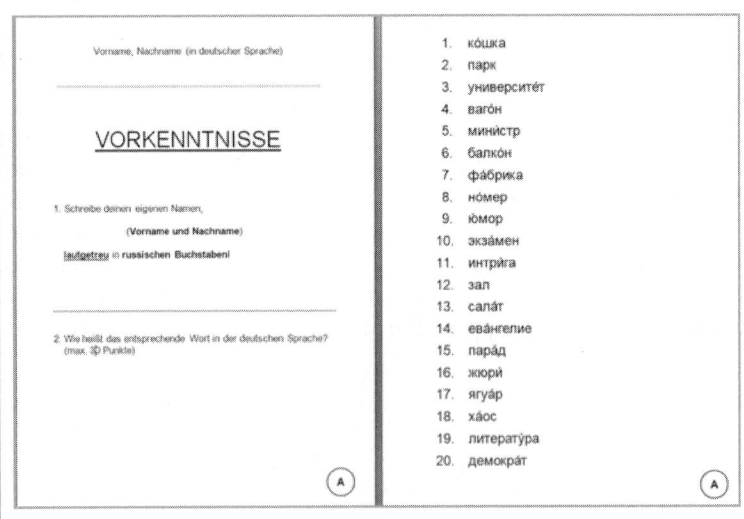

Vorname, Nachname (in deutscher Sprache)

VORKENNTNISSE

1. Schreibe deinen eigenen Namen,
(**Vorname und Nachname**)
lautgetreu in **russischen Buchstaben!**

2. Wie heißt das entsprechende Wort in der deutschen Sprache? (max. 30 Punkte)

A

1. ко́шка
2. парк
3. университе́т
4. ваго́н
5. мини́стр
6. балко́н
7. фа́брика
8. но́мер
9. ю́мор
10. экза́мен
11. интри́га
12. зал
13. сала́т
14. ева́нгелие
15. пара́д
16. жюри́
17. ягуа́р
18. ха́ос
19. литерату́ра
20. демокра́т

A

Anhand der Testergebnisse werden heterogene Gruppen von ähnlicher Leistungsstärke (Teilnehmer/innen mit hoher Punktzahl und Teilnehmer/innen mit niedriger Punktzahl) gebildet. Es ergeben sich Vierer- und Fünfergruppen, denen ein umfangreiches Übungsmaterial (Alphabet, Vokabelsammlung, Bildkarteien, Arbeitsblätter) zur Verfügung gestellt wird. Die Namen der Gruppenmitglieder werden vorgelesen und an die Pinnwand gepinnt. Die einzelnen Teams finden sich dann an jeweils einem Gruppentisch oder in separaten Gruppenräumen zusammen.

**Beispiele für Übungsmaterial:**

| Buchstabe | Russischer Name | Aussprache (mit deutschen Beispielen) | Lautschrift | Beispiele als Text |
|---|---|---|---|---|
| А а | a | a - lang wie in 'Kahn'; kurz wie in 'Kamm' | a | lang: [illegible] kurz: [illegible] |
| Б б | be | b - hart wie in 'Buch' oder weich wie in 'Birke' | b | Hart б ы т ь Weich б и т ь |
| В в | we | w - hart wie in 'Wand' oder weich wie 'wj' | w | Hart н о в ы й Weich н о в е й ш и й |
| Г г | ge | g - hart wie in 'Gabe' oder weich wie in 'Gier' | g | Hart м н о г о Weich м н о г и е |
| Д д | de | d - hart wie in 'Durst' oder weich wie in 'Dick' | d | Hart н а г р а д а Weich н а г р а д и т ь |
| Е е | je | je - am Wortanfang, nach Vokal, nach ъ und ь. Sonst 'e', 'ä', 'ij', 'i' oder 'y' (macht den vorangehenden Konsonant weich) | je, e, ä, ij, i, y | Mit j: е х а т ь Ohne j: [illegible] |
| Ё ё | jo | immer betont; jo - am Wortanfang oder nach Vokal nach ъ und ь. Sonst 'o' (macht den vorangehenden Konsonant weich) | jo, o | Mit j: ё ж Ohne j: ж ё л т ы й |

| Buchstabe | Russischer Name | Aussprache (mit deutschen Beispielen) | Lautschrift | Beispiele als Text |
|---|---|---|---|---|
| Ж ж | sche | sch (stimmhaft und immer hart) - wie in 'Jalousie' | sch | ж и т ь |
| З з | se | z - stimmhaftes 's' wie in 'Saft' | s | з а в т р а |
| И и | i | i - wie in 'Kilo', nach ж, ш, ц - wie ы (siehe unten) | i | о д и н; wie ы: м а ш и н а |
| Й й | i kratkoje | j - wie in 'Jung' | i, j | м о й |
| К к | ka | k - hart wie in 'Kabel' oder weich wie in 'Kiel' | k | Hart к о т Weich к и т |
| Л л | el | l - härter als in 'Labor' oder weicher als in 'Liebe' | l | Hart б е л ы й Weich б е л и т ь |
| М м | em | m - hart wie in 'Mann' oder weich wie in 'Miete' | m | Hart м а с л о Weich м я с о |
| Н н | en | n - hart wie in 'Nord' oder weich wie in [illegible] | n | Hart [illegible] Weich н и т ь |
| О о | o | o - wenn betont - lang wie in 'Rohr', sonst ein kurzes a wie in 'Ratte' | o bzw. a | Lang: н о в ы й Kurz: [illegible] |
| П п | pe | p - hart wie in 'Pakt' oder weich wie in 'Pier' | p | Hart п а т Weich п я т ь |
| Р р | er | r wird als Zungenspitzen-r gerollt, hart oder weich | r | Hart р у к а Weich р ю м к а |
| С с | es | ß - stimmlos; hart wie in 'Presse' oder weich wie in 'Masseur' | s, ß | Hart с у д Weich с ю д а |

| | |
|---|---|
| тра́ктор | самова́р |
| флаг | стадио́н |
| фотоаппара́т | ра́дио |
| телеви́зор | лимо́н |

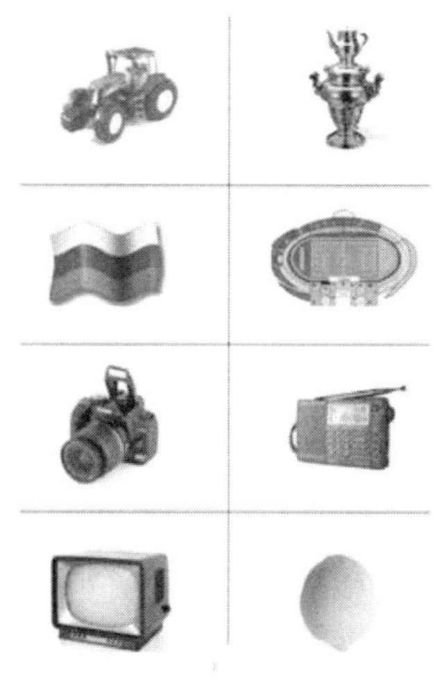

| | акробат рабат |
|---|---|
| э (= e) | салон дуэт экран |
| д (= d) | министр адрес |
| б (= b) | директор экватор |
| | билет борт |
| | бордо бар банка |

| | папа опера поэт |
|---|---|
| г (= g) | телеграмма гетто |
| п (= p) | генерал пират |
| | тигр секунда |
| | сигнал симптом |
| | пилот гигант |

| з (= z, s) | катастрофа флаг |
|---|---|
| ф (= f) | фанатик фантом |
| | философ композитор |
| | педагог лифт |
| | сигарета оркестр |

| | югославиа бюро |
|---|---|
| я (= ja) | няня монтёр катар |
| ю (= ju) | патер зигзаг боксёр |
| ё (= jo) | хинин ликёр |
| | юбиляр попурри |
| | рюкзак румба |

| | гараж сержант |
|---|---|
| ж (= z, sh) | абажур жетон |
| | жанр жандарм |
| | этаж жасмин |

экспорт импорт
эгоист аппарат
экватор автобус
химия

Im Mittelpunkt der nun beginnenden Gruppenarbeit steht die Erarbeitung und Vertiefung der Lerninhalte. Durch gegenseitige Unterstützung soll für einen Lernzuwachs aller Gruppenmitglieder gesorgt werden. Diese Phase erstreckt sich über 45 Minuten. Ziel ist es, dass alle Gruppenmitglieder einen möglichst hohen Verständnisgrad erreichen und so fit gemacht werden, dass die Ergebnisse beim zweiten Test besser sind als beim ersten Test. Die Gruppenmitglieder entscheiden selbständig, phasenweise individuell oder paarweise zu arbeiten, Ergebnisse zu vergleichen und Fragen in der Gruppe zu klären.

Nach Abschluss der Übungsphase wird erneut eine Überprüfung des Wissensstandes in Form eines Tests vorgenommen. Daraus wird der persönliche Lernzuwachs jedes einzelnen Teilnehmers ermittelt. Dazu erhalten die Teilnehmer wiederrum zwei A4-Seiten mit 30 neuen russischen Begrifflichkeiten. Diese sollen ohne Hilfsmittel, innerhalb von 15 Minuten, in die deutsche Sprache übersetzt werden.

**Auszug aus Arbeitsblatt: Test Lernzuwachs**

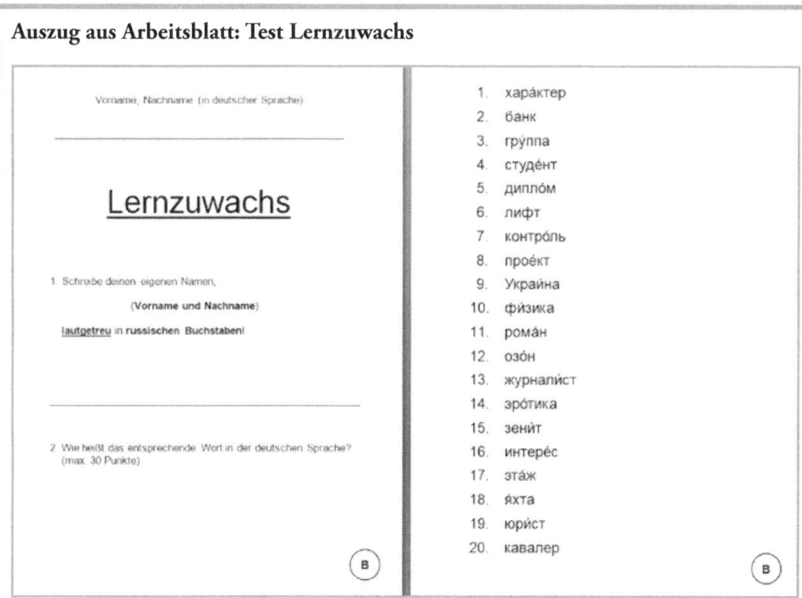

Vorname, Nachname (in deutscher Sprache)

## Lernzuwachs

1. Schreibe deinen eigenen Namen,

(**Vorname und Nachname**)

**lautgetreu** in **russischen Buchstaben!**

2. Wie heißt das entsprechende Wort in der deutschen Sprache? (max. 30 Punkte)

1. хара́ктер
2. банк
3. гру́ппа
4. студе́нт
5. дипло́м
6. лифт
7. контро́ль
8. прое́кт
9. Украйна
10. фи́зика
11. рома́н
12. озо́н
13. журнали́ст
14. эро́тика
15. зени́т
16. интере́с
17. эта́ж
18. я́хта
19. юри́ст
20. кавалер

Nach Abgabe aller Tests erfolgt die Auswertung. Für den zweiten Test wird wieder die gleiche Punktzahl vergeben (30 Punkte). Den Teilnehmer/innen, die beim ersten Test schon die Gesamtpunktzahl erreicht haben und somit einen Lernzuwachs von 0 Punkten haben, wird durch ein Belohnungssystem eine zusätzliche Punktzahl (z. B. 10 Punkte) gutgeschrieben. Damit tragen die Experten in der Gruppe zum Gruppenergebnis bei und erhalten ebenfalls eine positive Rückmeldung. Sollten Teilnehmer/innen unter Ihrem Basiswert liegen, so wird das erzielte Ergebnis mit Null bewertet.

**Beispiel:**
Maria hat im ersten Test die Gesamtpunktzahl (30 Punkte) erreicht. Im zweiten Test war sie genauso erfolgreich und erzielt ebenfalls wieder 30 Punkte. Um Maria für Ihr Ergebnis zu belohnen erhält Sie 10 Punkte. Hans erzielte im ersten Test 19 Punkte und im zweiten Test 18 Punkte. Ihm werden 0 Punkte zugeschrieben.
Durch die Berechnung des individuellen Lernzuwachses eines jeden Gruppenmitgliedes wird das Gesamtergebnis der Gruppe ermittelt und die Siegergruppe benannt.
In einer Reflexionsphase können besonders erfolgreiche Gruppen ihre Lernstrategien erläutern.

### 5.3.4 Gruppenturnier

Das Gruppenturnier ist eine dem Gruppenunterricht entstammende Gruppentechnik, die im Rahmen des Forschungsprogramms ‚Lernen in Schülergruppen' an der Universität Tübingen entwickelt wurde. Ziel des Gruppenturniers ist es Inhalte zu üben und zu wiederholen und dabei einen spielerischen Wettkampfcharakter zur Motivation zu nutzen. Es geht um die Wiederholung von Faktenwissen, Vokabeltraining, Formeln und dergleichen mehr, nicht um Problemlöseprozesse oder Transferleistungen.

Das Gruppenturnier umfasst zwei Phasen. In der ersten Phase erwerben sich die Lernenden Informationen mit Hilfe geeigneter Übungsmaterialien. Es handelt sich meist um Inhalte, die bereits vor einiger Zeit von der Lehrkraft im herkömmlichen Unterricht eingeführt worden sind. Die Materialien werden von der Lehrkraft vorbereitet und den Lernenden zur eigenständigen Arbeit überlassen. Diese arbeiten mit Hilfe dieser Materialien in leistungsheterogenen Gruppen. Die Einteilung der Gruppen kann die Lehrkraft nach bisher ermittelten Leistungsmessungen durchführen. Sie kann aber zum entsprechenden Inhalt auch einen kurzen Vortest erstellen, wodurch dann ersichtlich wird, welche Lernenden wie stark oder schwach abschneiden und nach diesem Abschneiden im Vortest die Gruppen einteilen (siehe Gruppenrallye). In jeder Gruppe sollten ein bis zwei starke Lernende, zwei mittelstarke und ein bis zwei schwächere Lernende sitzen (je nach Größe der Gesamtgruppe). In den eingeteilten Gruppen üben die Mitglieder gemeinsam. Sie erklären sich gegenseitig noch nicht Verstandenes, helfen einander und lösen gemeinsam bestimmte Aufgaben. Zur Überprüfung ihrer Antworten dürfen sie bei der Lehrkraft ein Lösungsblatt einsehen. Das Ziel dieser ersten Phase besteht darin, dass alle Gruppenmitglieder am Ende dieser Übungsphase den Inhalt verstanden haben und ihr Wissen entsprechend anwenden können. Dieses Ziel ist den Lernenden zu verdeutlichen. Diese können dabei Eselsbrücken nutzen und Merkhilfen aufstellen und sich gegenseitig abfragen.

Die Überprüfung des Wissens und die Anwendung des Gelernten erfolgt in der zweiten Phase. Hier findet das eigentliche Turnier statt. Dafür stehen Frage- und Antwortkärtchen zur Verfügung. Die Gruppen der ersten Phase werden für die Turnierphase aufgeteilt. Die stärksten Lernenden der einzelnen Gruppen treffen sich am Turniertisch eins, die mittelstarken Lernenden an Tisch zwei, drei und vier und die schwächsten an Tisch fünf. Die Zusammensetzung erfolgt nach der Leistung im Vortest oder der entsprechenden Leistungsmessung durch die Lehrkraft. Die Anzahl der Turniertische hängt von der Gesamtgröße der Gruppe ab.

An jedem Turniertisch befindet sich nun ein Stapel mit Frage- und Antwortkärtchen. Dabei kann nochmals differenziert werden. Am Turniertisch eins befinden sich die schwersten Aufgaben, am Tisch fünf die einfachsten. Möglich ist aber auch, an allen Tischen die gleichen Frage- und Antwortkärtchen auszulegen. Pro Tisch sitzen zwischen drei und vier Lernende. Im Rotationsverfahren beantworten diese die auf den Kärtchen stehenden Fragen und dürfen die Kärtchen bei richtiger Antwort auch behalten. Ein Teilnehmer des Turniertisches stellt seinem linken Nachbarn die Frage des Kärtchens. Auf der Rückseite des Kärtchens steht die Antwort. Gibt der Gefragte die korrekte Antwort innerhalb einer vorgegebenen Zeit (diese richtet sich nach der Komplexität der Aufgabe), darf er das Kärtchen behalten. Wenn nicht, darf sein linker Nachbar die Antwort geben. Ist sie richtig, erhält er das Kärtchen, bei falscher Antwort oder zu langem Nachdenken wird das Kärtchen in den Stapel zurückgelegt und zu einem späteren Zeitpunkt neu eingesetzt.

Nach der Turnierphase gehen alle Lernenden in ihre ursprünglichen Gruppen zurück. Dort werden die gewonnenen Kärtchen aller Gruppenmitglieder zusammengelegt. Gewonnen hat die Gruppe, die gemeinsam die meisten Kärtchen erreicht hat. Dafür werden in Dreiergruppen die gewonnenen Kärtchen einfach addiert. Gibt es Dreier- und Viergruppen, dann müssen die Dreiergruppen ihre addierten Punkte durch drei teilen und mit vier multiplizieren, um eine Punktzahl zu erhalten, die sie mit vier Personen erreicht hätten.

Das Gruppenturnier bietet sich besonders am Ende von Lernsequenzen, z. B. am Schluss einer Unterrichtseinheit oder zur Wiederholung und Übung an. Es weist einen starken Spielcharakter auf, den Lernende aller Altersgruppen sehr schätzen, deshalb ist die Motivation bei der Durchführung eines Gruppenturniers recht hoch. Da eine intensive Auseinandersetzung mit einem früheren Stoffgebiet oder überhaupt Wiederholungen meist sehr zäh sind, bietet das Gruppenturnier eine Chance, gegen aufkommende Langeweile anzugehen. Außerdem verringert die Arbeit in kleinen Gruppen Versagensängste. In der Kleingruppe trauen sich alle, eher etwas zu sagen als in der Großgruppe. Das Gruppenturnier stellt eine Möglichkeit für den einzelnen Lernenden dar, seine Lernlücken zu schließen.

Am Ende des Gruppenturniers sollte jede Gruppe nochmals kurz erläutern, wie sie in der Gruppe in Phase eins gearbeitet hat. Mit Hilfe dieser Reflexion ist es möglich, Vorschläge zur Verbesserung der gemeinsamen Arbeitsphase zu machen, einzelne Lernende in ihrem Lernverhalten zu bestärken und voneinander zu lernen. Nur so wird sich im Lauf der Zeit die Gruppenarbeit effektiver gestalten und die Lernenden zum Beispiel in nachfolgenden Leistungstest gut abschneiden lassen.

Nochmals im Überblick die einzelnen Schritte des Gruppenturniers:

1. Vorwissenstest: Diagnostisches Verfahren zur Einteilung der leistungsheterogenen und -homogenen Gruppen. Bevor ein solcher Test geschrieben werden kann, müssen die Lerninhalte erarbeitet worden und den Lernenden bekannt sein.
2. Plenumsunterricht: Dieser Schritt dient der Vorbereitung des Gruppenturniers. Im herkömmlichen Unterricht wird in den Gegenstandsbereich eingeführt oder eine Kurzwiederholung des Stoffs durchgeführt. Wenn Lernende bereits im freien Arbeiten Erfahrungen haben, kann auf diese Phase auch verzichtet werden. Man darf davon ausgehen, dass sie mit Hilfe der Übungsmaterialien der eigentlichen ersten Phase des Gruppenturniers sich selbst die Inhalte nochmals vermitteln und so den Stoff wiederholen können. Ebenso wird das Ziel und die Vorgehensweise des Gruppenturniers erläutert. Die Lernenden müssen wissen,

dass jeder Einzelne für den Lernerfolg der Gruppe verantwortlich ist und dass alle deshalb dafür sorgen müssen, dass alle möglichst gut wiederholen können.

3. Gruppenarbeit:
   Phase 1 (Lernen in Gruppen):
   In kleinen, heterogen zusammengesetzten Gruppen üben die Lernenden gemeinsam den Unterrichtsstoff. Dies geschieht mit Hilfe von Arbeitsblättern, Schulbüchern, Materialien und sonstigen Lernmaterialien. Die Lernenden organisieren ihr Lernen selbst mit dem Ziel, dass alle am Ende dieser Phase mit dem Unterrichtsstoff vertraut sind und ihn beherrschen. Die Materialien helfen dabei, Fragen und dazugehörige Antworten sollten eindeutig sein und keine Spielräume zulassen.
   Phase 2: Turnierphase:
   Die Lernenden verteilen sich auf die Turniertische entsprechend ihrem Leistungsvermögen. Sie versuchen möglichst viele Kärtchen für ihre Gruppe zu gewinnen. Sind die Leistungsunterschiede sehr hoch, können die Fragen nach dem Schwierigkeitsgrad differieren. Nach Abschluss einer ersten Turnierrunde dürfen die Gruppentische auch gewechselt werden. Somit haben auch die schwächeren Lernenden die Chance, Kärtchen (also Punkte) für ihre Gruppe zu sammeln.
   Rückmeldung:
   Nachdem die Tagessieger ermittelt wurden, wird über den Gruppenprozess nachgedacht und positives Vorgehen herausgestellt. Dadurch lernen alle, ihr Lernverhalten einzuschätzen und zu optimieren. Auch hier können Gruppenbelohnungen für die Sieger vergeben werden.

Alternativen innerhalb des Gruppenturniers:
Beim Gruppenturnier müssen nicht unbedingt alle Phasen durchgeführt werden. Oft reicht die Turnierphase. Dann werden die Lernenden in Gruppen eingeteilt, die sich entsprechend an die Turniertische setzen und gegeneinander spielen. Dies bietet sich dann an, wenn am Ende einer Unterrichtseinheit auf eine Klassenarbeit hin zu üben ist und der Stoff bereits beherrscht werden müsste. In dieser Form verzichtet man auf die heterogene Gruppeneinteilung. Die Spieler an den Turniertischen sollten sich in ihrem Leistungsvermögen ähneln.
(vgl. Konrad & Traub 2019; Peterßen 2000 u. a.)
Das Gruppenturnier kann ab Klasse zwei eingesetzt werden und in fast allen Fächern. In den Fremdsprachen und in Deutsch bietet sich die Bereiche Rechtschreibung- und Grammatik an, ebenso das Vokabellernen, Fachbegriffe einüben, in den Sozialwissenschaften geht es am ehesten um die Bereiche des Faktenwissens, der Datenkenntnis, des Orientierungswissens (Hauptstädte, Flüsse), in der Mathematik um Rechenoperationen (in Klasse 2 zum Beispiel auch um das Einmaleins, Formeln), in den Naturwissenschaften um Formeln und Abläufe, auch in Sport oder Musik können Inhalte im Gruppenturnier wiederholt werden (Regelkunde, Musikepochen…).

## Gruppenturnier in der Grundschule

Ähnlich wie bei der Gruppenrallye eignet sich auch das Gruppenturnier für die Grundschule. Durch den Turniercharakter wird hier eine hohe Motivation für die Gruppenarbeit erzeugt. Besonders bedeutsam ist hierbei, dass die Lernenden wirklich miteinander agieren und die Stärkeren den Besseren die Lerninhalte nochmals vermitteln. Beim Gruppenturnier profitieren alle Lernenden und die Methode ist eine gute Abwechslung in Übungsphasen. Allerdings muss auch hier in etwa 60 Minuten für die Durchführung angesetzt werden.

**Beispiel von Silke Traub:**

| **Fach:** | **Klassenstufe:** | **Unterrichtseinheit:** | **Thema:** |
|---|---|---|---|
| Deutsch | 3–4 | Grammatik | Zeitformen wiederholen |

**Art der kooperativen Methode:**
Gruppenturnier im Rahmen einer X Sandwich-Stunde X Freiarbeit

**Ziele der kooperativen Methode:**
Wiederholen und Üben der Zeitstufen
Sicherheit gewinnen

**Einbettung der kooperativen Methode in die Unterrichtsstunde**:
In diesem konkreten Gruppenturnier sollten die Schülerinnen und Schüler bereits schon einmal mit dem Thema Zeitstufen und ihrer Anwendung vertraut gemacht worden sein. Dies kann kurz vor der Durchführung des Gruppenturniers, aber auch schon einige Zeit davor geschehen. Die Einteilung der Gruppen erfolgt wie oben beschrieben. Für die erste Phase kann die Lehrkraft verschiedene Materialien verwenden. Jede Gruppe erhält eine Kopie dieser Materialien und ein Lösungsblatt. Sie hat nun ein bis zwei Stunden Zeit, um mit damit zu üben und sich wieder mit den Zeitstufen und ihrer Anwendung vertraut zu machen. Nun folgt die Turnierphase. Dabei werden an jedem Turniertisch Kärtchen mit Aufgaben zu den Zeitstufen ausgelegt. Es können an allen Turniertischen die gleichen Kärtchen ausgelegt werden oder aber nach Schwierigkeit differenziert.

Beispiel für Übungsmaterialien:

***M1: Regel zu den Zeitstufen***

Die Gegenwartsform gebrauchen wir, wenn wir etwas ausdrücken wollen, was gerade passiert. Hinweiswörter: jetzt, im Moment, gerade, im Augenblick...

**Beispiel:** Er schießt gerade ein Tor.

Die Vergangenheit verwenden wir, wenn wir etwas ausdrücken wollen, was bereits vorbei ist. Hinweiswörter: gestern, vor einiger Zeit, früher, vor langer Zeit...

**Beispiel:** Gestern schoss Thomas im Fußballtraining ein Tor.

Die vollendete Gegenwart gebrauchen wir, wenn etwas vorbei ist, aber für die Gegenwart noch Bedeutung hat.

**Beispiel:** Im Training hat Thomas schon viele Tore geschossen, nur im Turnier noch nicht.

Die Zukunft gebrauchen wir, wenn wir ausdrücken wollen, was in der Zukunft geschieht. Hinweiswörter: morgen, demnächst, in nächster Zeit, zukünftig...

Beispiel: Thomas wird auch in Turnieren noch viele Tore schießen.

***M1:***

**Aufgabe:** Sprecht die Regeln in der Gruppe genau durch.
Überlegt euch nochmals genau, wann welche Zeitstufe gebraucht wird. Erklärt euch dies gegenseitig. Übt die folgenden Aufgaben (M2–M5) gemeinsam. Helft euch gegenseitig. Alle Mitglieder eurer Gruppe sollten die Aufgaben lösen können.

***M 2***

Wandle folgende Verben in die Vergangenheit um:

| | |
|---|---|
| Ich (essen): | du (gehen): |
| Wir (schwimmen): | Franz (lachen): |

Wandle folgende Verben in die Gegenwart um:

| | |
|---|---|
| Sie (wünscht): | Gerda (hoffen): |
| Er (glauben): | wir (spielen): |

Wandle folgende Verben in die vollendete Gegenwart um:

| | |
|---|---|
| Du (kommen): | ihr (lachen) |
| Sie (fahren): | wir (trinken) |

Wandle folgende Verben in die Zukunft um:

| | |
|---|---|
| Eva (weinen): | es (schmerzen): |
| Karla (weinen) | Joseph (schlafen): |

***M 3***

Schreibe den folgenden Satz richtig auf die leere Zeile:
Morgen ich ins Kino (gehen).

________________________________________

Im Augenblick er sich einen Film an (sehen).

________________________________________

Gestern sie ein Buch (lesen).

________________________________________

Vor einiger Zeit er sich ein Bein (brechen), deshalb kann er nicht zur Schule kommen.

________________________________________

Beispiel für die Turnierphase:
Schwierigkeit 1

| | |
|---|---|
| Ich (lachen) Gegenwart | Ich lache |
| Du (antworten) Zukunft | Du wirst antworten |

Schwierigkeit 2:

| | |
|---|---|
| Gestern ich nach Hause (gehen) | Gestern ging ich nach Hause. |
| Morgen ihr über den Streich (lachen) | Morgen werdet ihr über den Streich lachen. |

In der Freiarbeit können dann nur die Kärtchen verwendet und in einer Gruppenarbeit das Turnier durchgeführt werden.

**Gruppenturnier in der Sekundarstufe**

Das Gruppenturnier ist auch hier ähnlich einzuschätzen wie die Durchführung der Gruppenrallye. Es bietet sich gut als Übungsmethode für die Unterstufe an und gewinnt durch den Turniercharakter einen hohen Reiz bei der Durchführung. In oberen Klassen muss auf andere Übungsformen zurückgegriffen werden.

**Sekundarstufe: Beispiel von Silke Traub**

| **Fach:** | **Klassenstufe:** | **Unterrichtseinheit:** | **Thema:** |
|---|---|---|---|
| Gemeinschaftskunde | 9–10 | Europäische Union | Verfestigen der Themengebiete zur Europäischen Union |

**Art der kooperativen Methode:**
Gruppenturnier im Rahmen einer X Sandwich-Stunde X Freiarbeit

**Ziele der kooperativen Methode:**
Die SuS wiederholen verschiedene Themenfelder der europäischen Union.
Sie bereiten sich mit Hilfe des Gruppenturniers auf eine Klassenarbeit vor

**Einbettung der kooperativen Methode in die Unterrichtsstunde**:
Es geht eine Unterrichtseinheit zum Thema Europäische Union voraus. In dieser Stunde geht es nun darum, die Fakten zur europäischen Union zu wiederholen und zu festigen. Hierzu wird das Gruppenturnier angewandt.
Die Lernenden werden entsprechend ihrer bisherigen Leistungen im Gemeinschaftskundeunterricht in Gruppen eingeteilt.
Zunächst erfolgt die Übungsphase.

Hierzu erhalten die Lernenden für die Gruppenarbeit folgende Aufgaben:

1. Lest euch nochmals genau eure Hefteinschriebe und die Seiten im Schulbuch zur europäischen Union durch.
   Beantwortet in der Gruppe gemeinsam die dort stehenden Arbeitsaufgaben.
2. Fertigt je eine Mindmap zu den Themen: Geschichte der Union, Institutionen der Union und einem weiteren von euch als wichtig erachtetem Thema an. Erklärt euch gegenseitig die Mindmaps.
3. Stellt euch gegenseitig folgende Aufgaben und beantwortet sie entsprechend. Erklärt euch die Antworten gegenseitig:
   - Zu welchem Zweck wurde die EU gegründet?
   - Was sind die Aufgaben der Europäischen Kommission?
   - Welche Aufgabe kam der EU in der Corona-Pandemie zu?
     (weitere Aufgaben werden gestellt, die Antworten finden sich jeweils auf der Rückseite der Karteikarten).

Dann beginnt die Turnierphase. Hier wird nach Leistung differenziert:

Tisch 1 Auswahl: (schwächere Lernende):

| | |
|---|---|
| Wo hat der Europäische Gerichtshof seinen Sitz? | Luxemburg |
| Wie viele Staaten sind derzeit Mitglied der EU? | 27 |
| Wie viele Sterne hat die EU-Flagge | 12 |

Tisch 2 und 3 (mittlere Leistungsstärke):

- Wie heißt die gemeinsame europäische Währung und wo gilt sie?
  Euro, gilt in 20 europäischen Staaten, davon in 15 Mitgliedsstaaten und im Kosovo
- Aus wem besteht der EU-Ministerrat?
  Wechselnden Fachministern der Mitgliedstaaten
- Wann fand die sogenannte Osterweiterung statt? Nenne drei Staaten, die beigetreten sind
  Mai 2004: Estland, Litauen, Lettland, Polen, Ungarn...

Tisch 5 (Leistungsstarke):

- Welcher Mitgliedstaat wird auch die grüne Insel genannt? Ist er noch in der EU?
  Irland
- Was bedeutet die Abkürzung EWG und welche Bedeutung hat diese?
  Europäische Wirtschaftsgemeinschaft: Vorgängerorganisation der EU
- Was sind die Aufgaben der Europäischen Kommission?
  Gesetze vorschlagen, Haushalt verwalten, Umsetzung von EU-Regeln in den Mitgliedstaaten überwachen...

In der Freiarbeit kann auch nur die Turnierphase gespielt werden.

### Gruppenturnier in der Erwachsenenbildung

Auch in der Erwachsenenbildung kann das Gruppenturnier ähnlich wie die Gruppenrallye eingesetzt werden. Es ist immer dann eine gute Methode, wenn es um das Üben von Inhalten geht. Allerdings ist das Gruppenturnier sehr zeitaufwändig, so dass es sich eher lohnt einzusetzen, wenn Sachverhalte, Vokabeln, Abläufe und dergleichen mehr geübt werden müssen.

| Erwachsenenbildung: Beispiel von Simone Engels | | | |
|---|---|---|---|
| **Fach:**<br>„Wireless-LAN“ | **Klassenstufe:**<br>Grundlagen | **Unterrichtseinheit:**<br>Wiederholung | **Thema:**<br>Theoretische Kenntnisse |

**Art der kooperativen Methode:**
Gruppenturnier im Rahmen einer
X Sandwich-Stunde ○ Stationenarbeit/Wochenplan ○ Freiarbeit ○ Projektarbeit

**Ziele der kooperativen Methode:**
Mit Hilfe des Gruppenturniers sollen die Teilnehmerinnen und Teilnehmer

- sich mit dem vermittelten Wissen noch einmal intensiv auseinandersetzen
- Ihren Wissensstand überprüfen
- Lernlücken schließen

**Einbettung der kooperativen Methode in die Sandwichstunde**:
Wireless LAN, eine drahtlose Übertragungstechnik gewinnt seit Jahren immer mehr an Bedeutung und spielt eine wichtige Rolle bei der Geräteanbindung im Homeoffice, in Unternehmen und in der Produktion. Für den Aufbau von Funknetzwerken ist es wichtig über ein Grundlagenwissen zu verfügen.

Aus dieser Notwendigkeit heraus entstand ein zweitägiges WLAN-Grundlagenseminar, welches sich an alle Interessierten, Betreiber, Administratoren und Planer richtet, die sich einen umfangreichen Einblick in Anwendungen, Standardisierung, Funktionsweise, Produkte und Sicherheit der WLAN-Technologie verschaffen möchten.
Der erste Seminartag dient dazu, theoretische Kenntnisse zu den Themen zu vermitteln. Am zweiten Seminartag steht der Praxisbezug im Vordergrund. Um für die einzelnen Workshops gerüstet zu sein, findet am Morgen des zweiten Seminartages ein Gruppenturnier statt. Dazu wurden Kärtchen vorbereitet, auf denen auf der Vorderseite jeweils eine Frage zu dem am Vortag vermittelten Wissen steht. Auf der Rückseite steht zur Selbstkontrolle die Antwort.

**Beispiele für Frage-/Antwortkärtchen für die Teilnehmer/innen**

|  |  |
|---|---|
| Was stellt die WiFi-Alliance dar und welche Ziele verfolgt sie? | Die WiFi-Alliance (WFA)ist ein Zusammenschluss von WLAN-Herstellern, die sich um die Interopereabilität von WLAN-Produkten, um deren Prüfung und Zertifizierung kümmert. |
| Welche Schichten des OSI-Referenzmodells beschreibt der 802.11-Standard? | Der Standard 802.11 beschreibt die ersten beiden unteren Schichten des OSI-Referenzmodells. Dabei handelt es sich um die Bibübertragungsschicht und die Sicherungsschicht. |
| Was verstehen Sie unter Antennen-Diversity? | Antennendiversibilität bezeichnet in der Funktechnik die Verwendung mehrerer Antennen pro Sender oder Empfänger. Mit der erzielten Diversität können störende Interferenzen reduziert werden. |

Dazu werden die anwesenden Teilnehmer/innen in leistungsheterogene Dreiergruppen eingeteilt. Die Einteilung beruht dabei auf den Ergebnissen der am Vortag durchgeführten individuellen Arbeitsphasen.
Die vorbereiteten Frage/Antwort-Kärtchen liegen auf dem Tisch. Ziel eines jeden Gruppenmitgliedes ist es nun, möglichst viele Kärtchen zu gewinnen.
Dazu nimmt ein Teilnehmer das erste Fragekärtchen vom Stapel und stellt die Frage den anderen beiden Gruppenmitgliedern. Die gegebenen Antworten werden mit der Antwort auf der Rückseite verglichen. Jene/r Teilnehmer/in, der die richtige Antwort hat, darf das Kärtchen behalten und stellt die nächste Frage. Dazu wird das nächste Kärtchen vom Stapel genommen und die Frage vorgelesen. Das Gruppenturnier endet, wenn alle Frage/Antwortkärtchen bearbeitet wurden.
Am Ende des Gruppenturniers zählen die Teilnehmer/innen der Gruppen ihre Kärtchen zusammen, Sieger ist, wer die meisten Kärtchen gewonnen hat.

Slavin hat in einer Meta-Analyse die Wirksamkeit der Methoden Gruppenpuzzle, Gruppenrallye und Gruppenturnier miteinander verglichen. Dabei zeigte sich, dass die Methoden, welche das Einführen und Erklären von Inhalten den Lehrpersonen in einem Input überlassen lernwirksamer sind, als wenn sich Lernende kooperativ neues Wissen vermitteln sollen.
Gruppenrallye und Gruppenturnier überragen also das Gruppenpuzzle. Dieses erhält dann eine höhere Wirksamkeit, wenn Unterstützungsstrategien, klare Aufgabenstruktur und individuelle Verantwortlichkeiten genutzt werden. Allerdings muss bei der Gruppenrallye und dem Gruppenturnier auch immer beachtet, dass Lernende sich wirklich unterstützen und hier kein allzu großer Druck auf schwächere Lernende ausgeübt wird, wenn diese die Inhalte kognitiv nicht verstehen können. Hier müssen dann Helfersysteme greifen (Wellenreuther 2015, S. 481).

### 5.3.5 Konstruktive bzw. strukturierte Kontroverse

Die Methode der konstruktiven Kontroverse nach Johnson und Johnson (1989) basiert auf dem kognitiven Entwicklungsansatz von Piaget. Lernen soll aufgrund strukturierter intellektueller Kontroversen gefördert werden. Dank der Auseinandersetzung werden die Lerninhalte besser behalten und das Argumentieren und Diskutieren strukturiert geübt.

Die konstruktive Kontroverse eignet sich dann besonders gut, wenn ein Thema in sich Widersprüche birgt, die gemeinsam eher aufgelöst werden können. Die Lernenden versuchen dabei eine Übereinkunft herzustellen. Zunächst werden im Klassenverband mögliche Perspektiven eines Themas herausgearbeitet. Immer paarweise entscheiden sich die Lernenden für eine Position. Sie versuchen nun Argumente zu finden, um ihre Position zu stützen und suchen auch Argumente, die die Gegenseite anbringen könnte und Hinweise, sie zu entkräften. Anschließend diskutieren sie mit einem Paar der anderen Position den Sachverhalt. Danach nehmen sie einen Perspektivenwechsel vor, in dem die Rollen getauscht werden. Zum Abschluss versucht die Kleingruppe ihre Argumente in einer frei gewählten Form zu präsentieren und damit den Diskussionsverlauf zu dokumentieren.

Die Lernenden machen sich also bei der konstruktiven Kontroverse zu Experten für einen Standpunkt, vergleichbar der ersten Phase des Gruppenpuzzles. Die Präsentation erfolgt in Vierergruppen und nicht im Plenum. So erreicht man, dass alle Beteiligten eine aktive Rolle spielen können. Der schwierige Perspektivenwechsel sorgt dafür, dass alle Argumente beider Seiten sinnvoll durchdacht werden.

Damit die Methode erfolgreich ist, sollten die Lernenden wichtige strategische Verhaltensweisen üben, wie beispielsweise das Präsentieren der eigenen Position oder das aufmerksame Zuhören.

Im Zentrum steht also eine strukturierte Argumentationsmethode, bei der die Beteiligten zu beiden Seiten eines kontroversen Themas Stellung nehmen. Am Ende sollen die Lernenden einen Konsens über die zunächst divergierenden Definitionen und Problemlösungen dieses Themas finden. Sie erfahren auf diese Weise unterschiedliche Perspektiven auf einen Sachverhalt. Indem sie ihre Position vor den anderen verteidigen, diese aber auch wiederum ihre Positionen vertreten, praktizieren die Lernenden Konflikt-Management-Fähigkeiten.

Auch hier haben Untersuchungen gezeigt, dass Lernende aufgrund konstruktiver Kontroversen erfolgreicher lernen: sie können sich an mehr Informationen erinnern und ihr Wissen auf andere Situationen übertragen (Johnson, Johnson 1989).

Es können mehrere Phasen unterschieden werden.

1. Es werden Gruppen mit je vier Mitgliedern gebildet. Jeweils ein Lerntandem (zwei Gruppenmitglieder) arbeitet sich in das Themengebiet ‚Pro' ein, die anderen zwei beschäftigen sich mit dem Thema ‚Kontra'. Jedes Tandem arbeitet seinen Teil aus. In Partnerarbeit klären die Teilnehmer ihre eigenen Positionen, aber auch Argumente zur Entkräftung der Meinung der Gegenseite.

2. Nun gehen die vier Mitglieder wieder in eine Gruppe zusammen und tauschen ihre Meinungen aus. Sie bringen Argumente bei und diskutieren sie. Dabei vertritt jedes Lerntandem seine ausgearbeitete Meinung und bringt seine Argumente vor. Die entstehende Kontroverse trägt jede Vierergruppe zunächst einmal für sich aus. Hier könnte auch mit Redekärtchen gearbeitet werden. Jede Person in der Vierergruppe hat vier Redekärtchen. Jedes Mal, wenn die Person einen Beitrag leistet legt sie das Redekärtchen in die Mitte. Wenn vier Beiträge geleistet wurden, muss die Person mit einem weiteren Redebeitrag so lange warten, bis die anderen ihre Redekärtchen auch genutzt haben. Dann kann eine neue Runde beginnen. Dadurch wird vermieden, dass nur einer der beiden Tandempartner die Argumente vorträgt.
3. Nun werden die Rollen getauscht. Das Lerntandem, das bisher ‚Pro' vertreten hat, vertritt jetzt die Seite ‚Kontra' und umgekehrt. So muss sich jedes Lerntandem in die Argumente der Gegenseite einfühlen und diese nutzen. Auch hier können wieder die Redekärtchen eingesetzt werden.
4. Im Anschluss an diesen Rollentausch gibt die Gruppe eine gemeinsame Erklärung ab, um die Auseinandersetzung innerhalb der Gruppe widerzuspiegeln. Dies kann als Presseerklärung oder Wandzeitung geschehen. So erhalten die Lerngruppen auch Informationen aus den anderen Gruppen.

**Konstruktive Kontroverse in der Grundschule**

Die Konstruktive Kontroverse bietet sich in der Grundschule ab Klasse 3 zum Erlernen von Grundkenntnissen der Argumentation an. Die SuS werden darauf vorbereitet, wie eine Diskussion ablaufen kann und wie Argumente gesammelt werden. Das erfolgt insgesamt sehr strukturiert mit klaren Vorgaben. Es muss darauf geachtet werden, dass die Themen für die Lernenden interessant, aber auch nicht zu komplex sind. Dann lässt sich die Kontroverse vor allem in Deutsch und im Sachunterricht einsetzen. Es sollte etwa 20 Minuten für die Methode eingeplant werden.

**Beispiel von Vera Bühler**

| **Fach:** | **Klassenstufe:** | **Unterrichtseinheit:** | **Thema:** |
|---|---|---|---|
| Sachunterricht | 3 | Tiere und Pflanzen in ihren Lebensräumen – Heimische Wildtiere | Wildtiere in der Stadt |

**Art der kooperativen Methode:**
Strukturierte Kontroverse im Rahmen einer X Sandwich-Stunde

**Ziele der kooperativen Methode:**
Mit Hilfe der strukturierten Kontroverse sollen die SuS

- sich über die Vor – und Nachteile des engen Zusammenlebens von Mensch und Tier Gedanken machen und austauschen
- mit Hilfe von Texten eine eigene Position finden und diese in der Kontroverse vertreten.

**Frage der strukturierten Kontroverse:**
Sind Wildtiere in der Stadt ein Problem oder eine Bereicherung?

**Bildungsplanbezug BW: Sachunterricht Klasse 3/4**
3.2.2.2. Tiere und Pflanzen in ihren Lebensräumen
*(4) Die Angepasstheit von Tieren und Pflanzen an ihren jeweiligen Lebensraum zu unterschiedlichen jahreszeitlichen Bedingungen beschreiben.*
*(5) die Bedeutung von Naturgrundlagen für Mensch, Tier und Pflanze erkennen und Überlegungen zum Umgang mit Naturgrundlagen sowie zur Umweltverschmutzung und deren Auswirkung anstellen.*

**Einbettung der kooperativen Methode in die Unterrichtsstunde**:
Innerhalb der gesamten Unterrichtseinheit wurden verschiedene heimische Wildtiere und ihre Lebensräume, sowie ihre Anpassungsfähigkeit an die Lebensumstände behandelt. Die vorliegende Stunde knüpft an aktuelle Zeitungsberichte an, dass Wildschweine in Karlsruhe unterwegs waren. (https://www.swr.de/swraktuell/baden-wuerttemberg/karlsruhe/wildschweine-in-karlsruhe-100.html; eingesehen am 17.04.2021)

1. Die Erarbeitung soll zunächst in Zweiergruppen erfolgen.
   Die SuS werden zufällig mithilfe von Spielkarten, die sie selbst ziehen dürfen, in zwei Gruppen eingeteilt. Eine der Gruppen ist für die Pro-Argumente (= Gruppe Herz, alle SuS mit einer Herzkarte) zuständig, eine Gruppe für die Contra-Argumente (Gruppe Karo, alle SuS mit einer Karo-Karte).
2. Nun dürfen die Schüler innerhalb ihrer Pro oder Contra-Gruppe selbstständig einen Partner auswählen, um eine Zweiergruppe zu bilden.
3. Die beiden Partner setzen sich zusammen und erhalten jeweils Text Herz oder Text Karo. Sie lesen den Text und schreiben sich Argumente auf.
4. Anschließend erarbeiten sie mit Arbeitsblatt 1 eine gemeinsame Reihenfolge der Argumente.
5. Nun klingelt die Lehrkraft mit einer Glocke und es werden Vierergruppen gebildet. Hierbei bilden 2 Pro- und 2 Contra- SuS eine Vierergruppe.
6. Innerhalb der Gruppe wird eine Diskussion geführt und die Argumente ausgetauscht. Hierbei muss jeder zunächst bei dem ihm zugeteilten Standpunkt bleiben. (Hilfestellung bietet die Lehrkraft, diese betätigt sich beim ersten Mal als Moderator)

Möglicher weiterer Schritt.
Je nach Niveau und Diskussionsfreudigkeit der Klasse kann anschließend eine Podiumsdiskussion geführt werden. Hierzu wählen die Gruppen Pik und Gruppe Herz jeweils zwei Vertreter aus ihrer Gesamtgruppe. Diese vertreten zuerst die Ihnen zugeteilte Person, anschließend kann es eine freie Diskussion geben.

Anhang:
Text A: Herz (Pro)

**Text A: Wildtiere in Städten sind eine Bereicherung**

In immer mehr Städten leben Wildschweine, Füchse und Rehe gemeinsam mit den Menschen.
In den letzten Jahren haben sich viele Wildtiere vermehrt. Ihnen reicht ihr natürlicher Lebensraum nicht mehr aus. Deshalb suchen die Tiere neuen Lebensraum.
Der Mensch braucht ebenfalls mehr Lebensraum und baut seine Städte immer näher an Wälder. Deshalb kommen die Tiere schneller und häufiger in die Städte.
Viele der Tiere begeben sich auch in die Städte, weil sie dort weniger Angst vor Jägern haben müssen.
Den Tieren gefällt es in der Stadt gut. Sie finden genug zu fressen. Sie fressen alles, was liegen bleibt in Parkanlagen, Mülleimern oder Gärten.
Viele Wildtiere sind harmlos und können so Seite an Seite mit den Städtern leben. Dies gibt den Menschen die Möglichkeit in der Stadt sehr naturnah zu wohnen.

Bild : Worksheet Crafter
Text Karo (Contra)

**Text B: Wildtiere in Städten sind ein Problem**

In immer mehr Städten leben Wildschweine, Füchse und Rehe gemeinsam mit den Menschen. Der Mensch baut seine Städte immer näher an Wälder. Deshalb kommen die Tiere schneller und häufiger in die Städte.
In den letzten Jahren haben sich viele Wildtiere vermehrt. Es gibt zu viele von ihnen, nicht nur in den Städten, auch in den Wäldern. Sie müssen gejagt werden, damit eine gewisse Menge weiter gut leben kann. In Städten können sie schwieriger gejagt werden.
Den Tieren gefällt es in der Stadt gut, sie finden genug zu fressen. Ein Problem ist, wenn Menschen sie füttern. Dann verlieren die Tiere die Lust daran für sich selbst zu jagen und wollen nicht mehr in ihren Lebensraum zurück.
Die Tiere verlieren ihre Scheu und können zum Beispiel den Straßenverkehr gefährden. Wildtiere sind in Städten oft in Autounfälle verwickelt.
Viele Wildtiere sind harmlos; manche können aber, gerade in der Zeit, wenn sie selbst Jungtiere haben, auch für den Menschen gefährlich werden. Deshalb sollten die Tiere im Wald bleiben und nicht in der Stadt wohnen.

Bildquelle: Worksheet Crafter

Arbeitsblatt 1:

Welches Argument ist am wichtigsten? Stellt eine gemeinsame Reihenfolge auf.

1) ____________________

2) ____________________

3) ____________________

4) ____________________

Schreibt gemeinsam einen Satz, der das für euch wichtigste Argument zusammenfasst

____________________

____________________

____________________

**Strukturierte Kontroverse in der Sekundarstufe**

Die Methode ist in der Sekundarstufe sinnvoll in den Sachfächern zum Austausch von Meinungen einsetzbar. Gut auch zu nutzen im Fach Deutsch, um die Lernenden allmählich auf Argumentationen und Diskussionen vorzubereiten. Während in der Unterstufe zunächst vor allem der Ablauf sehr strukturiert dargelegt und mit den SuS eingeübt werden muss, kann in der Mittelstufe auch vom Ablauf etwas abgewichen und die inhaltliche Diskussion stärker in den Mittelpunkt gestellt werden.

**Beispiel von Silke Traub**

| **Fach:** Deutsch | **Klassenstufe:** 7–8 | **Unterrichtseinheit:** Diskutieren und Kommunizieren | **Thema:** Friday for Future |
|---|---|---|---|

**Art der kooperativen Methode:**
Strukturierte Kontroverse im Rahmen einer X Sandwich-Stunde X Freiarbeit

**Ziele der kooperativen Methode:**
Die Lernenden erarbeiten sich Argumente für oder gegen die Teilnahme bei Friday for Future-Veranstaltungen während der Schulzeit
Sie lernen an diesem Beispiel Argumente zu sammeln und diese zu vertreten und sich eine eigene Meinung zu bilden

**Einbettung der kooperativen Methode in die Unterrichtsstunde**:
In der vorherigen Stunde wird über die Bewegung Friday for Future gesprochen, diese vorgestellt und verschiedene Aktivitäten dargelegt. Es können hier auch Referate durch Lernende über das Thema eingebracht werden.

In der Strukturierten Kontroverse geht es nun um folgende Fragestellung:
Sollen SuS für die Teilnahme an einer Demonstration im Rahmen der Friday for Future Bewegung vom Unterricht freigestellt werden?
Die SuS werden in Vierergruppen eingeteilt. Jeweils ein Lerntandem der Gruppe übernimmt die Pro-Seite, das andere Tandem die Contra-Seite. Beide Seiten suchen Argumente aus den Informationen, die in der vorhergehenden Stunde gesammelt wurden, aber auch aus Zeitungsartikeln, Videos und dergleichen mehr. Sie vervollständigen die Sachinformationen durch eigene Kenntnisse und ihre persönlichen Argumente.
Dann stellen sie sich gegenseitig ihre Pro-bzw. Contraseite vor und diskutieren diese gemeinsam in der Gruppe. Anschließend wird im gesamten Plenum diskutiert.

**Strukturierte Kontroverse in der Erwachsenenbildung**

In der Erwachsenenbildung wird diese Methode eher sicher weniger angewandt, da man davon ausgeht, dass die erwachsenen Lernenden bereits über Strategien zum Diskutieren und Argumentieren verfügen. Hier kann sie zum Beispiel eingesetzt werden im Sinne des Pädagogischen Doppeldeckers um zu zeigen, wie man diese Methode mit Lernenden umsetzen könnte. Zum Beispiel in der Lehrerbildung oder im Bereich der Pädagogik der Kindheit oder im Bereich der Gesundheitsbildung.

**Beispiel von Silke Traub**

| **Fach:** Erziehungswissenschaft | **Kurs:** Museumspädagogik | **Unterrichtseinheit:** Museumsbesuch mit SuS | **Thema:** Mit Lernende ins Museum gehen |
|---|---|---|---|

**Art der kooperativen Methode:**
Strukturierte Kontroverse im Rahmen einer X Sandwich-Stunde

**Ziele der kooperativen Methode:**
Die Studierenden sollen Argumente sammeln, wann ein Museumsbesuch mit SuS sinnvoll ist und wann eher auf digitale Medien zurückgegriffen wird.

**Einbettung der kooperativen Methode in die Unterrichtsstunde**:
Im Seminar werden verschiedene Themen zur Museumspädagogik besprochen. So geht es um die Definition des Begriffs, um verschiedene Arten von Museen, um die Didaktisierung der Museen und dergleichen mehr.
In der Strukturierten Kontroverse sollen sich die Studierenden über Sinn und Zweck eines Museumsbesuches mit SuS austauschen.
Auch hier finden sich die Studierenden in Vierergruppen zusammen. Je ein Tandem überlegt sich Argumente, die für einen Besuch im Museum mit SuS spricht, das andere Tandem überlegt sich Gegenargumente.
Dann erfolgt in der Vierergruppe die Vorstellung der jeweiligen Seite mit anschließender offener Gruppendiskussion. Jede Gruppe bringt ihre Stellungnahme und ihre Argumente anschließend in die Großgruppe mit ein.

### 5.3.6 Kleinprojekte in Gruppen

Diese Methode wurde in Israel entwickelt (Shachar, Sharan 1994), geht aber bereits auf John Dewey und seine Vorstellungen des Lernens durch Erfahrung zurück. Sie ist eng verknüpft mit der Projektmethode (Kapitel IV,2). Ihr Einsatz ist für unterschiedliche Lernbereiche geeignet und bereits ab der 3. Grundschulklasse erfolgreich. Die Größe der Gruppen kann von zwei bis sechs Teilnehmern variieren. Bei dieser kooperativen Lernstrategie werden Interaktion und Kommunikation mit Sachthemen und Problemstellungen verknüpft und der Umgang der Gruppen miteinander wird in besonderer Weise koordiniert.

Die Gruppen bearbeiten unterschiedliche Aspekte eines gemeinsamen Rahmenthemas, das vom Lehrer vorgegeben oder von der Klasse selbst gewählt wurde. Die Schülerinnen und Schüler verschaffen sich zunächst einen Überblick über das gesamte Thema. Dann legen sie Unterthemen fest, teilen die Klasse in einzelne Gruppen auf, die sich jeweils mit einem Unterthema näher beschäftigt. Danach erfolgt die Bearbeitung der Unterthemen mit geeigneten Medien und Methoden. Im Anschluss an diese Arbeitsphase bereitet die Gruppe eine Präsentation vor der gesamten Klasse vor, so dass das komplette Thema von verschiedenen Seiten beleuchtet wird. Die Aufgabenstruktur sollte komplex und vielschichtig sein. Gewählte Probleme sollten eine Vielzahl von Lösungen und Perspektiven beinhalten und zur Diskussion anregen. Die Kooperation erfolgt nicht nur innerhalb der Gruppen, sondern wird auch zwischen den Gruppen mittels einer umfassenden Übersicht am Projektende angestrebt. Voraussetzung hierfür sind einfache Lesefähigkeiten sowie die Fähigkeit zur Kooperation, zum Analysieren und Integrieren.

Auch für die Lehrperson ist diese Methode anspruchsvoll: sie leitet die Lernenden an, klärt Probleme und sorgt für die Festlegung der Lernthemen und der Gruppen.

Die Methode umfasst mehrere Schritte:

– Lernerorientierte Plenumsdiskussion:
  Die Lehrperson stellt das Thema vor, das erarbeitet werden soll. Zugleich werden die Lernenden dazu angeregt, im Plenum ihre Ansicht zu einem bestimmten Thema vorzutragen und zu diskutieren. So klären sie eigene Interessen.
– Bestimmung der Unterthemen und Einteilung in Kleingruppen:
  Lernende können selbst Vorschläge unterbreiten, danach werden dann Unterthemen definiert und Kleingruppen gebildet.
– Planung der Kleingruppenrecherchen:
  Die Kleingruppen legen ihre Arbeit fest und bestimmen die Arbeitsmaterialien, die notwendig sind.
– Durchführung der Recherchen:
  Die Lernenden arbeiten in den Gruppen und kommen zu Ergebnissen.

- Planung der Präsentation der Gesamtklasse:
  Die Hauptideen sollen ermittelt werden: was ist wichtig, was eher unwichtig. Jedes Mitglied muss einen Teil der Präsentation übernehmen. Alle Utensilien für die Präsentation müssen beschafft werden.
  Präsentation der Kleingruppenrecherchen:
  Die Ergebnisse werden vorgestellt und von den anderen Gruppen evaluiert.
- Evaluation:
  Der Lernerfolg wird über einen Test beurteilt. Dazu formuliert jede Kleingruppe zwei bis drei Fragen zu ihrem Unterthema. Die Lernenden müssen im Test alle Fragen aller Kleingruppen beantworten.
  (Konrad & Traub 2019; Renkl 1997, S. 16–17)

Die Anwendung von Kleingruppenprojekten erscheint vor allem dann sinnvoll, wenn Maßnahmen der Gruppenbildung sowie einzelne soziale Fertigkeiten gefördert werden sollen. Auch das eigenständig individuelle Denken und Handeln dürfte von dieser Methode profitieren. Sie ist damit Bestandteil eines größeren Projektunterfangens, in das ein Kleingruppenprojekt münden kann.

**Kleingruppenprojekte in der Grundschule**
In der Grundschule kann diese Methode als Einführung in die Projektarbeit verstanden werden und somit Projektarbeit geübt werden. Sie bietet sich ab der Klasse 3 an und muss sehr gut geplant und die Abläufe klar mit den Lernenden kommuniziert werden.

**Beispiel von Silke Traub**

| **Fach:** | **Klassenstufe:** | **Unterrichtseinheit:** | **Thema:** |
|---|---|---|---|
| Deutsch | 3–4 | Kommunizieren und Diskutieren | Wir planen unseren Schulausflug |

**Art der kooperativen Methode:**
Kleingruppenprojekt im Rahmen einer x Sandwich-Stunde

**Ziele der kooperativen Methode:**
Durch die kleinere, übersichtliche Projektarbeit sollen die Lernenden in eine Projektarbeit eingeführt werden.
Die Lernenden sollen sich für ein Ziel für den Schulausflug entscheiden können.

**Einbettung der kooperativen Methode in die Unterrichtsstunde**:
Am Schuljahresende steht ein Schulausflug an. Die Lernenden diskutieren immer wieder im und nach dem Unterricht, wohin sie gerne gehen möchten. Die Lehrperson macht dies nun zum Thema für die nächsten drei Unterrichtsstunden.
Zunächst einmal gibt die Lehrerin den möglichen Rahmen vor: Kosten, Zeit, Reichweite, Art des Ausflugs usw.

Danach sammeln die Kinder im Rahmen eines Brainstormings mögliche Ziele. Fünf Ziele sollen weiterverfolgt werden: Radtour, Wanderung mit Grillen, Kletterparadies, Zoo, Besuch auf dem Bauernhof
Die Kinder wählen aus, mit welchem Thema sie sich näher beschäftigen wollen. Die Themen werden so verteilt, dass ca. immer vier Kinder sich mit einem Ziel beschäftigen.
Die Kinder recherchieren nun zu ihrem Ziel. Hierfür erhalten sie von der Lehrerin Prosekt- und Infomaterialien, sie können im Internet recherchieren. Sie fragen danach, wie man zum Ziel kommt, welche Kosten anfallen, wo man Pause machen kann usw.
Die Lehrerin hilft mit weiteren Materialien und Recherchen.
In der 4. Stunde (die Stunden werden über mindestens zwei Wochen verteilt, so dass auch genug Zeit für Recherche bleibt) stellen die einzelnen Gruppen ihre Ziele vor.
Die Kinder stimmen mit einer Hitparade darüber ab, welches Ziel sie wählen. Jedes Kind hat zwei Stimmen.
Danach wird in der Klasse der Schulausflug gemeinsam konkret geplant.

**Kleingruppenprojekte in der Sekundarstufe**
In der Sekundarstufe kann diese Methode als Vorstufe der Projektarbeit verstanden werden. Hier können Projektthemen in kleinerem Umfang bearbeitet oder Inhalte projektorientiert aufgebaut werden.

**Beispiel von Maresa Coly**

| Fach: | Klassenstufe: | Unterrichtseinheit: | Thema: |
|---|---|---|---|
| Geographie | 7 | Wetter | Luft |

**Art der kooperativen Methode:**
Kleingruppenprojekt im Rahmen einer X Sandwich-Stunde X Projektarbeit

**Ziele der kooperativen Methode:**
Mit Hilfe der Experimente sollen die SuS
- drei Versuche ihrer Wahl zum Thema Luft ausprobieren (insgesamt gibt es 6 Versuche);
- die Versuche alleine, gemeinsam mit einem Partner oder in einer kleinen Gruppe bearbeiten.
- über die Beobachtungen mit den Lernenden anschließend austauschen.
- kooperativ zusammenarbeiten.

**Einbettung der kooperativen Methode in die Unterrichtsstunde**:
Zu Beginn wird die Frage, „Was ist Luft“ mit Hilfe einer Ampelmethode mit drei Antwortmöglichkeiten erhoben. Rot = Luft ist Nichts; Gelb = Luft besteht aus vielen Molekülen; Grün = Luft ist ein Gasgemisch.
Anschließend folgt ein kurzer Input zum Thema Luft durch die Lehrperson. Die Frage, was Luft ist, aus was sie besteht und wer Luft benötigt, werden im Vortrag erläutert. An den Input der Lehrperson schließt eine Murmelphase an, in der die Lernenden sich über die Frage „Was die wichtigsten Eigenschaften von Luft“ sind austauschen.

Im Anschluss an die Murmelphase schließt die Vorstellung der sechs Experimente an, in der kurz erläutert wird, welches Material für die Station benötigt wird und wie der Versuchsaufbau von statten geht.

*Experiment 1*
Material: 1 Doppelseite Zeichnung und 1 Sperrholzstreifen
*Experiment 2*
Material: 1 dünner Holzstab, 2 Luftballons, Bindfaden, Tesafilm, Klebstoff, 1 Nadel
*Experiment 3*
Material: 1 Glas halbvoll mit Wasser und 1 Blatt Papier
*Experiment 4*
Material: 1 Plastikwanne, 1 Glasflasche, 1 Luftballon, je ein Gefäß mit warmen/kaltem Wasser
*Experiment 5*
Material: Teebeutel (leer), Streichhölzer, Teller (Unterlage)
*Experiment 6*
Material: 8–10 Kerzen, Streichhölzer

Anschließend folgt die Arbeitsanweisung:
Insgesamt gibt es 6 Versuche
Bearbeite 3 Versuche deiner Wahl
Du kannst alleine, gemeinsam mit einem Partner oder in einer kleinen Gruppe arbeiten
Beobachte genau, was bei den Versuchen passiert und werte diese aus
Wenn es die Zeit zulässt, bearbeite noch einen weiteren Versuch
Arbeitszeit: 15 Minuten bis … Uhr

Im Anschluss findet die Besprechung der Versuchsstationen mit den Beobachtungen der Lernenden statt. Als Stundenabschluss ampeln die Lernenden erneut die eingangs gestellte Frage „Was ist Luft".

**Kleingruppenprojekte in der Erwachsenenbildung**

In der Erwachsenenbildung bietet sich die Methode vor allem deswegen an, weil meist nicht so viel Zeit ist, um sich intensiv in eine Projektarbeit einarbeiten zu können. Hier kann das Kleingruppenprojekt eine gute Alternative darstellen.

| **Fach:**<br>Lehrerfortbildung | **Kurs:** | **Unterrichtseinheit:**<br>Leistungs-<br>beurteilung | **Thema:**<br>Formen der offeneren Leistungs-<br>beurteilung |
|---|---|---|---|
| **Art der kooperativen Methode:**<br>Kleingruppenprojekt im Rahmen einer X Sandwich-Stunde X Projektarbeit<br>**Ziele der kooperativen Methode:**<br>Die Lehrkräfte sollen verschiedene Formen der Leistungsbeurteilung in offenen Lernsettings kennenlernen | | | |

**Einbettung der kooperativen Methode in die Unterrichtsstunde**:
Während eines Pädagogischen Tages zum Thema Leistungsbeurteilung gibt es eine kleine Projektphase von ca. zwei Stunden. Nachdem die Begriffe Leistungsbeurteilung, Leistungsbewertung geklärt wurden und darüber gesprochen wurde, welche Formen wie in offeneren Lernsettings wie Freiarbeit, Projektarbeit, kooperatives Lernen eingesetzt werden könnten, werden den Lehrenden verschiedene Formen angeboten. Sie arbeiten sich in Kleingruppen in diese Formen ein, recherchieren anhand der von der Leiterin der Fortbildung mitgebrachten Arbeitsmaterialien, nutzen auch das Internet und diskutieren die Möglichkeiten untereinander in der Kleingruppe.
Folgende Formen werden angeboten: Portfolioarbeit; Feedback durch SuS; Lerntagebuch; Bewertungsbögen…
Anschließend werden die Ergebnisse mit Hilfe einer kurzen Präsentation und eines Thesenpapiers allen Lehrkräften vorgestellt.

**Ein Blick zurück…**

In Schule und Unterricht wird gegenwärtig durchaus erfolgreich gelernt. Doch was gelernt wurde, bleibt oft träge, d. h. erworbenes Wissen wird zwar gespeichert, ist auch reduzierbar, steht aber dem Lernenden nicht so flexibel zur Verfügung, wie es dies sollte, damit er eigenständig handeln könnte. Dafür benötigt der Lernende produktives Wissen. Bisher ist die Lernumgebung eher systemvermittelnder Art, d. h. die didaktischen Überlegungen richten sich vor allem darauf, wie Unterricht geplant und organisiert wird. Vermittlungsmerkmal ist meist die Instruktion. Es stellt sich die Frage, wie muss Unterricht organisiert sein, damit produktives Wissen entsteht. Hier wird stärker eine situierte Lernumgebung gefordert, wo Lernen als aktiver, konstruktiver Prozess in einem bestimmten Handlungskontext zu verorten ist. Solche Lernumgebungen stellen auch die in diesem Kapitel beschriebenen kooperativen Lernformen dar. Es werden Partner- und Gruppenarbeitsformen vorgestellt und analysiert und über Beispiele veranschaulicht. Deutlich wird dabei, dass die Lehrperson sich und ihre Lernenden auf kooperatives Lernen vorbereiten muss, sich genau überlegen sollte, welche Methode warum eingesetzt wird und die einzelnen Schritte der Umsetzung der Methode klar strukturiert und vorbereitet.

**Anregungen zur Vertiefung, Vernetzung und Weiterarbeit**

(idealerweise arbeiten Sie mit einem Tandemparter/einer Tandempartnerin oder in eine Gruppe. Natürlich können die Anregungen auch alleine bearbeitet werden):

1. Ordnen Sie: Welche der beschriebenen Methoden eignen sich eher zum Problemlösen, zum Üben oder zum Erarbeiten neuen Wissens. Füllen Sie die Tabelle aus:

| Problemlösende Methode | Methode zum Üben | Methode zur Erarbeitung neuen Wissens |
|---|---|---|
| | | |
| | | |
| | | |

2. Wählen Sie von jeder Art eine Methode aus und erproben Sie diese in Ihrem Unterricht! Reflektieren Sie anschließend mit Ihren Lernenden und mit Kolleg*innen über die gemachten Erfahrungen!
3. In welchem Zusammenhang möchten Sie kooperative Lernmethoden einführen und später einsetzen?
4. Formulieren Sie einen Vorsatz zur Umsetzung kooperativen Lernens in Ihrem Unterricht! Realisieren Sie die*sen Vorsatz bis zum nächsten Ferienblock!*

**Literaturtipps:**

Konrad, K. & Traub, S. (2019). Kooperatives Lernen. Theorie und Praxis in Schule, Hochschule und Lehrerbildung. Baltmannsweiler: Schneider-Verlag Hohengehren. 7. unveränderte Auflage.

Traub, S. (2021). Lehren und Lernen mit Methode. Baltmannsweiler: Schneider-Verlag Hohengehren

# 6 Kooperatives Lernen in selbstgesteuerten Lernsettings

Kooperatives Lernen beinhaltet eigenständige, unabhängige Methoden, die das Lernen ergänzen und um notwendige Belange bereichern und deshalb für Schule, Hochschule und Erwachsenenbildung unabdingbar sind. Offene Ansätze wie Wochen/Stationenarbeit, Freiarbeit oder Projektunterricht machen auch deutlich, dass kooperative Lernformen nicht nur in der beschriebenen Weise eingesetzt werden, sondern zentrale Bestandteile dieser offeneren Lernformen sind. Sie ergänzen nicht nur den Frontalunterricht, sondern machen diese Konzepte erst möglich. Dort kommen die Chancen des kooperativen Lernens ebenfalls zum Tragen.

Das Beherrschen kooperativer Methoden und der selbstständige Umgang damit gehören zum Methodenrepertoire eines Lernenden, der in offeneren Unterrichtskonzepten eigenverantwortlich und selbstgesteuert lernen soll. Nur wer für bestimmte Sachverhalte und Problemlösungen auf geeignete Strategien zurückgreifen kann, ist dem Anspruch des eigenständigen Lernens gewachsen. Damit ist gemeint, dass der Lernende in einer Situation des offenen Unterrichts, etwa in einer Phase der Freiarbeit oder des Projektunterrichts selbst fähig ist zu entscheiden, ob zu dem von ihm gesetzten Ziel kooperative Methoden passen. Er muss dann aus seinem kooperativen Methodenrepertoire jene Lernformen auswählen, die für seinen Weg besonders geeignet sind. Dazu sollte er über eine Vielfalt an Methoden verfügen und vor allem, er muss wissen, zu welchem Zweck mit welchen Chancen und Grenzen eine Methode einsetzbar ist. Dazu benötigen die Lernenden Kriterien, die ihnen bei der Entscheidung für bestimmte Kooperationsformen helfen. So mag sich eine Gruppe von Lernenden in einer Projektphase für ein Gruppenpuzzle entscheiden, weil ihnen klar ist, dass sich damit alle über ein Teilgebiet zum Experten machen können und ihr Wissen dann der ganzen Gruppe zugutekommt. Demnach ist das Puzzle dort sinnvoll, wo in der Projektphase viel Stoff zu bearbeiten und auszuwählen ist. Fehl am Platz wäre das Puzzle, wenn es um die Diskussion einer These oder eines Sachverhalts geht. Diese Reflexionsfähigkeit bezieht sich nicht nur auf kooperative Lernmethoden, sondern gilt hinsichtlich des gesamten Methodenrepertoires der Lernenden. Methodenkompetenz bedeutet in diesem Zusammenhang, verschiedene Methoden zu kennen, sie zu reflektieren und sich eigenständig und eigenverantwortlich in den entsprechenden Situationen für eine geeignete Methode zu entscheiden.

Dieses Kapitel befasst sich mit den folgenden Fragen:

- Welche Funktion wird dem kooperativen Lernen im Sandwich-Prinzip zuteil?
- Welche Bedeutung nimmt kooperatives Lernen in offenen Lernsettings wie Stationenarbeit, Wochenplanarbeit, Freiarbeit und Projektunterricht ein?

**Advance Organizer**

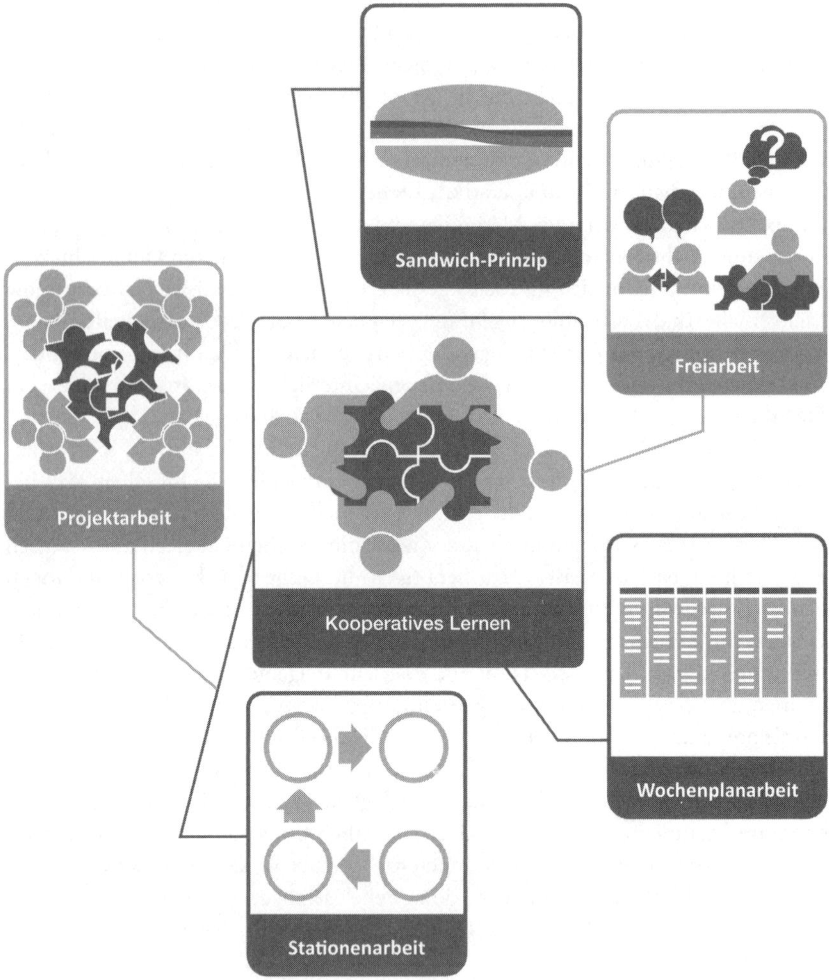

Sandwich-Prinzip
Freiarbeit
Projektarbeit
Kooperatives Lernen
Wochenplanarbeit
Stationenarbeit

## 6.1 Kooperatives Lernen als aktive Lernphase im Sandwich-Prinzip

Ein zentrales Lernkonzept in Schule, Hochschule und Erwachsenenbildung ist das von Diethelm Wahl entwickelte Sandwich-Prinzip (vgl. Wahl 2013, 2020): Zwischen Phasen kollektiver Informationsvermittlung werden Phasen subjektiver Problemlösungen und aktive Auseinandersetzungsphasen geschoben.
In kollektiven Lernphasen stehen die Wissensvermittlung und Wissensaufnahme im Vordergrund. Die individuellen Lernphasen dienen vor allem der Wissensverarbeitung, weil davon auszugehen ist, dass der einzelne Lernende was er an neuem Wissen aufnimmt in sein bisheriges Wissen einordnen muss, um es dort kognitiv zu verankern. Da jeder Mensch über eine eigene Lernbiographie verfügt und sein Wissen abhängig von vorhandenen Kenntnissen, Interessen und Motiven auf höchst individuelle Weise verarbeitet, sind die individuellen Lernphasen unerlässlich. Sie tragen dazu bei, dass das in kollektiven Phasen vermittelte Wissen tiefer verarbeitet und dauerhafter gespeichert wird. Gerade in professionellen Handlungszusammenhängen dürften sich Veränderungen nur ergeben und Bestand haben, wenn sie die beteiligten Personen subjektiv aufnehmen und erfolgreich in veränderte Handlungsroutinen eingebaut haben (vgl. Wahl 1991).
Kollektive Lernphasen können in unterschiedlicher Weise organisiert sein:

- die Lehrperson selbst kann die notwendigen Informationen vermitteln
- die Informationsvermittlung kann an Medien delegiert werden
- die relevanten Sachverhalte können handelnd dargestellt werden (z. B. in Form von Rollenspielen).

Wichtig ist dabei, dass die Dauer der kollektiven Lernphasen die Aufmerksamkeitsspanne der Lernenden nicht überschreitet.
Auch für die individuellen Lernphasen, in denen die Lernenden die neuen Informationen in ihre individuelle gedankliche Struktur einfügen und Bekanntes mit neuem Wissen verknüpfen, existieren mehrere Möglichkeiten. Neben anderen Methoden sind vor allem kooperative Methoden hervorzuheben.
Diese regen die Teilnehmenden an, sich individuell mit einem Lerninhalt auseinanderzusetzen, sich zum Experten zu machen und die anderen an diesem Expertenstatus teilzuhaben. Kooperative Methoden enthalten sowohl kollektive als auch individuelle Lernphasen. Individuell vollzieht sich zunächst die Aneignung des neuen Wissens aus dem vorgegebenen Themengebiet und auch die Besprechung mit den Experten. Der Austausch in den Stammgruppen erfolgt dann eher kollektiv, da hier alle Lernenden zur gleichen Zeit das Wissen aufnehmen, welches ihnen von jeweils einer anderen Person angeboten wird. Die tiefere Verarbeitung dieses Wissens erfolgt wieder individuell.
Es bleibt festzuhalten, dass eine Unterrichtsorganisation nach dem Sandwich-Prinzip dafür sorgt, dass sich im Unterricht kollektive und individuelle Lernphasen abwechseln.

Methoden des wechselseitigen Lehrens und Lernens lassen sich wirkungsvoll in das Sandwich-Prinzip integrieren. Sowohl in der Vermittlungsphase als auch in der subjektiven Auseinandersetzungsphase können die Lernenden mit hoher Eigenitiative agieren, womit eine große Wirksamkeit und Nachhaltigkeit erreicht werden kann (Wahl 2013, S. 161).
Wie sieht die Realisierung des Sandwich-Prinzips zum kooperativen Lernen in der Praxis aus? Ein Beispiel: Zunächst wird in einem Vortrag, einer Erklärung, einer Darstellung (Film, Experiment) neues Wissen vermittelt. Nach ca. 10 bis 20 Minuten (je nach Aufmerksamkeitskapazität der Lernenden) müssen diese Informationsphasen unterbrochen werden, damit es den Lernenden ermöglicht wird, das neue Wissen individuell oder im Austausch mit anderen aktiv zu verarbeiten und im eigenen Gedächtnis zu verankern. Hier können sinnvoll verschiedene kooperative Methoden eingesetzt werden. Erst wenn das aufgenommene Wissen verankert ist, besteht wieder die Kapazität, neues Wissen aufzunehmen oder vorhandenes Wissen noch weiter zu vertiefen. Dies mag in Einzelarbeit geschehen. Sinnvoll sind hier aber auch kooperative Methoden. Besonders passend erscheint es, sinnvolle Formen kooperativen Lernens sowohl in die Informations-Aufnahme-Phasen als auch in die eingeschobenen Verarbeitungs-Phasen einzubauen.

## 6.2 Kooperative Lernmethoden als Bestandteil der Stationenarbeit

Die Stationenarbeit in ihrer heute üblichen Form ist in Anlehnung an das Zirkeltraining im Sportunterricht (England in den 50-er Jahren) entstanden, bei dem die Trainierenden einzelne Teilübungen in einigen Minuten absolvieren und sich dann wieder einer neuen Station mit einer anderen Übung zuwenden. Dadurch werden verschiedene Muskeln trainiert und die Ausdauer gefördert.
Bei der Stationenarbeit ist die Anzahl der Stationen begrenzt. Zur Organisation der Stationenarbeit stellt Hegele fest, dass „die Zahl der Stationen und ihre Differenzierung in Pflichtstationen und frei wählbaren Stationen sowohl von der Komplexität des Themas bzw. der angestrebten Lernziele als auch von der Größe der Klasse und den unterschiedlichen Lerninteressen und Lernniveaus der Lernenden abhängt. Auf jeden Fall müssen so viele Arbeitsaufgaben und Arbeitsmaterialien zur Verfügung stehen, dass alle Lernenden allein oder zusammen mit anderen über die ganze jeweils vorgegebene Lernzeit hinweg beschäftigt sind." (Hegele 2000, S. 62)
Die Lernenden erhalten für die Arbeit an Stationen in der Regel einen Laufzettel, auf dem die einzelnen Stationen und das Themengebiet verzeichnet sind. Außerdem ist darauf gekennzeichnet, ob es sich bei einer Station um ein Pflicht-oder Wahlthema handelt, wie schwierig die Station eingestuft wird, in welcher Sozialform sie absolviert werden kann und welche Materialien und Fähigkeiten man dazu braucht. Auf diesem Laufzettel können die Lernenden auch vermerken, dass sie die

Station bearbeitet haben und manchmal auch, ob ihnen das leicht oder schwergefallen ist bzw. welche Anregungen sie für die Station zukünftig haben. In der Regel entscheiden die Lernenden selbst, welchen Schwierigkeitsgrad sie wählen und mit welchen Materialien bzw. an welcher Station sie beginnen. Manche Lernzirkel sind allerdings so gestaltet, dass es eine sinnvolle Abfolge gibt.

Eine Stationenarbeit wird in der Regel zum Üben zuvor erarbeiteter Inhalte genutzt, aber auch im Bereich des experimentellen oder des entdeckenden Lernens lässt sich gut ein Lernzirkel aufbauen. Die Stationenarbeit kann sowohl im Fachunterricht eingesetzt als auch fächerübergreifend angelegt werden (vgl. Hegele 2000). Stationenarbeit bietet die Möglichkeit, „durch eine große Variabilität und Vielseitigkeit der Materialien und Aufgabenstellung sowohl solche Lernenden anzusprechen, die eher einer systematisch gestuften Folge von Lernschritten folgen wollen und können als auch solche, deren Stärke im ganzheitlichen Erfassen von Sachverhalten und Beziehungen liegt." (Hegele 2000, S. 60)

Die einzelnen Stationen werden von der Lehrkraft vorbereitet, wodurch auch im Rahmen einer Stationenarbeit die Materialien und Arbeitsanweisungen aus der Hand der Lehrperson kommen und damit instruiert sind. In der Stationenarbeit wird ein Thema in verschiedene Teilaspekte ausdifferenziert und die Lernenden bearbeiten diese Teilgebiete überwiegend selbständig an den verschiedenen Stationen. Dabei gibt es übergreifende Lernziele, deren Teilziele durch die Bearbeitung an den Einzelstationen erreicht werden können. Der gesamte Unterrichtsinhalt wird gleichzeitig angeboten, die Lernenden bestimmen, in welcher Reihenfolge sie die Themengebiete erarbeiten, und auch in welcher Intensität. In der Stationenarbeit können differenzierende Schwierigkeitsstufen angeboten werden und auch unterschiedliche Interessen werden berücksichtigt.

Hier können auch kooperative Methoden eingesetzt werden. Im Rahmen einer Stationenarbeit kann an den Stationen in Einzelarbeit, aber auch in Partner- und Gruppenarbeit die Aufgaben bewältigt werden. An Stationen bieten sich fast alle kooperativen Methoden an, wie zum Beispiel das Partnerinterview, um zu zweit einen Inhalt zu vertiefen oder bestimmte Aufgaben zu üben oder Experimente durchzuführen. Auch das Partnerpuzzle oder die strukturierte Kontroverse könnten hier eingesetzt werden. Weniger geeignet sind Lerntempoduett (da die Lernenden ja eine vorgegebene Zeit an einer Station arbeiten) oder Gruppenpuzzle, Gruppenrallye oder -turnier (da diese sehr zeitaufwändig sind und nicht zu einer einzelnen Station passen, sondern eher selbst eine umfangreichere Zeit einnehmen.

Die Stationenarbeit stellt ein Lehr-Lern-Konzept dar, das besonders dem individualisierten und kooperativen Lernen verpflichtet ist und sehr schülerorientiert ausgerichtet sein sollte. Durch die Vorgaben der Materialien wird eine Orientierung und Hilfestellung angeboten, durch die eine Stationenarbeit auch große Elemente der Anleitung beinhaltet. Hier können kooperative Methoden auch gut eingeführt werden.

Da in der Stationenarbeit die Lernenden sehr auf sich alleine gestellt sind, benötigen sie für die Arbeit an Stationen geeignete Lernstrategien, die zunächst erworben werden müssen, bevor sie angewandt werden können.

## 6.3 Aufgaben in kooperativen Lernmethoden in der Wochenplanarbeit

In der Wochenplanarbeit bearbeiten die Lernenden innerhalb eines bestimmten Zeitraums (meist eine Woche, seltener zwei oder vier Wochen) bestimmte Arbeitsaufträge, die in einem individuellen Plan von der Lehrperson zusammengestellt wurden. Dieser Plan kann sich auf ein Fach beziehen oder aber mehrere Fächer umfassen. Im Wochenplan lassen sich drei Aufgabentypen unterscheiden:

1. *Pflichtaufgaben:* Es handelt sich hier um Aufgaben, die von allen Lernenden innerhalb einer bestimmten Zeit bearbeitet werden müssen. Die Inhalte dieser Aufgaben stellen in Anlehnung an den Stoffverteilungsplan der Woche den Grundstock an Kenntnissen und Fertigkeiten dar. Sie genügen in der Regel den Ansprüchen der Lehrpläne und der allgemeinverbindlichen Richtlinien.
2. *Wahlaufgaben:* Hier haben die Lernenden die Möglichkeit, aus verschiedenen Aufgaben auszuwählen. Es gibt immer mehrere Alternativen, wobei eine bestimmte Anzahl an Alternativen bearbeitet werden muss. Die Wahl besteht nur zwischen einzelnen Aufgabentypen, nicht darin, ob überhaupt eine Aufgabe dieser Art gelöst werden soll. Durch diesen Bereich sollen die Lernenden zusätzliche Qualifikationen erwerben und ihren Neigungen nachgehen können. Hier kann auch die Binnendifferenzierung ansetzen. Schnellere und schwächere Lernende können hier bereits nach Schwierigkeit und Umfang differenzierende Aufgaben erhalten.
3. *Zusatzaufgaben:* Diese Aufgaben sind freiwillig. Sie werden meist eigenständig, in Absprache mit der Lehrperson, festgelegt. Es werden vor allem zusätzliche Interessen berücksichtigt. Hier greift auch die innere Differenzierung, da schnellere Schülerinnen und Schüler in diesem Bereich weiter gefördert werden können. Aber auch schwächere Lernende können hier individuell gefördert werden, da ihnen – ihrem Lernvermögen entsprechend – Zusatzaufgaben angeboten werden können (Konrad & Traub 2017, S. 101–104).

In allen drei Aufgabenbereiche können kooperative Methoden eingebaut werden und so aktives Lernen unter- und miteinander ermöglicht werden.

In der Regel sollten die Lernenden ihre Ergebnisse mit Hilfe von Lösungsblättern selbst überprüfen. Im Anfangsstadium kann die Lehrperson die Resultate kontrollieren. Wenn in einer Klasse fächerübergreifend unterrichtet wird, kann der Wochenplan auch fächerübergreifende Aufgaben als vierten Schwerpunkt enthalten. Gerade hierfür bieten sich dann insbesondere kooperative Lernformen an (Konrad & Traub 2017, S. 101–104).

Ziel des Wochenplans ist die selbstständige Arbeit der Lernenden in einer schülerorientierten Lernumgebung, in der die Lernmaterialien von den Lehrpersonen erstellt und damit die Arbeitsweisen vorgegeben und angeleitet sind. Lernende erwerben durch die Arbeit im Wochenplan Fähigkeiten, Probleme und Aufgaben selbstständig, zielorientiert und sachgerecht zu bearbeiten. Außerdem werden soziale Beziehungen aufgebaut, vor allem dann, wenn zu bearbeitende Aufgaben auch kooperative Methoden einbeziehen. In manchen Ansätzen erstellen die Lernenden selbst ihren Wochenplan, wodurch die Instruktion deutlich zurückgenommen wird. Dies überfordert aber viele Lernende, weshalb zunächst Wochenpläne eng strukturiert werden, diese dann aber immer weiter geöffnet und zunehmend gemeinsam mit den Lernenden entwickelt werden. Hier könnte zum Beispiel auch die Bestimmung der Sozialform durch die Lernenden erfolgen, so dass sie sich gezielt auch für kooperatives Lernen und gemeinsames Lösen von Aufgaben entscheiden können.

Die Wochenplanarbeit impliziert vor allem die Möglichkeit der Binnendifferenzierung. Ihr liegt die Erkenntnis zugrunde, dass nicht alle Kinder zur gleichen Zeit die gleichen Aufgaben bewältigen, also gleiche Lernschritte durchführen können. Die innere Differenzierung ermöglicht es, eine individuelle Anpassung an jeden Lernenden zu vollziehen. Dies kann bezogen auf Inhaltsfragen, Schwierigkeitsstufen und Umfang der Aufgaben geschehen (Konrad & Traub 2017, S. 101–104).

Die Aufgaben der Lehrpersonen im Wochenplan lassen sich drei Phasen zuordnen: Im Vorfeld müssen sie sich Themen überlegen und Aufgaben formulieren, d. h. die Wochenpläne erstellen, die Zeiten dafür festlegen und die Organisation der Wochenplanarbeit durchführen. Dazu gehört auch eine Integration der Wochenplanarbeit in den normalen Unterricht. Wichtig ist hierbei zu entscheiden, welche der Aufgaben kooperativ gelöst werden könnten bzw. auch direkt kooperative Aufgaben in den Wochenplan mit zu integrieren.

Zu Beginn der Wochenplanarbeit führt die Lehrkraft in den Wochenplan ein (z. B. in einem Morgenkreis), während der Arbeit mit den Wochenplänen beobachtet und berät sie die Lernenden, gibt Hilfestellung und kontrolliert die Wochenpläne. In der Nachbereitung reflektiert die Lehrperson über den Ablauf der Wochenplanarbeit und darüber, was für einzelne Lernende in der nächsten Woche wichtig ist. Die Nachbereitung fließt also bereits wieder in die Vorbereitung des nächsten Wochenplans ein. Auch hier könnten immer wieder Reflexionsgespräche zum Einsatz und zur Umsetzung kooperativen Lernens stattfinden, so dass der Umgang mit kooperativen Methoden selbstverständlicher und bewusster geschieht. Dadurch können die Stärken des kooperativen Lernens noch besser genutzt werden.

Die Lehrperson dient als Lernbegleiterin, hilft bei Problemen und bespricht die Arbeitsweise mit den Lernenden. Damit werden konkrete Lernzeiten für die selbständige Arbeit geschaffen und auch in kooperatives Lernen eingeführt.

Wesentlich ist, dass die Lehrenden die Durchführung der Wochenplanarbeit gut vorbereiten. Dazu gehört einmal das Besorgen und Herstellen bestimmter Materialien für die Aufgaben, so dass diese abwechslungsreich und motivierend sind. Außerdem muss im Klassenzimmer eine Möglichkeit geschaffen werden, in der den Lernenden das Material frei zugänglich ist, in der sich die Lernenden in entsprechende Ecken zurückziehen können (Lese-, Spielecke usw.). Lern- und Arbeitstechniken müssen mit den Lernenden eingeübt werden. Das Konzept bietet sich dort an, wo auf bestimmte individuelle Lernpraktiken/Arbeitstechniken besonders Wert gelegt wird. Dies reicht von Organisations- und Kommunikationsregeln bis zum Erlernen bestimmter Techniken, die die Kinder zur Bewältigung der Aufgaben benötigen (Konrad & Traub 2017, S. 101–104). Selbstverständlich muss auch geklärt werden, wo und auf welche Art die kooperativen Aufgaben bewältigt werden können, so dass andere Lernende, die sich gerade in einer Einzelarbeit befinden, nicht gestört werden. Hierfür könnte auch der Flur oder bestimmte Aufteilungen des Raumes in Ruhe- und Gesprächsateliers sinnvoll sein.

Die Aufgabe der Lernenden besteht in der Organisation und Ausführung ihrer Arbeitsaufgaben. Lernende müssen genau wissen, was sie wann und wie zu erledigen haben, damit sich im Rahmen der Wochenplanarbeit eigenständig arbeiten können und nicht ständig nachfragen müssen. Die Lernenden können dann selbst über die Reihenfolge der Aufgabenbearbeitung entscheiden, ihr Lerntempo und ihre Mitlernenden bestimmen. Um die Aufgaben sachgerecht bearbeiten zu können, benötigen sie Lernstrategien (Konrad & Traub 2017, S. 101–104).

Selbstgesteuertes Lernen kommt im Wochenplan immer dann zum Tragen, wenn die Lernenden aus einem Übungsangebot Themen auswählen können, die Reihenfolge der zu bearbeitenden Aufgaben selbst bestimmen, sich ihre Zeit selbst einteilen, sich selbst einen Arbeitsplatz und einen Partner suchen können und selbst entscheiden, ob und wann sie die Hilfe der Lehrperson oder anderer Lernender in Anspruch nehmen möchten. Dadurch ist die frontale Lernsituation teilweise aufgehoben und es wird in diesem Konzept einer schülerorientierten Lernumgebung entsprochen, in der die Anteile der Instruktion dennoch deutlich überwiegen. Diese können einzelne Kinder stark unter Druck und Zeitnot setzen. Ferner ist daran zu denken, dass Konkurrenzdenken entstehen kann, wenn einzelne Kinder schneller fertig sind als andere. Diese Schwierigkeiten können aber meist durch Reflexions- und Metagespräche mit den Lernenden gelöst werden (Konrad & Traub 2013, S. 101–104).

Das Problem des großen Arbeitsaufwandes relativiert sich, wenn man bedenkt, dass die Lehrenden während der Wochenplanarbeit wesentlich mehr Freiräume und Handlungsspielräume zur Verfügung haben und sich auch über gewisse Zeit aus dem Unterrichtsgeschehen zurücknehmen können.

Von einer weiterführenden Variation kann die Rede sein, wenn Wahlaufgaben und Zusatzaufgaben zunehmend im Wochenplan erscheinen und das Pflichtprogramm

zurückgenommen wird. In der Sekundarstufe wird in der Regel eher mit Monatsplänen nach dem Vorbild Helen Parkhursts (Dalton-Plan) gearbeitet.
Sowohl in der Stationenarbeit als auch beim Wochenplan bzw. Monatsplan ist eine Öffnung in organisatorischer und methodischer sowie inhaltlicher Hinsicht erkennbar. Es handelt sich um die Umsetzung individualisierten Lernens, wobei dieses durchaus auch fremdbestimmt sein kann, je nachdem, wie stark die Lehrkraft an der Gestaltung der Pläne beteiligt war. Im Unterschied zur Stationenarbeit verteilen sich die Arbeitsphasen in der Wochenplanarbeit auf die ganze Woche und dadurch kann diese immer wieder in den unterrichtlichen Tagesablauf eingebettet werden.

## 6.4 Kooperatives Lernen integriert in die Freiarbeit

Freiarbeit umfasst eine bestimmte Unterrichtszeit selbstgesteuerten Lernens, in der die Lernenden ihre Lernarbeit selbst planen, einteilen und eigenverantwortlich durchführen. In dieser Zeit stehen ihnen Materialien zur Verfügung, welche die Lehrperson didaktisch aufbereitet hat. Die Fachgrenzen sind in der Regel aufgehoben.
Dabei spielen bestimmte Prinzipien eine große Rolle.

1. Prinzip der Wahlfreiheit:
   - *bezüglich der Inhalte:* Es handelt sich um Inhalte, die den Unterricht, aber auch zusätzliche Interessengebiete betreffen. Alle wählen nun ein Material mit einem bestimmten Inhalt aus, bearbeiten es und kontrollieren ihre Ergebnisse. Dann stellen sie ihr Material zurück und wenden sich einem neuen zu. Alle Inhalte sind offen, die sich in der vorbereiteten Lernumgebung befinden.
   - *bezüglich der Interessen:* Die Lernenden treffen ihre Entscheidungen nach eigenen Interessen oder Schwerpunktsetzungen.
   - *bezüglich der Fächer:* Die Lernenden bearbeiten Materialien aus verschiedenen Fächern. Sie sind nicht an einzelne Fachinhalte gebunden.
   - *bezüglich der Sozialform:* Die Lernenden entscheiden selbst, ob und mit wem sie ein Material bearbeiten wollen.
   - *bezüglich der Zeit:* Die Lernenden entscheiden selbst, wie viel Zeit sie für ein Material aufwenden und wie sie sich die Zeit einteilen. Sie dürfen also nach eigenem Arbeitsrhythmus und Lerntempo vorgehen. So lernen sie, mit der Zeit sinnvoll umzugehen.
   - *bezüglich der Methode:* Die Lernenden entscheiden sich für eine Methode, wie sie an ein Material herangehen und wie sie einen Arbeitsvorgang gestalten.
2. Prinzip der Selbsttätigkeit: Die Lernenden sind über eine gewisse Zeit selbst tätig, ohne genaue Anweisungen der Lehrperson. Sie organisieren ihren Arbeitsprozess selbst und konzentrieren sich auf das entsprechende Material.

3. Prinzip der Selbstkontrolle: Die meisten Materialien weisen Möglichkeiten der Selbstkontrolle auf, so dass die Lernenden ihren Arbeitsprozess selbst überprüfen können. Somit lernen sie, sich selbst besser einzuschätzen.

Dies sind die Rahmenvorgaben einer Freiarbeit, wie sie für die Grundschule ab Klasse 2 und für die Sekundarstufe einsetzbar erscheinen. Allerdings erkenne ich innerhalb dieser Rahmenvorgaben Möglichkeiten, diese Prinzipien auszudehnen oder einzuschränken, je nach den Bedürfnissen der Klassen oder Lehrkräfte. Ich halte fest: Freiarbeit hilft, Schülerinnen und Schüler zu aktivieren, weil sie nach ihren eigenen Interessen und Bedürfnissen lernen können. Überdies ist Freiarbeit eine stark differenzierende und individualisierende Unterrichtsmethode. Die Lernenden sollten diesen Freiraum bewusst nutzen (vgl. Traub, 2021; vgl. Traub 2000).

Wollen Lernende die Chancen der Freiarbeit nutzen, benötigen sie die dafür unerlässlichen Kompetenzen. Neben geeigneten Materialien und einer vorbereiteten Lernumgebung zählt dazu das mehrfach angesprochene Methodenrepertoire. Die kooperativen Lernmethoden sind besonders bedeutsam hinsichtlich der Wahlfreiheit bezüglich der Sozialform. Lernende entscheiden sich nur dann sinnvoll für eine unter den Sozialformen, wenn sie mit ihnen vertraut sind. Sonst fällt es ihnen schwer, eine Wahl zu treffen. Kooperative Lernformen beziehen sich auch auf das Prinzip der Selbsttätigkeit. Zur Planung von Lern- und Arbeitsprozessen benötigen die Lernenden Wissen über Strategien und Vorgehensweisen. Sie sollten erkennen, ob eine Problemlösung mit Hilfe eines Gruppenpuzzles schneller und besser zu erreichen ist als aufgrund einer Einzelarbeit. Darum ist das Wissen um die Methode des Gruppenpuzzles in diesem Fall unabdingbar.

Manche Materialien verlangen geradezu die Fähigkeit, kooperativ zu arbeiten. So lässt sich ein Partnerdiktat nur dann sinnvoll durchführen, wenn die Partner gelernt haben, entsprechend zu arbeiten. Auch für die in der Freiarbeit oft eingesetzten Lernspiele sind kooperative und soziale Kompetenzen notwendig. Sie werden dort bis zu einem gewissen Grad vorausgesetzt und dann weiter verfestigt und trainiert, so dass sie insgesamt dem kooperativen Lernen zugutekommen. Deshalb lässt sich diesbezüglich von einem Interdependenzverhältnis zwischen Freiarbeit und kooperativem Lernen sprechen. Im Prinzip lassen sich alle kooperativen Methoden in der Freiarbeit anwenden.

## 6.5 Kooperatives Lernen als wesentlicher Bestandteil des Projektunterrichts

Projektarbeit stellt ein Unterrichtskonzept neben anderen dar, das in immer wiederkehrenden Abständen einen längeren Zeitraum des Lernens ausmacht. Dabei sind die Fachgrenzen aufgehoben und es kann auch klassen- und jahrgangsübergreifend gearbeitet werden. In dieser Zeit setzen sich die Lernenden aktiv mit einem sie interessierenden Thema auseinander, das situiertes und selbstgesteuertes Lernen ermög-

licht und aus der gegenwärtigen oder zukünftigen Lebenswelt der Lernenden entnommen ist. Das Thema weist über sich hinaus und zeigt weitergehende Probleme auf, mit dem Ziel, Erfahrungsprozesse bei den Lernenden zu initiieren. Dabei greifen die Lernenden auf Vorkenntnisse zurück und wenden geeignete Lernstrategien an. Sie überwachen die Lernaktivitäten selbst und organisieren ihren Lernprozess eigenständig, sie legen Ziele fest und koordinieren Lösungswege.
Projekte sind in mehrere Phasen gegliedert. Sie nützen alle Sozialformen und Methoden des Lernens, wobei ein eindeutiger Schwerpunkt auf Kooperationen innerhalb der Lernenden, aber auch mit anderen Partnern liegt.
Projektarbeit fördert neben den stofflichen Lernzielen, also der Fachkompetenz, auch die soziale, methodische und personale Kompetenz.
Projektunterricht stellt eine Ausweitung der kooperativen Methode ‚Kleinprojekte in Gruppen' dar (siehe Kapitel 5). Sie besteht in hohem Ausmaß aus einer gut strukturierten Gruppenarbeit, die kooperative Lernmethoden beinhaltet. Handelndes Lernen verläuft kooperativ und damit wird deutlich, dass auch im Projektunterricht kooperative Lernmethoden wichtig sind. In allen Phasen des Projektunterrichts (Themenfindung, Informationsphase, Planungsphase, Produktions- und Auswertungsphase) arbeiten mehrere Lernende in einer Gruppe an einem Themenaspekt. Wie diese Arbeit vonstattengeht, bleibt der Gruppe überlassen. Besitzt sie Kompetenzen im Bereich der Kooperation, fällt die Arbeit wesentlich leichter. Die Mitglieder sind im kommunikativen und sozialen Verhalten geübt und verfügen über Methoden, die sie in ihren Handlungsplan aufnehmen und anwenden. Das eigenständige Anwenden kooperativer Methoden ist vor allem bei längeren Kleingruppenphasen wichtig. Die Lehrkraft muss allerdings genau überlegen, wie die Ergebnisse der einzelnen Gruppen dem Klassenplenum präsentiert werden.
Maßgeblich für die Projektarbeit ist einerseits, dass sie aus einem Ablauf von Phasen besteht, die miteinander zusammenhängen und die fließende Übergänge und damit wichtige Stationen der Projektarbeit aufgreifen. Außerdem wird dem Konzept des kooperativen Lernens Rechnung getragen, in dem diese als grundlegende Methode der Projektarbeit fungiert.
In Orientierung am Sandwich-Prinzip werden bei der Projektarbeit verschiedene Phasen unterschieden: eine Einstiegsphase, systematischer Wechsel von kollektiven und individuellen Phasen und eine Ausstiegsphase. Damit eine Überleitung stattfinden kann, werden zwischen diese Phasen Gelenkstellen eingebaut.

- *Einstieg in die Projektarbeit:*
  Thematische Vernetzungen von bereichsspezifischem Vorwissen mit den zentralen Inhalten, das In-Gang-Bringen der Kommunikation sowie das Erfassen von Interessen sind hier sehr wichtig.
- *Durchführung der Projektarbeit mit kollektiven und individuellen Phasen:*
  Es kann hier zwischen dicken individuellen und dünnen kollektiven Lagen unterschieden werden. In den individuellen Phasen findet die selbstgesteuerte Pla-

nung und Durchführung des Projektes statt, bei den kollektiven Phasen handelt es sich um Austauschphasen und Orientierung bietende Phasen. Hier tauschen die Lernenden ihre Standpunkte aus und erläutern, wo sie im Projektprozess stehen und was sie bisher erreicht haben. Die kollektiven Phasen sind notwendig, um die einzelnen Teilgruppen in den individuellen Phasen am Laufen zu halten und mit neuen Informationen zu versehen. In kollektiven Phasen können auch für alle Gruppen wichtige Hinweise gegeben und allgemein notwendiges Wissen vermittelt werden.
- *Abschluss:*
  Hier muss das Ergebnis der Projektarbeit zusammengebracht und ausgetauscht werden. Es steht vor allem ein inhaltlicher Abschluss im Mittelpunkt, aber auch die Reflexion über die Zusammenarbeit.
- *Berücksichtigung von Gelenkstellen:*
  Diese werden eingesetzt vor dem Einstieg in die Projektarbeit, bei den Übergängen und vor dem Ausstieg. Der Lehrperson obliegt die Organisation der Gelenkstellen. Dadurch werden die Gruppenergebnisse zusammengeführt und Informationen können besser ausgetauscht werden.

Ein Projekt wird in Kleingruppen erarbeitet, weil hier die verschiedenen Gedanken und Aspekte besser zusammengebracht und zu einem Ganzen entwickelt werden können. Die gemeinsame Arbeit und das gemeinsame Entwickeln stehen im Vordergrund. Projektunterricht ist ein interaktives Geschehen. Deshalb findet die Projektarbeit auf der Basis kooperativen Lernens statt. Kooperatives Lernen ist notwendig, um die komplexen Themengebiete eines Projektes sinnvoll bearbeiten zu können.

Die Gruppenarbeit hat gegenüber der Einzelarbeit Vorteile, die auch für die Projektarbeit zentral ist.

In diesem Zusammenhang wird ein bedeutsamer, aber häufig noch nicht richtig gesehener Sachverhalt mit voller Klarheit deutlich: Die Güte eines Unterrichtsprojekts hängt nicht in erster Linie von der Ansehnlichkeit des Produkts ab, sondern vor allem davon, in welchem Maß den beteiligten Lernenden durch Aktivierung der entsprechenden Gruppenfunktionen effektive Lerngelegenheiten in Bezug auf die über den Kenntniserwerb hinausgehenden Lernzielbereiche geboten werden. Auch in Projekten, in denen die Produkterstellung scheitert, können sie Wesentliches lernen (vgl. Traub 2012).

Folgende Aspekte sind für die Projektkonzeption hervorzuheben:
- Soziale Kontexte müssen in der Projektarbeit einbezogen und berücksichtigt werden.
- Einsatz kooperativer Methoden und Strategien sind notwendig, um entsprechende Ergebnisse im Zeitraum zu erreichen.
- Das Projektthema muss gemeinsam erarbeitet werden.

- Projektarbeit ist ein Voneinander und Miteinander Lernen.
- Wissen wird sozial konstruiert. Die Diskussion individueller Interpretationen einer komplexen Lernsituation hilft, die eigene Interpretation zu überdenken und ihr Wissen in der Interaktion mit anderen Lernenden besser zu strukturieren.

Selbstgesteuertes Lernen und eigenverantwortliches Arbeiten dürfte nur entstehen, wenn Lernende schrittweise ihr Methodenrepertoire erweitern und sinnvoll damit umgehen.
Das Erlernen solcher Methoden bezeichnet schließlich Ziel und Weg des offeneren Unterrichts. Damit vergrößert sich das Methodenrepertoire schrittweise. Offener Unterricht und traditionelle Formen werden über Inhalte und Methoden miteinander verzahnt.

**Ein Blick zurück**
Kooperative Lernmethoden sind als eigenständige Methoden in den Unterricht integrierbar, sie müssen aber auch als integraler Bestandteil im offenen Unterricht realisiert werden. Stationenarbeit, Wochenplanarbeit, Freiarbeit und Projektunterricht greifen auf kooperatives Lernen zurück. Sie sind ohne kooperative Lernmethoden nicht denkbar. Besonders gut lassen sich kooperative Methoden in das Lehr-Lern-Konzept des Sandwichprinzips einbinden und einüben. ◀

**Anregungen zur Vertiefung, Vernetzung und Weiterarbeit**
(idealerweise arbeiten Sie mit einem Tandemparter/einer Tandempartnerin oder in eine Gruppe. Natürlich können die Anregungen auch alleine bearbeitet werden):

- Fassen Sie die wichtigsten Gedanken zu den vorgestellten Lehr-Lern-Konzepten zusammen und begründen Sie die Rolle des kooperativen Lernens in diesen Unterrichtskonzepten!
- In welchem Zusammenhang möchten Sie kooperative Lernmethoden einführen und später einsetzen?
- Formulieren Sie einen Vorsatz zur Umsetzung kooperativen Lernens in Ihrem Unterricht! Realisieren Sie diesen Vorsatz bis zum nächsten Ferienblock! ◀

**Literaturtipps:**

Konrad, K., Traub, S. (2017). Selbstgesteuertes Lernen in Theorie und Praxis.Baltmannsweiler: Schneider

Traub, S. (2000). Schrittweise zur erfolgreichen Freiarbeit. Ein Arbeitsbuch für Lehrende und Studierende. Bad Heilbrunn: Klinkhardt

Traub, S. (2012). Projektarbeit erfolgreich gestalten. Bad Heilbrunn: Klinkhardt/UTB

Wahl, D. (2013). Lernumgebungen erfolgreich gestalten. Vom trägen Wissen zum kompetenten Handeln. Bad Heilbrunn: Klinkhardt.

# 7 Fazit

Zum Abschluss des Buches werden die in der Einleitung aufgeworfenen Fragen nochmals stichwortartig beantwortet. Genaue Ausführungen finden sich in den jeweiligen Kapiteln.
Hier geht es darum, sich die Antworten nochmals bewusst zu machen, das eigene Gedächtnis über Schlagwörter zu aktivieren und so eigene Antworten und Lösungen zu finden.

**Wo liegen die Ursprünge kooperativen Lernens?**
Die Ursprünge der Gruppenarbeit gehen bereits auf Comenius zurück, werden von der Reformpädagogik erneut aufgegriffen und als kooperatives Lernen aus dem kanadischen und israelischen Raum nach Deutschland übertragen und dort mehr und mehr als bedeutsames Lehr-Lernsetting betrachtet.
*Hauptvertreter (historisch betrachtet):* Comenius, Pestalozzi, Dewey, Pakrhurst, Tausch & Tausch, Johnson & Johnson, Slavin, Green…

**Was wird unter kooperativem Lernen verstanden?**
Kooperatives Lernen bezeichnet eine bestimmte Unterrichtszeit, in der die Lernenden in Interaktion im Rahmen eines wechselseitigen Austausches miteinander agieren und sich so aktiv Lerninhalte und Lernstrategien aneignen.
*Schlagworte:* aktives Lernen; Selbststeuerung; traditioneller Gruppenunterricht; individuelle Verantwortlichkeit; positive Wechselbeziehung; Diskussion; Interaktion; Ansätze kooperativen Lernens

**Wie wird der Einsatz kooperativen Lernens begründet und welche Ziele werden damit verfolgt?**
Kooperatives Lernen kann aus unterschiedlicher Perspektive begründet werden. Neben gesellschaftlichen Überlegungen, spielen vor allem pädagogische und psychologische Aspekte eine wesentliche Rolle. Lehrkräfte versprechen sich besonders soziale und methodische Fertigkeiten bei Lernenden zu fördern und zu einem guten Klassenklima zu kommen.
*Schlagworte:* Motivation; Perspektivenwechsel; Teamfähigkeit; Kommunikationsfähigkeit; Nachhaltigkeit; vernetztes Denken; Austausch; Persönlichkeitsentwicklung; Nutzung von Ressourcen; konstruktives und aktives Lernen

**Was sagen empirische Studien zur Umsetzung und Wirksamkeit kooperativen Lernens?**
Insgesamt kann festgehalten werden, dass empirische Studien Mut für kooperatives Lernen machen, da sie überwiegend positive Effekte aufzeigen. Allerdings wird

auch deutlich, dass kooperatives Lernen erlernt werden muss und zwar auf Seiten der Lehrenden als auch der Lernenden. Genau deswegen werden sie auch noch zu wenig in der Praxis eingesetzt: die Lehrenden scheuen den anfänglichen Aufwand und die Stärken kommen erst nach und nach zum Tragen. Gerade das Lernen durch wechselseitiges Lehren zeigt die Effizienz auf.
*Schlagworte:* Umsetzung vor allem in Partnerarbeit; Gruppenbelohnungen; Lernerfolg des einzelnen; Vorbereitung des Gruppenprozesses; Aufgabenspezialisierung; Unterstützungsstrategien

**Welche Rolle übernimmt die Lehrperson in kooperativen Lernsettings?**
Wie in jedem anderen Unterrichtssetting übernimmt die Lehrperson die letztendliche Verantwortung für den Unterricht. Sie muss kooperatives Lernen anleiten, genaue Anweisungen geben und den Gruppenprozess genau beobachten sowie mit den Lernenden ständig reflektieren, um ihn zu optimieren. Im Setting selbst nimmt die Lehrperson stärker eine beratende Rolle ein, die sich wenig in den direkten Prozess des Austausches einmischen sollte. Allerdings muss vorab genau überlegt werden, wie in das kooperative Lernen eingeführt wird und welche Aufgaben wann und wie den Lernenden abverlangt werden.
*Schlagworte:* Berater; Beobachter; klare Arbeitsanweisungen; Intervision; Aufgabenspezialisierung; Gruppeneinteilung; Reflexion; Metakommunikation; kognitive Aktivierung; Klassenführung

**Wie wird die Rolle der Lernenden definiert und welche Voraussetzungen müssen dafür geschaffen werden?**
Die Lernenden übernehmen für ihren Lernprozess zunehmend selbst die Verantwortung, aber gleichzeitig achten sie auch auf den Lernerfolg der anderen, damit das Lernergebnis der Gruppe positiv besetzt ist. Hierzu benötigen die Lernenden Strategien im Zusammenhang des selbstgesteuerten Lernens. Berücksichtigt werden müssen auch gruppendynamische Prozesse, welche die Lernenden durchlaufen. Dies spielt bei der Einteilung und Zusammensetzung der Gruppen eine zentrale Rolle.
*Schlagworte:* positive Interdependenz; individuelle Verantwortlichkeit; Unterstützende Interaktionen; Reflexion; Belohnungsstrukturen; Chancengleichheit

**Wie kann kooperatives Lernen initiiert werden?**
Kooperatives Lernen ist ein Lernsetting, welches sich in vielen Unterrichts- und Kursgestaltungen integrieren lässt. Es dient vor allem der Problemlösung, des Austausches oder auch der Übung und der Sicherung. Um mit kooperativem Lernen zu beginnen, müssen genaue Anweisungen und eine klare Struktur vorgegeben werden.
*Schlagworte:* Gruppeneinteilung; Vorbereitung; Themenstellung; Aufgabentypen

**Wie kann Leistung in kooperativen Lernsettings beurteilt und gewürdigt werden?**
Auch in kooperativen Lernsettings muss die Leistung gewürdigt werden. Nicht immer müssen dabei Bewertungen abgegeben oder gar Noten vergeben werden. Die Rückmeldungen können über Feedbackstrukturen, Metagespräche oder Gruppenbelohnungen stattfinden. Auch eine gegenseitige Rückmeldung der Lernenden ist hier vorteilhaft und hilfreich. Aber auch der Lernprozess des Einzelnen kann hier überprüft und damit unterstützt werden.
*Schlagworte:* erweiterter Lernbegriff; Transparenz; klare Zielformulierungen; Festlegen von Kriterien; Gruppennote; individuelle Note;

**Wie kann mit kooperativem Lernen begonnen werden?**
Lernende müssen schrittweise mit kooperativen Settings vertraut gemacht werden. Hierzu eignen sich kooperative Vorübungen. Diese helfen, Fertigkeiten und Kompetenzen zu entwickeln, die bei komplexeren kooperativen Methoden gebraucht werden. Dazu gehören Gesprächskompetenzen, Präsentationsmethoden und dergleichen mehr. Aber auch einfach zu organisierende und vielfältig einsetzbare Übungen zum kooperativen Lernen sind hier hilfreich.
*Schlagworte:* Kommunikation; Interaktion; Präsentation; Textverarbeitung; Feedback; Helfersystem

**Welche Übungen aus dem Bereich der Kommunikation und Interaktion bieten sich zur Vorbereitung kooperativer Lernformen an?**
Hierzu gibt es eine Reihe von Übungen und Spielen. Einige wenige sind im Kapitel genannt. Diese beanspruchen aber keine Vollständigkeit.
*Schlagworte:* kontrollierter Dialog; Brainstorming; Vergewisserungs- und Murmelphasen

**Welche Methoden können helfen für kooperatives Lernen benötigte Strategien aufzubauen?**
Hierzu können viele verschiedene Methoden beitragen. All diesen Methoden sollte gemein sein, dass Lernende miteinander agieren, aufeinander eingehen und vor allem miteinander sprechen müssen. Damit kann die Redeschwelle abgebaut werden und eine Sicherheit im Umgang miteinander aufgebaut werden. Ein positives Lernklima wird dadurch ebenfalls geschaffen, was für kooperative Lernsettings bedeutsam ist. Beispielhafte Methoden finden sich in Kapitel 4, deshalb wird hier auf eine Aufzählung als Schlagworte verzichtet.

**Welche einfachen kooperativen Formen können als Einstiegsmethoden genutzt werden?**
Auch hier gibt es eine Vielzahl an Methoden. Die in Kapitel 4 genannten scheinen allerdings sehr gut umsetzbar zu sein und bereiten vor allem auf das Lehren und Lernen mit Methode vor.
*Schlagworte:* Kugellager; Netzwerk; Placemat; Think-Pair-Share; Vergewisserung;

**Welche kooperativen Methoden kann man unterscheiden?**
Zunächst einmal kann man Partnerkooperationen von Gruppenkooperationen unterscheiden. Erstere sind einfacher zu organisieren und sind weniger komplex und damit zu Beginn des kooperativen Lernens leichter einsetzbar.
*Schlagworte:* Partnerkooperation; Gruppenkooperation

**Wie funktionieren die einzelnen Methoden?**
Alle Methoden des kooperativen Lernens funktionieren nach dem Dreischritt des wechselseitigen Lehrens und Lernens: Expertenphase; Austauschphase und Verarbeitungsphase.
Eine genaue Beschreibung der Methoden kann Kapitel 5 entnommen werden.
*Schlagworte:* Expertenstatus durch Unterstützungsstrategien; Austauschphase als Experte und Novize; Verarbeitung zur nachhaltigen Speicherung

**Wann können diese Methoden jeweils eingesetzt werden?**
Die Methoden übernehmen unterschiedliche Funktionen. Während die Puzzleformen eher der Erarbeitung neuen Wissens dienen, sind die Interviewformen eher für die Verarbeitung und Vernetzung von bereits erworbenem Wissen geeignet. Das Lerntempoduett nimmt eine Zwischenfunktion ein. Gruppenrallye und -turnier dienen dem Üben und Wiederholen, die strukturierte Kontroverse als Einführung in die Argumentation und Diskussion und das Kleingruppenprojekt als Vorbereitung für die Projektarbeit.
*Schlagworte:* Üben, Wiederholen und Sichern; Vertiefung und Erweiterung von Wissen; Austausch und Diskussion

**Welche Funktion wird dem kooperativen Lernen im Sandwich-Prinzip zuteil?**
Im Sandwich-Prinzip gelten kooperative Methoden als besonders aktive Möglichkeit im Rahmen der subjektiven Auseinandersetzung. Lernende nehmen hier eine aktive Rolle ein und können im eigenen Lerntempo Inhalte verarbeiten. Die Methoden des wechselseitigen Lehrens und Lernens sind selbst wieder kleine Sandwiches.
*Schlagworte:* kollektive Lernphase; subjektive Auseinandersetzung; aktives Lernen; Verarbeitung im eigenen Lerntempo

**Welche Bedeutung nimmt kooperatives Lernen in offenen Lernsettings wie Stationenarbeit, Wochenplanarbeit, Freiarbeit und Projektunterricht ein?**
Auch hier können die Methoden des kooperativen Lernens einen wichtigen Beitrag leisten. In der Stationenarbeit kann an Stationen mit diesen Methoden gearbeitet werden, dabei bieten sich vor allem die Interviewtechniken an, ebenso gilt dies für die Wochenplanarbeit. In der Freiarbeit können fast alle Methoden sinnvoll eingesetzt werden. Im Projektunterricht sind die durch kooperatives Lernen erworbene Kompetenzen Voraussetzung, um an echten Projekten wirkungsvoll zu arbeiten.
*Schlagworte:* Vorbereitung; Küraufgaben; Arbeitsteilung; gute Verteilung an den Stationen; aktives Lernen

# Literatur


Akademie für Lehrerfortbildung Dillingen (1994). Lehrer fördern – Kollegen stärken – Schulen gestalten. Perspektiven einer schulnahen und teilnehmerorientierten Fortbildung für Lehrkräfte an Grund- und Hauptschulen, München.

Akademie für Lehrerfortbildung Dillingen (1988). Schulinterne Lehrerfortbildung; Pädagogische Konferenzen – Pädagogische Klausursitzungen, Akademiebericht Nr. 138.

Allespach, M. (1999). Kooperatives Lernen im Betrieb. Zugänge aus Sicht der pädagogisch-psychologischen Kooperationsforschung. Münster: agenda-Verlag.

Amann, I. & Quast, G. (1985). Lehrerfortbildung mit Themenzentrierter Interaktion. In: Erfahrungen lebendigen Lernens, Grundlagen und Arbeitsfelder der TZI, Mainz.

Bauer, K.-O. (2000). Teamarbeit im Kollegium. In: Zeitschrift Pädagogik, Heft 6, Juni 2000, S. 8–12.

Bernhart, A. & Bernhart, D. (2007): Methodentraining: Kooperatives Lernen. Ein Praxisbuch zum kooperativen Lehren und Lernen (WELL), Klasse 3 bis 10. Donauwörth: Auer.

Bogner, D.P. (2017). Die Feldtheorie Kurt Lewins: Eine vergessene Metatheorie für die Erziehungswissenschaft. VS: Springer

Bohl, T. (2000). Unterrichtsmethoden in der Realschule. Eine empirische Untersuchung zum Gebrauch ausgewählter Unterrichtsmethoden an staatlichen Realschulen in Baden-Württemberg. Ein Beitrag zur deskriptiven Unterrichtsmethodenforschung. Bad Heilbrunn: Klinkhardt.

Bönsch, M. (1995). Differenzierung in Schule und Unterricht. Ansprüche. Formen. Strategien. München: Ehrenwirth

Borsch, F. & Gold, A. (2018): Kooperatives Lernen: Theorie-Anwendung-Wirksamkeit. Stuttgart: Kohlhammer.

Borsch, F. (2019³). Kooperatives Lernen: Theorie, Anwendung, Wirksamkeit. Stuttgart: Kohlhammer.

Bossert, S.T. (1988). Cooperative Activities in the classroom. Review of Research in Education, 15, S. 225–250.

Brüning, L. & Saum, T. (2015). Erfolgreich unterrichten durch Kooperatives Lernen. Strategien zur Schüleraktivierung, Band 1. 10 Auflage. Essen: Neue Deutsche Schule.

Brüning, L. & Saum, T. (2015). Erfolgreich unterrichten durch Kooperatives Lernen. Neue Strategien zur Schüleraktivierung, Band 2. 5 Auflage. Essen: Neue Deutsche Schule.

Buholzer, A. & Kummer Wyss, A. (2010). Alle gleich-alle unterschiedlich! Zum Umgang mit Heterogenität in Schule und Unterricht. Seelze-Verber. Klett

Cohen, E.G. (1993). Bedingungen für kooperative Kleingruppen. In: G.L. Huber (Hrsg.). Neue Perspektiven der Kooperation, S. 45–53. Hohengehren: Schneider

Cohen, E.G. (1994). Restructuring the classroom: Conditions for productive small groups. Review of Educational Research, 64 (1), S. 1–35

Comenius, J.W. (1905). Johann Amos Comenius' Didactica magna oder Große Unterrichtslehre/für den Schulgebrauch und das Privatstudium bearb. und mit einer Einleitung und erl. Anm. Vers. von Wilhelm Altemöller. Münster: Universitäts- und Landesbibliothek 2015: Paderborn

Dann, H.D. & Diegritz, T., Rosenbusch H. (2002). Gruppenunterricht im Schulalltag. Ergebnisse eines Forschungsprojekts und praktische Konsequenzen. In: Zeitschrift Pädagogik, Heft 1, 2002, S. 11–14

Dewey, J. & Oelkers, J. (2011, 5. Auflage). Demokratie und Erziehung: Eine Einleitung in die philosophische Pädagogik. Essay. Weinheim und Basel: Beltz

Ebbens, S. & Ettekoven, S. (2011). Unterricht entwickeln. Band 2: Kooperatives Lernen. Baltmannsweiler: Schneider-Verlag

Felder, R.M. & Brent, R. (1994). Cooperative learning in technical courses: Procedures, pitfalls and payoffs ERIC Document Reproduction Service Report ED 377038

Finney, S. (2000). Zusammen kann ich das. Effektive Teamarbeit lernen. Mühlheim an der Ruhr: Verlag an der Ruhr.

Fürst, C. (2000). Gruppenunterricht. Empirische Forschungsergebnisse und Empfehlungen für die Praxis. In: Schulmagazin 5 bis 10, 68 (2000) 7–8, S. 78–82

Frey, K. (1998). Die Projektmethode. Der Weg zum bildenden Tun. Weinheim § Basel: Beltz, 8. Auflage

Gaudig, H. (1963). Die Schule der Selbsttätigkeit. Klinkhardts Pädagogische Quellentexte. Bad Heilbrunn: Klinkhardt

Geissler, K.A. (1985) (Hrsg.). Lernen in Seminargruppen (=DIFF Studienbrief). Tübingen: Deutsches Institut für Fernstudien

Green, N. & Green, K. (2012, 7. Auflage). Kooperatives Lernen im Klassenraum und im Kollegium. Seelze: Kallmeyer

Grunder, H.U. & Bohl, T. (2001). Neue Formen der Leistungsbeurteilung in den Sekundarstufen I und II. Baltmannsweiler: Schneider

Grunder H.U., Bohl, T. & Broszat, K. (2001). Neue Lernformen – neue Beurteilungsformen?! Acht Handlungsschritte zur Durchführung einer schülerorientierten und kriterienbezogenen Leistungsbeurteilung. In: Pädagogik 11/2001, S. 45–48

Gudjons, H. (Hrsg.) (1993). Handbuch Gruppenunterricht. Weinheim und Basel: Beltz

Gudjons, H. (2001). Handlungsorientiert lehren und lernen. Schüleraktivierung, Selbsttätigkeit, Projektarbeit. Bad Heilbrunn: Klinkhardt, 6. Auflage

Gudjons, H. (2002). In Gruppen lernen – warum nicht? In: Zeitschrift Pädagogik Heft 1, 2002, S. 6–10

Haag, L. (1999). Die Qualität des Gruppenunterrichts im Lehrerwissen und Lehrerhandeln. Lengerich, Berlin, Düsseldorf, Leipzig: Pabst

Haag, L. & Hopperdietzel, H. (2000). Gruppenunterricht – Aber wie? Eine Studie über Transfer-Effekte und ihre Voraussetzungen. In: Die Deutsche Schule 4/2000, S. 480–489

Haag, L., Fürst, C. & Dann, H.D. (2000). Lehrervariablen erfolgreichen Gruppenunterrichts. In: Psychologie in Erziehung und Unterricht, 47 Jg. (2000), 4. S. 266–279

Haag, L., Hanfstengel, U. & Dann, H.D. (2001). Konflikte in den Köpfen von Lehrkräften im Gruppenunterricht. In: Zeitschrift für Pädagogik, 47 2002, S. 929–941

Hage, K. & Bischoff, H. (Hrsg.) (1985). Das Methoden-Repertoire von Lehrern. Eine Untersuchung zum Schulalltag der Sekundarstufe I. Opladen: Leske+Budrich

Hasselhorn, M. & Gold, A. (2013). Pädagogische Psychologie. Erfolgreiches Lernen und Lehren (3. Vollständig überarbeitete und erweiterte Auflage). Stuttgart: Kohlhammer

Hattie, J. (2009). Visible learning: a synthesis of over 800 meta-analyses relating to achievement. London: Routledge.

Helmke, A. (2017). Unterrichtsqualität und Lehrerprofessionalität. Diagnose, Evaluation und Verbesserung des Unterrichts. Seelze-Velber: Kallmeyer

Hesse, H., Fischer, A. & Hoppe, R. (1992). Kommunikation und Kooperation im Unterricht. Erfahrungen aus Ost und West. Baltmannsweiler: Schneider

Hessisches Institut für Bildungsplanung und Schulentwicklung (Höhner, W./Nyssen, R./Stark, G.) (1984). Lehrerinnen und Lehrer beraten in der Schule, Sonderrreihe, Heft 19, Wiesbaden.

Hessisches Institut für Lehrerfortbildung, Genger, A. (1980). Wirksamkeit von Lehrerfortbildung für Pädagogisches Handeln in der Schule, Fuldatal Kassel.

Huber, A. (1999). Bedingungen effektiven Lernens in Kleingruppen unter besonderer Berücksichtigung der Rolle von Lernskripten. Schwangau: Huber

Huber, A., Konrad, K. & Wahl, D. (2001). Lernen durch wechselseitiges Lehren. In: Pädagogisches Handeln, 5. Jg., Heft 2, S. 33–46

Huber, A. (2009). Kooperatives Lernen – kein Problem. Effektive Methoden der Partner- und Gruppenarbeit. Seelze. Kallmeyer in Verbindung mit Klett.

Huber, G. L. (Hrsg.) (1993). Neue Perspektiven der Kooperation. Hohengehren : Schneider

Huber, G. L. (Hrsg.) (1985). Fernstudium Erziehungswissenschaft. Pädagogisch-psychologische Grundlagen für das Lernen in Gruppen, Studienbrief 1–3. Tübingen: Deutsches Institut für Fernstudien.

Huber, G., Rotering-Steinberg, S. & Wahl, D. (Hrsg.). (1984). Kooperatives Lernen. Grundlagen eines Fernstudienprojekts zum „Lernen in Gruppen" bei Schülern, Lehrern, Aus- und Fortbildnern. Weinheim und Basel

Johnson, D. W. & Johnson, F. P. (1994). Joining together. Group theory and group skills. Boston: Allyn§ Bacon.

Johnson, D. W. & Johnson, R. T. (1989). Cooperation änd competition: Theory and research. Edina, MN: Interaction Book Company

Johnson, D. W. & Johnson, R. T. (1994). Structuring academic controversy. In S. Sharan, (Ed), Handbook of cooperative learning methods (pp. 66–81). Westport: Greenwood Press

Kerschensteiner, G. (1912). Begriff der Arbeitsschule. Nachdruck des reformpädaogischen Leitfadens von 1912. Classic Pages

Klafki, W. (1996). Neue Studien zur Bildungstheorie und Didaktik: zeitgemäße Allgemeinbildung und kritisch-konstruktive Didaktik. 5. unveränderte Auflage. Weinheim/Basel

Klafki, W. (1975): Probleme der Leistung in ihrer Bedeutung für die Reform der Grundschule. Die Grundschule 10, S. 527–532.

Kliebisch, U. W. & Meloefski, R. (2013, 6. Auflage). LehrerSein. Erfolgreich handeln in der Praxis. Band 2. Baltmannsweiler: Schneider Verlag

Klippert, H. (2000). Methodentraining. Übungsbausteine für den Unterricht. Weinheim und Basel: Beltz, 11. Auflage.

Knoll, J. (1995). Kurs- und Seminarmethoden. Weinheim und Basel, 6.

Konrad, K., Traub, S. (2019). Kooperatives Lernen in Schule, Hochschule und Erwachsenenbildung. Baltmannsweiler: Schneider

Konrad, K. & Traub, S. (2017). Selbstgesteuertes Lernen. Grundwissen und Tipps. Baltmannsweiler: Schneider-Verlag Hohengehren.

Kyndt, E., Raes, E., Lismont, B., Timmers, F., Cascallar, E. & Dochy, F. (2013). A meta-analysis of the effects of face-to-face cooperative learning. Do recent studies falsify or verify earlier findings? *Educational Research Review*, 10, 133–149.

Lange-Schmidt, I. (1992). Supervision in der Lehrerbildung. Konzepte, Methoden, Beispiele, Erfahrungen. Arbeitsberichte Folge 94´92; Wissenschaftliches Institut für Schulpraxis, Bremen.

Lang, H. G. (1984). Soziale Spiele. Tübingen: Katzmann

Lietz, H. (1917/2019). Deutsche Land-Erziehungsheime. Creative Media Partners LLC.

Linden, C. (1994). Supervision in Lehrergruppen. Ein grundlegendes Modell zeitgemäßer Lehrerbildung, Essen.

Lohre W. & Klippert, H. (1999). Auf dem Weg zu einer neuen Lernkultur. Pädagogische Schulentwicklung in den Regionen Herford und Leverkusen. Gütersloh: Bertelsmann Stiftung.

Lotz, M. & Lipowsky, F. Die Hattie-Studie und ihre Bedeutung für den Unterricht – Ein Blick auf ausgewählte Aspekte der Lehrer-Schüler-Interaktion. In G. Mehlhorn, F. Schulz & K. Schöppe (Hrsg.), Begabungen entwickeln & Kreativität fördern (S. 97–136). München: kopaed. https://www.uni-kassel.de/fb01/fileadmin/datas/fb01/Institut_fuer_Erziehungswissenschaft/Dateien/Grundschulpaedagogik/Pr%C3%BCfung/Lotz_Lipowsky_2015-Die_Hattie-Studie_und_ihre_Bedeutung_f%C3%BCr_den_Unterricht_01.pdf

Mandl, H. & Reinmann-Rothmeier, G. (1995). Unterrichten und Lernumgebungen gestalten. Forschungsbericht 60, Institut für Pädagogische Psychologie und Empirische Pädagogik der Ludwig-Maximilian- Universität. München.

Meyer, H. (1987). Unterrichtsmethoden II: Praxisband. Frankfurt am Main. Scriptor.

Meyer, H. (2013). Was ist guter Unterricht? Frankfurt am Main: Scriptor, 15. Auflage

Meyer, E. & Winkel R. (1991). Unser Konzept: Lernen in Gruppen: Begründungen, Forschungen, Praxishilfen. Hohengehren: Schneider

Meyer, R. (1985). Lehrerfortbildung und Evaluation. Eine Untersuchung zur Evaluation in der Lehrerfortbildung in Niedersachsen. Dissertation an der Uni Hannover, Hildesheim.

Miller, R. (1993). Außerschulische und schulische Veränderungen – Konsequenzen für Erziehung, Unterricht und Lehrerfortbildung, Dissertation an der PH Schwäbisch Gmünd.

Mutzeck, W. & Pallasch, W. (Hrsg.) (1983). Handbuch zum Lehrertraining. Konzepte und Erfahrungen, Weinheim und Basel.

Natorp, P. (1912/2015). Pestalozzi. Sein Leben und seine Ideen. Bremen

Neuschäfer, K. (1992). Supervision für Lehrer – Überlegungen zu einem Konzept. In: Der Pädagogikunterricht, 12,1992, S. 34–58.

Niedersächsisches Landesinstitut für Lehrerfortbildung, Lehrerweiterbildung und Unterrichtsforschung (1990). Brennpunkte der Lehrerfortbildung, Hildesheim, Zürich, New York.

Nold, B. (1998). Kollegiale Praxisberatung in der Lehrerausbildung. Tübingen: Medien Verlag Köhler.

Nuhn, H.-E. (1995). Partnerarbeit als Sozialform des Unterrichts. Weinheim und Basel: Beltz

Nürnberger Projektgruppe (2001). Erfolgreicher Gruppenunterricht. Praktische Anregungen für den Schulalltag. Stuttgart, Düsseldorf, Leipzig

Ott-Nold, B. (1996). Fünf Konzeptionen kollegialer Praxisberatung, unveröffentlichtes Manuskript, Weingarten.

Pallasch, W. (1991). Supervision. Neue Formen beruflicher Praxisbegleitung in pädagogischen Arbeitsfeldern, Weinheim und München.

Pallasch, W., Mutzeck, W. & Reimers, H. (Hrsg.) (1996). Beratung, Training, Supervision. Eine Bestandsaufnahme über Konzepte zum Erwerb von Handlungskompetenz in pädagogischen Arbeitsfeldern, 2. Auflage, Weinheim und München.

Parkhurst, H. (1859). Education on the Dalton-Plan – Scholar's Choice Edition by Helen Parkhurst.

Pestalozzi, J. H. & Vogel, H. (2016). Die Pädagogik Johann Heinrich Pestalozzis in wortgetreuen Auszügen aus seinen Werken. Hanse

Petersen, P. (1927/2011). Der kleine Jena-Plan. Weinheim und Basel: Beltz

Peterßen, W. (1999). Kleines Methoden-Lexikon. München: Oldenbourg

Popp, S. (1999). Der Dalton-Plan in Theorie und Praxis: Ein aktuelles reformpädagogisches Modell zur Förderung selbständigen Lernens in der Sekundarstufe. Innsbruck Wien: Deutscher Studienverlag

Renkl, A. (1998). Lernen durch Lehren. In: D. H. Rost (Hrsg.). Handwörterbuch Pädagogische Psychologie, S. 305–308. Weinheim: Psychologie Verlagsunion.

Renkl, A. (1997). Lernen durch Lehren. Zentrale Wirkmechanismen beim kooperativen Lernen. Wiesbaden: DUV

Rotering-Steinberg, S. (1983). Anleitungen zum Selbsttraining für Lehrergruppen. Entwicklung und Evaluation eines Programms zur Kommunikation, Praxisberatung und Selbstkontrolle, Weinheim und Basel.

Schlee, J., Mutzeck & W. (Hrsg.) (1996). Kollegiale Supervision. Modelle zur Selbsthilfe für Lehrerinnen und Lehrer, Heidelberg.

Schnatterbeck, W. (1992). Amtliche Lehrerfortbildung in Baden-Württemberg unter dem Anspruch erziehenden Unterrichts, Dissertation an der PH Karlsruhe, Bruchsal.

Schnebel, S. (2002). Unterrichtsentwicklung durch kooperatives Lernen. Ein konzeptioneller und empirischer Beitrag zur Weiterentwicklung der Lehr-Lern-Kultur und zur Professionalisierung der Lehrkräfte in der Sekundarstufe. Weingarten: Pädagogische Hochschule, Fakultät Erziehungswissenschaften, unveröffentlichte Dissertation

Seibert, N. (Hrsg.) (2000). Unterrichtsmethoden kontrovers. Bad Heilbrunn: Klinkhardt

Slavin, R.E. (1993). Kooperatives Lernen und Leistung: Eine empirisch fundierte Theorie. In: G.L. Huber (Hrsg.). Neue Perspektiven der Kooperation, S. 151–170. Hohengehren: Schneider

Slavin, R.E. (1995). Cooperative learning: Theory, Research and Practice. (2. Auflage). Englewood Cliffs, NJ: Prentice-Hall

Slavin, R.E. (1996). Research of the future. Research on cooperative learning an achievement: What we know, what we need to know. Contemporary Educational Psychology, 21, 43–69

Straub, D. (2000). Ein kommunikationspsychologisches Modell kooperativen Lernens. Studien zu Interaktion und Wissenserwerb in computergestützten Lerngruppen. Dissertation.de, Berlin.

Tausch, R. & Tausch, A. (1998). Erziehungspsychologie. Begegnung von Person zu Person. Göttingen, Toronto, Zürich: Hogrefe, 11. Auflage

Tennstädt, K. (1987). Das Konstanzer Trainingsmodell (KTM). Ein integratives Selbsthilfeprogramm für Lehrkräfte zur Bewältigung von Aggressionen und Störungen im Unterricht; Band 2: Theoretische Grundlagen, Beschreibung der Trainingsinhalte und erste empirische Überprüfung, Verlag Hans Huber, Bern, Stuttgart, Toronto.

Tennstädt, K. (1988). Das Konstanzer Trainingsmodell. In: Die Deutsche Schule, Heft 3/1988, S. 313–323.

Tennstädt, K.-C., Krause, F., Humpert, W. & Dann, H.-D. (1987). Das Konstanzer Trainingsmodell (KTM). Ein integratives Selbsthilfeprogramm für Lehrkräfte zur Bewältigung von Aggressionen und Störungen im Unterricht; Band 1 Trainingshandbuch, Verlag Hans Huber, Bern, Stuttgart, Toronto.

Terhart, E. (1989). Lehr-Lern-Methoden. Eine Einführung in Probleme der methodischen Organisation von Lehren und Lernen. Weinheim und München: Juventa

Terhart, E. (2014). Die Hattie-Studie in der Diskussion. Probleme sichtbar machen. Seelze.

Traub, S. (1999). Auf dem Weg zur Freiarbeit. Entwicklung und Analyse eines Lehrerbildungskonzeptes zur Vermittlung von Handlungskompetenz. Weingarten: Pädagogische Hochschule, Fakultät Erziehungswissenschaften, unveröffentlichte Dissertation

Traub, S. (1997). Freiarbeit in der Realschule. Analyse eines Unterrichtsversuchs. Landau.

Traub, S. (2000) Schrittweise zur erfolgreichen Freiarbeit. Ein Arbeitsbuch für Lehrende und Studierende. Bad Heilbrunn, Klinkhardt.

Traub, S. (2012). Projektarbeit erfolgreich gestalten. Bad. Heilbrunn: Klinkhardt/UTB

Traub, S. (2010). Kooperativ lernen. In: Buholzer, A. & Kummer Wyss, A. (2010). Alle gleich – alle unterschiedlich! Zum Umgang mit Heterogenität in Schule und Unterricht. Seelze-Verber. Klett, S. 138–150

Traub, S. & Sommer, R. (2021). Kooperatives Lernen und Leistungsmessung. In: Die Grundschulzeitschrift, 325 2021, S. 34–37.

Traub, S. (2021). Lehren und Lernen mit Methode. Hohengehren: Schneider-Verlag

Völlinger, V.A., Supanc, M. & Brunstein, J.C. (2018). Kooperatives Lernen in der Sekundarstufe. Häufigkeit, Qualität und Bedingungen des Einsatzes aus der Perspektive der Lehrkraft. *Zeitschrift für Erziehungswissenschaft*, 21(1), 159–176. DOI 10.1007/s11618-017-0764-0.

Wahl, D. (1991). Handeln unter Druck. Weinheim: Deutscher Studienverlag.

Wahl, D. (1989). Handeln unter Druck. Analyse und Modifikation des Handelns. Habilitationsschrift, Universität Tübingen.

Wahl, D. (2002). Mit Training vom trägen Wissen zum kompetenten Handeln? In: Zeitschrift für Pädagogik, 2002, Nr. 2, S. 227–241

Wahl, D. (2013³). Lernumgebungen erfolgreich gestalten. Vom trägen Wissen zum kompetenten Handeln. Bad Heilbrunn: Klinkhardt

Wahl, D. (2020). Wirkungsvoll unterrichten in Schule, Hochschule und Erwachsenenbildung. Von der Organisation der Vorkenntnisse bis zur Anbahnung professionellen Handeln. Bad Heilbrunn: Klinkhardt.

Wahl, D. u. a. (1984). Psychologie für die Schulpraxis. Ein handlungsorientiertes Lehrbuch für Lehrer, München 1984.

Wahl, D., Wölfing W., Rapp, G. & Heger, D. (1991). Erwachsenenbildung konkret. Mehrphasiges Dozententraining; eine neue Form erwachsenendidaktischer Ausbildung von Referenten und Dozenten, Weinheim.

Weber, A. (Hrsg.) 1986). Kooperatives Lehren und Lernen in der Schule. Heinsberg: Dieck

Wellenreuther, M. (2015). Lehren und Lernen-aber wie? Empirisch-experimentelle Forschungen zum Lehren und Lernen im Unterricht. 8. Auflage. Baltmannsweiler: Schneider-Verlag

Wiechmann, J. (Hrsg.) Zwölf Unterrichtsmethoden. Vielfalt für die Praxis. Weinheim und Basel: Beltz, 2. Auflage.

Wöll, G. (1998). Handeln: Lernen durch Erfahrung. Handlungsorientierung und Projektunterricht. Baltmannsweiler: Schneider Hohengehren

Zierer, K. (2015). Kernbotschaften aus John Hatties Visible Learning. Eine Veröffentlichung der Konrad-Adenauer-Stiftung e. V. https://www.kas.de/c/document_library/get_file?uuid=c943ad48-df39-d2f1-aa54-80d5f432815a&groupId=252038